墨香财经学术文库

“十二五”辽宁省重点图书出版规划项目

Study on Service Trade in Transitional Economies

经济转轨国家服务贸易研究

刘薇娜◎著

东北财经大学出版社
Dongbei University of Finance & Economics Press
大连

图书在版编目（CIP）数据

经济转轨国家服务贸易研究 / 刘薇娜著. —大连：东北财经大学出版社，2014.12
（墨香财经学术文库）
ISBN 978-7-5654-1726-9

Ⅰ. 经…　Ⅱ. 刘…　Ⅲ. 服务贸易-经济发展-研究-中国　Ⅳ. F752.68

中国版本图书馆 CIP 数据核字（2014）第 263277 号

东北财经大学出版社出版发行
大连市黑石礁尖山街 217 号　邮政编码　116025
教学支持：（0411）84710309
营 销 部：（0411）84710711
总 编 室：（0411）84710523
网　　址：http：//www.dufep.cn
读者信箱：dufep@dufe.edu.cn
大连图腾彩色印刷有限公司印刷

幅面尺寸：170mm×240mm　字数：240 千字　印张：16 3/4　插页：1
2014 年 12 月第 1 版　2014 年 12 月第 1 次印刷
责任编辑：刘东威　吴　焕　　责任校对：刘　洋　王　娟
封面设计：冀贵收　　版式设计：钟福建
定价：42.00 元

本书由

大连市学术著作出版基金资助出版

The published book is sponsored by the Dalian Evaluation Committee for Publishing Academic Works Financed

前　言

20 世纪六七十年代，随着世界经济的发展，服务贸易作为新兴的贸易方式迅速崛起。当前，国际产业转移的重心已逐步由制造业转向服务业；全球经济结构呈现“服务化”的发展趋势；不少发达国家已经步入了服务经济社会；服务贸易也在国际多边贸易体制中成为贸易自由化的新焦点。由于服务贸易全面地涉及了经济全球化的四个方面（贸易自由化、投资自由化、生产全球化和金融自由化），并且是连接产业结构升级、实现一国经济增长方式转变和提高开放型经济水平的重要纽带，因此一国服务贸易的发展水平成为衡量其国际竞争力以及能否在新一轮国际竞争中获胜的重要标志。但是，受计划经济体制“重商品、轻服务”思维模式和管理方式的束缚，转轨国家服务贸易转型的初始条件相当薄弱。迄今，转轨国家服务业和服务贸易发展较为滞后，甚至成为制约整个国民经济发展的瓶颈。转轨国家产业结构不合理和贸易增长方式不平衡的发展状况，昭示着其向服务经济转型已经成为现实所需。然而，作为特殊的经济群体，转轨国家所处的转型阶段，决定其在面对发展服务贸易这一全新课题时困难重重。一方面，转轨国家的服务经济转型没有前人的经验可以借鉴，只能摸索着前行。它们不仅要克服转型过程中出现的新旧体制摩擦问题，而且肩负着既要对现有服务部门进行调整使之现代化，又要建立以往计划经济时代不曾有的新服务部门的重任。另一方面，服务贸易对制度的要求较高。由于服务的特殊属性以及开放服务市场往往涉及一些敏感领域，相比货物贸易，一国发展服务贸易面临更加复杂的境况和更加艰难的选择。尽管如此，在经济全球化和世界经济服务化的发展趋势下，任何一个国家都不能选择退徙三舍或置身其外，而必须参与其中。当前，正值全球产业结构向服务业转移之际，转轨国家应牢牢抓住这一历史性机遇，大力发展服务业和服务贸易，提高服务贸易国际竞争力。这不仅有利于缩小与美国等发达国家的经济差距，而且还有助于巩固已有转型成果，加速其经济向现代化转型的进程。因此，全面分析和评估开放经济条件下转轨国家服务贸易发展绩效，并从中找出滞后的原因与领域，从经济全球化的视角审视其服务贸易发展的潜力与前景，促使其服务贸易向更高层次发展，进而成为推动经济增长的不竭动力，充分发挥后发优势，实现经济的跨越式发展，不仅是当前的一项重要研究课题，也是转轨国家亟须解决的现实问题。

本书采用定性与定量分析相结合、理论与实证分析相结合的方法，将经济转轨国家作为一个整体，对其自经济转型以来服务贸易发展绩效、服务业的外资引入状况、服务贸易国际竞争力、服务贸易与经济增长的关系以及服务外包等方面进行了分析，并在此基础上提出了转轨国家发展服务贸易的战略目标与重点领域，且从构筑良好的竞争环境、重视培育人力资本、积极承接国际服务外包以及加强转轨国家间的交流与合作四个方面，就转轨国家服务贸易国际竞争力的提升路径，提出了建议思路。

本书着重研究的内容如下：

第一，考察国内外学者的研究动态。作者发现国外以转轨国家服务贸易为专题的研究并不丰富；国内有关转轨国家服务贸易问题的研究文献也较少，对其进行综合性分析的文献更是寥若晨星。虽然近年来国内学者对俄罗斯服务业与服务贸易的关注日渐增多，但大部分都集中在对其服务贸易发展现状和竞争力的分析上，而且还存在研究不够深入、不够系统和规范等问题。

第二，综述与服务贸易相关的理论。对服务价值理论、传统国际贸易理论和新贸易理论在服务贸易中的应用、服务业对外直接投资理论以及服务外包理论进行了回顾和梳理。同时，阐释了服务外包的含义和服务外包与服务贸易的关系。这不仅为后续的研究奠定了坚实的理论基础，还为广大转轨国家树立服务价值观念，在实践中按照比较优势原则开展服务贸易，并从服务贸易中获得比较优势的积累与强化收益，提供了充分的理论依据。

第三，对转轨国家自经济转轨以来服务贸易的发展概况展开了详细、全面的分析。介绍了转轨国家服务贸易体制转换的目标和导向，并对其服务贸易体制转换的特点进行了总结和评析。研究发现，由于转轨国家服务业在计划经济体制下长期处于国民经济中被忽视、被压抑的地位，其服务贸易转型独具特点。服务贸易转型的初始条件相当薄弱；服务部门转型是由其以市场为导向的自上而下的改革促成的；多边或区域经济组织成为推进转轨国家服务贸易体制转换、促进服务贸易发展的重要外部力量。从服务贸易总量、结构、服务业的外资引入情况、服务贸易国际竞争力等方面，定量分析转轨国家自经济转型以来服务贸易发展所取得的进步与不足，并在此基础上，从转轨国家 GCI 和 KEI 两个指数世界排名的角度，论述了其服务贸易竞争力滞后的原因以及是否具备竞争力提高的潜力。

第四，从实证角度分析转轨国家服务贸易与经济增长的关系。追求高速的经济增长是所有经济学家和各国政府长期以来一直致力于研究的问题。转轨国家发展服务贸易是否会对经济增长起到促进作用？通过对转轨国家服务贸易体制转换与服务贸易增长关系的实证检验发现，大体来看，转轨国家以市场为导向的服务制度变革对其服务贸易的增长起到了明显的推动作用。规范分析和实证检验转轨国家自经济转型以来服务贸易进、出口对其经济增长的作用，均得出了无论服务进口还是出口都对转轨国家经济增长产生了一定促进效应的结论。

第五，以捷克、俄罗斯和中国为研究视角，分析转轨国家服务外包的发展情况和发展条件，并在比较分析的基础上，对转轨国家承接服务外包的发展利弊与趋势进行评述。研究指出，在全球服务外包市场多元化、业务种类多样化且呈高端化发展的趋势下，转轨国家应在立足本国特有优势的基础上，积极迎接此次以外包为主要形式的全球服务产业转移这一历史性机遇与挑战，快速地实现服务外包的跨越式发展。与此同时，做好承接与发展服务外包的风险规避工作。

第六，就经济转轨国家发展服务贸易、提升服务贸易竞争力的战略选择提出了政策建议。通过阐述转轨国家发展服务贸易的战略意义，指出了转轨国家发展服务贸易的战略目标与重点领域，并在本书前述部分定性与定量分析的基础上，结合所提出的战略目标与重点领域，对转轨国家服务贸易国际竞争力的提升路径，提出了着力打造良好的竞争环境、重视培育人力资本、积极承接国际服务外包和加强转轨国家间的交流与合作的建议思路。

本书的创新之处主要体现在：①目前国内外学者对经济转轨国家服务贸易问题的研究成果很少。本书采用定性与定量分析相结合、理论与实证分析相结合的方法，将经济转轨国家作为一个整体，对其服务贸易问题进行较为深入的研究，有一定的创新性。②采用劳伦斯指数和收益性结构变动指数，科学测定经济转轨国家服务贸易结构变动与优化情况，并对俄罗斯的服务贸易结构进行分析，这种研究在国内外还很少见。③利用 Panel Data 模型，定量分析了 CEEC 和 CIS 转轨国家实行以市场为导向的经济转型对服务贸易产生的影响，并通过比较分析计量结果，得出若干借鉴经验与启示。这在研究内容和方法上具有一定的创新性。④运用计量分析方法对转轨国家服务贸易进出口与其经济增长的关系进行实证检验，从而能够更加清楚地看到转轨国家发展服务贸易给其经济增长带来的益处。

作　者

2014 年 7 月

目　录

第1章　绪　论

1.1　研究的背景和意义

当前，国际产业转移的重心已逐步由制造业转向服务业，全球经济结构呈现“服务化”的发展趋势。以美国为首的主要发达国家已经步入服务经济社会。发达国家的示范效应带动了欠发达国家的服务业、服务贸易和与服务有关投资的快速增长。统计显示，1980—2007 年全球服务出口年均增长 8.44%，超过同期货物贸易出口增长的 1.06%[①]。在此形势之下，一国服务贸易发展水平成为衡量其国际竞争力水平以及能否在新一轮国际竞争中获胜的重要标志。

服务贸易是经济全球化的重要组成部分，它全面地涉及了经济全球化的四个方面（贸易自由化、投资自由化、生产全球化和金融自由化），是连接产业结构升级和提高开放型经济水平的重要纽带。一国开展服务贸易、提高服务贸易市场开放度，不仅可以获得贸易收入效应，还能降低服务成本，尤其对于生产者服务来说，其成本的降低能够达到

① 魏作磊．中国服务业发展战略研究［M］．北京：经济科学出版社，2009.

减少商品生产和贸易成本或其他服务生产和交易成本的目的。大力发展能够促进制造业发展的生产者服务贸易，可以促使服务业与现代制造业有机融合，推动货物贸易增长，并有效提升制造业在全球产业链和国际分工中的层次与地位，提高生产效率和技术创新，继而获得更加丰厚的利润价值。而且，服务难以分割的特性，使要素在流动过程中更易产生技术或技能“外溢”。当所获得的服务贸易收益延伸到其他部门或领域时，将形成收益的“溢出”与放大效应。另外，囿于自然资源的硬约束，服务贸易以消耗和占用资源、能源少却能获得“微笑曲线”两端附加值高的服务品的特点，使开展服务贸易的国家能够大幅度地缓解日益严重的能源、资源压力并解决了环境污染问题。与此同时，又能切实地提高人民的生活质量。基于上述原因，世界各国纷纷将发展服务贸易视为带动国内经济高速发展的新引擎，积极加大服务贸易市场开放力度，提高服务业与服务贸易国际竞争力，并将此作为实现经济增长方式由数量型向质量效益型转变以及经济可持续发展的重要手段。

但是，作为特殊的经济群体，转轨国家目前所处的转型阶段，使其在面对发展服务贸易这一全新课题时，顾虑重重。一方面，受计划经济体制传统观念和思维模式的束缚，转轨国家的服务经济意识较为淡薄。与制造业和货物贸易相比，服务业和服务贸易发展较为滞后，甚至已经成为制约整个国民经济发展的瓶颈。另一方面，转轨国家的经济转型没有前人的经验可以借鉴，只能摸索着前行。它们既要克服计划经济的不利影响，又要建立新的市场经济体制，同时还要在这一过程中面临新旧体制摩擦的问题。而且，发展服务贸易也不可能一蹴而就。服务贸易对制度的要求很高，服务在交换中所体现的异质性、隐蔽性和难量化性，以及开放服务贸易市场可能涉及国家的政治、文化等安全问题，一国发展服务贸易需要面临远比货物贸易更加复杂的境况和更加艰难的选择。

尽管如此，在经济全球化和世界经济服务化发展趋势下，任何一个国家都不能选择置身其外或退徙三舍。对于转轨国家来说，经过二三十年的市场经济转型，已经初步建成了市场经济体系，即经济转型的第一阶段已基本结束，现正在步入第二阶段——向成熟的市场经济迈进，亦即实现经济转型的现代化阶段。实际上，经济转型的最终成果将取决于现代化转型的成功与否。而以先进知识和技术为标志的服务经济，恰恰是经济现代化的重要组成内容。转轨国家产业结构和贸易增长方式不平衡的发展状况，昭示着其向服务经济转型已经成为了现实所需。但是，转轨国家发展服务贸易，并非仅仅迫于外部压力而做出的选择，是为了巩固已取得的转型成果，解决经济和贸易结构失衡问题，充分发挥服务在国民经济全面发展中的协调作用，促进国民经济效率提高，进而成功地实现服务贸易与货物贸易比翼发展和现代化转型目标的内在要求。因此，转轨国家重视和大力发展服务贸易，提高服务贸易竞争力，不仅十分必要，而且具有重要的战略意义。那么，在开放经济条件下，如何对转轨国家服务贸易发展进行定位？其自经济转型以来服务贸易发展绩效如何？今后该如何进一步促进服务贸易又好又快地发展，以顺利进入经济转型的下一阶段，甚至实现跨越式发展？这些问题，都是当前亟待研究和解决的。

此外，服务贸易是自20世纪六七十年代才迅速崛起的新兴贸易方式，而“服务贸易”概念最早出现在1972年9月经济合作与发展组织提出的《高级专家对贸易和有关问题报告》中①。由于服务贸易本身兴起的时间不长，即使是西方学者从事服务贸易问题的研究也不过30多年，而从事经济转轨国家服务贸易研究的学者就更少了。

综上所述，该选题具有理论意义和现实意义。

1.2 国内外学者研究综述

自20世纪80年代末90年代初，东欧剧变和苏联解体后，国内外学者对转轨国家融入经济全球化进程和贸易自由化问题进行了深入研究，但对转轨国家服务贸易问题的研究并不多。

1.2.1 国外学者的研究

早在俄罗斯和苏联等国家转型之初，William Easterly、Martha de

① 邓力平，陈贺菁. 国际服务贸易理论与实践［M］. 北京：高等教育出版社，2005.

Melo 和 Gur Ofer① (1994) 就撰文强调服务对转轨国家经济增长的重要作用。他们认为，受马克思服务非生产性理论的影响，俄罗斯和苏联国家的国内政策重商品而轻服务，致使其商业服务和消费者服务的缺口很大。因而，这些国家在法律、经济政策和管理规则的制定上应加强对服务的重视，并对此就转轨国家税收、私有化、员工培训（从生产部门转移到服务领域的劳动者）、现代银行体系的创建以及对服务技术和外资的优先引进等方面，提出了政策建议。

针对转轨国家自经济转轨以来服务部门发展状况以及所取得的成就与不足，一些学者的研究较具代表性：Metka Stare② (2007) 以中东欧转轨国家为研究视角对其服务贸易发展状况进行分析，结果表明：经济转轨对中东欧转轨国家服务部门的发展起到了关键作用。文章指出，在过去的 10～15 年里，几乎没有任何一个领域经历了像服务部门那样快速和集中的变化。但是，中东欧转轨国家对服务部门的改革并不容易，他们同时肩负着建立新的服务部门和实现已有服务部门现代化的双重重任。尽管中东欧转轨国家服务部门的发展取得了巨大成就，但与发达国家相比还存在很大差距。历史模式以及根植在人们头脑中的社会主义思想意识、文化观念，减弱了他们跟随世界服务经济发展趋势的能力。Metka Stare 强调，未来转轨国家的经济发展将集中在服务部门上，作为回应，服务政策的制定应更偏重于克服上述"软"约束的束缚。虽然 Metka Stare 对转轨国家服务部门的绩效分析较为全面，但遗憾的是，他的研究缺少对转轨国家服务发展问题的经验分析。

UN/ECE (United Nations Economic Commission for Europe)③ (2001) 在《转型经济体服务部门与服务贸易的主要特点》(*Important Features of the Service Sector and Trade in Services in Transition Economies*) 的报告中，就 20 世纪 90 年代发达国家和转轨国家服务部门与服务贸易发展的

---

① WILLIAM EASTERLY, MARTHA DE MELO, GUR OFER. Services as a Major Source of Growth in Russia and Other Former Soviet States [R]. The World Bank Policy Research Working Paper 1292, 1994.

② METKA STARE. Service Development in Transition Economies: achievements and missing links [M] // JOHN BRYSON R, PETER DANIELS W. The Handbook of Service Industrie. Edward Elgar Publishing Limited, UK. 2007: 168-185.

③ UN/ECE. Important Features of the Service Sector and Trade in Services in Transition Economies [R]. Note by the Secretariat, Geneva, United Nations Economic Commission for Europe, 2001.

趋势进行了分析，并试图从中找出促进服务贸易增长的因素，其中尤为详细地阐述了新技术对服务贸易增长的影响。同时，文中通过比较分析发现：与发达国家的发展趋势不同，服务部门的加速增长并不是所有转轨国家的特点；独联体国家（CIS）服务贸易的相对劣势更大，这既表明了其商业基础发展落后，也反映了 CIS 具有继续深化市场化改革的巨大潜力。

OCED（2004）在《推动服务贸易发展》（Promoting Trade in Service）的研究课题中，分析了波罗的海三国（爱沙尼亚、立陶宛和拉脱维亚）发展服务贸易的经验。该课题将研究重点放在影响三国服务部门比较优势充分发挥的内、外部因素以及服务贸易发展的商业环境上。研究指出，波罗的海国家之所以能在非常短的时间内克服从计划经济体制继承下来的服务部门发展落后和不足的缺陷，并迅速地实现了服务贸易的扩张，主要是因为它们采取了合适的发展战略，实行了国内市场和贸易自由化，以及积极地参与了多边和区域贸易组织。基于波罗的海国家的经验，研究希望三国发展服务贸易的经验能对其他转轨国家起到广泛的政策示范效应。另外，文章也对三国服务部门在国际竞争中面临的新挑战提出了政策建议，以期进一步促进其服务业和服务贸易的发展。

还有的学者强调新技术对转轨国家服务业和服务贸易发展的重要作用：例如，Metka Star、Andreja Jaklič和 Patricia Kotnik[①]（2006）以斯洛文尼亚为例，运用生产函数法，从公司层面的角度，评估了信息通信技术（Information-communication Technology，ICT）对转轨国家服务企业生产绩效的影响。研究结果表明：服务企业对 ICT 的密集使用程度高于制造企业；使用 ICT 显著影响了服务企业的生产效率；ICT 对企业生产率的积极影响，适用于所有服务企业，不论其规模大小；对 ICT 的使用度高于平均水平的服务企业，其生产率提高的效果明显。但是，作者最后也指出，由于缺乏企业因采用 ICT 而支付相关培训和组织费用的数

① METKA STAR，ANDREJA JAKLIČ，PATRICIA KOTNIK. Exploiting ICT Potential in Service Firms in Transitions Economies [J]. The Service Industries Journal，2006，(26)：287-302.

据，他们的实证研究结果可能存在过分强调ICT投资效应的问题。

Ana M. Fernandes①（2007）就1997—2004年东欧和中亚（ECA）转轨国家服务部门的结构与绩效进行了考察。结果表明，在考察期内，这些国家服务部门的价值增值与从业人员数，分别平均占其总价值增值的46%和总劳动就业人员的31%。研究同时发现：（1）ECA国家服务部门的劳动生产率与欧盟存在差距，但差距正在缩小；（2）各转轨国家内部之间服务部门的劳动生产率发展不平衡；（3）密集使用ICT的服务部门，其劳动生产率较其他部门高；（4）改革、自由化与FDI对改善服务劳动生产率具有积极作用；（5）金融等基础设施的自由化，有助于下游生产部门劳动生产率的提高。

一些学者还就服务贸易以及服务政策对经济增长的重要作用进行了深入研究：如Metka Stare②（2005）以斯洛文尼亚为例，对服务贸易的统计范畴进行了重新界定。他发现，在现实经济中服务所发挥的作用愈发重要，而世界服务贸易的增长份额却相对温和。针对这一相互矛盾的情况，他利用斯洛文尼亚的数据，扩宽了传统上按国际收支来统计服务贸易的范围。修正后的结果表明，服务贸易对于增强一国经济竞争力具有十分重要的作用。

Metka Stare和Andreja Jaklič（2006）研究了中东欧转轨国家服务贸易模式和在1993—2004年期间由转型引致规制变化对服务出口的影响。他们利用回归分析法研究发现，在影响中东欧国家服务贸易出口的若干因素中，规制改革变量的回归系数最大，即规制改革是影响中东欧国家服务贸易出口额最重要的因素。对此计量分析结果，他们建议，为了不断地获得服务贸易利益，中东欧转轨国家应进一步消除服务提供壁垒并对服务市场实施更好的管理。同时，由于大多数中东欧转轨国家为新欧盟成员国，欧盟构筑内部服务市场的努力将促进这些国家上述目标的实现。

---

① FERNANDES A M. Structure and Performance of the Services Sector in Transition Economies [R]. The World Bank Policy Research Working Paper 4357, 2007.

② METKA STARE. Trade in Services or Services in Trade? Towards better understanding [R]. CIR Working Paper, 2005.

Eschenbach 和 Hoekman[①]（2006）就转轨国家服务政策改革对经济增长的作用进行了实证研究，结果表明，服务政策是决定经济增长绩效的一个非常重要的因素。服务部门改革能够潜在地促进经济增长、提高经济效益。当其他条件不变时，改革指数每增长 1%，将带动人均资本（人均基础设施）增长率增加 6.8% 和人均金融资本增加 8.5%。另外，Eschenbach 和 Hoekman 还对经济转轨国家贸易出口乘数（即由外贸出口获得的每单位收入所带来的全部的——直接和间接——连锁效应）进行了计量分析。其中，俄罗斯的分析结果显示：2001 年俄罗斯的出口乘数为 3.6，即出口收入每增加 1 美元将会带来 3.6 美元的经济活动，而这些新增收入的 39% 是与服务相关并由其创造的。

还有学者对转轨国家服务外包问题进行了分析研究：例如，Metka Stare 和 Luis Rubalcaba[②]（2009）就新入盟的中东欧转轨国家（New Member States，NMS）对老欧盟成员国（EU-15）服务外包的承接能力与服务提供的潜力进行了分析。具体来说，作者通过定量分析 EU-15 和 NMS 国家计算机和其他商业服务贸易与投资的发展趋势认为，尽管所采用的数据可能存在统计不足与过度集中的情况，但是，作为补充的定性分析结果也表明，NMS 是 EU-15 服务外包的重要供应地，即除了成本因素外，熟练劳动力、地理和文化接近等因素都使老欧盟成员国（EU-15）偏好选择新成员国为服务外包承接地。另外，NMS 承接 EU-15的服务外包，不仅仅是 NMS 单方获益的过程，还能使 EU-15 通过 NMS 增加对其商品、服务和资本的进口，获得新增就业机会等益处。

Patrick Ternaux 和 Desislava Kolarova[③]（2007）以中东欧转轨国家为例，分析了其承接服务外包的一般与特殊优势。结果显示，中东欧国家对外资与外包的吸引力主要取决于其整合资源并将资源转换成特殊资产的能力，以及提供给国外企业的优惠。

---

① FILIX ESCHENBACH, BERNARD HOEKMAN. Services Policy Reform and Economic Growth in Transition Economies［J］. Review of World Economics, 2006: 142 (4) 746-764.

② METKA STARE, LUIS RUBALCABA. International Outsourcing of Services: What Role for Central and East European Countries［J］. Emerging Markets Finance & Trade, 2009, 45 (5): 31-46.

③ PATRICK, TERNAUX, DESISLAVA KOLAROVA. Delocalisation and ICT Outsourcing in the CEEC Countries: The Role of Proximities［J］. The Service Industries Journal, 2007, 27 (3): 279-292.

此外，Metka Stare（2002）以斯洛文尼亚、捷克和匈牙利为研究视角，从服务出口和服务对外直接投资（Outward Foreign Direct Investment，OFDI）两方面对中欧国家的服务国际化模式进行了分析。作者通过对斯、捷、匈三国服务出口和服务部门对外直接投资进行的经验分析，得出的结论是：由于缺乏国际市场经验和服务部门竞争力不强，中欧转轨国家的服务国际化程度较低。但是，作为转轨国家中最发达的经济体，中欧国家的一些服务公司已经开始向海外投资，但体制和文化层面的因素极大地影响了其 OFDI 的地理分布。

Ivana Prica 和 Jelica PetrovićVujačić[①]（2010）就转轨国家金融服务自由化及 WTO 在其中所起的作用进行了分析。他们以中欧、东欧和东南欧（CESE）以及独联体（CIS）共 18 个转轨国家为研究对象，测量了其金融服务部门自由化的程度，并考察了这 18 个 WTO 成员国在服务贸易总协定（GATS）框架下的自由化承诺对其金融服务部门的影响。文中，他们采用 Mattoo Aaditya（1999）开发的金融服务自由化测量方法[②]，计算了上述转轨国家银行和保险服务部门的自由化指数，并根据测量结果，评估了 GATS 对这些国家金融服务改革所起的作用。

Metka Star、Andreja Jaklič 和 Anže Burger[③]（2010）从公共服务和私人服务角度，就新“入盟”中东欧转轨国家（New Member States，NMS）的私人服务部门提供效率和公共服务部门发展绩效两个方面，与老欧盟成员国家的情况进行了比较分析。文中提出，为实现赶超老欧盟成员国的战略目标，NMS 国家应将发展服务外包作为促进服务生产率提高和加快私人与公共服务部门调整的催化剂；同时，加强对服务质量和服务创新的建设。

---

① IVANA PRICA，JELICA PETROVIĆVUJAČIĆ. Financial Services Liberalisation in Transition Countries and the Role of the WTO［J］. Pano Economics，2010（4），487-501.

② 金融服务自由化指数，是基于入世承诺，按照服务行业子部门的服务提供方式，经计算而得。Ivana Prica，Jelica PetrovićVujačić认为，该指数可以真实地反映一个国家自由化和金融部门发展的实际水平。

③ METKA STAR，ANDREJA JAKLIČ，ANŽE BURGER. Catching up and Determinants of Services Growth in New Member States［EB/OL］.（2010-11-30）. http：//www. mednarodni-odnosi. si/cmo/cir-analyses. htm.

1.2.2 国内学者的研究

国内有关转轨国家服务贸易问题的研究文献并不多，对其进行综合性分析的文献更是寥若晨星。相比较而言，近年来，国内学者对俄罗斯服务业与服务贸易的关注日渐增多，但大部分都集中在对其服务贸易发展现状和竞争力的分析上。

李中海[①]（2008）从俄罗斯服务贸易规模、种类和地区结构三个方面概述了俄罗斯服务贸易的发展情况。潘广云、车丽娟[②]（2008）在对俄罗斯服务贸易发展现状及其国际竞争力的分析中发现，俄罗斯服务贸易的总体规模偏小，服务贸易项目和地区分布不均衡；俄罗斯服务贸易不具有竞争优势，与服务贸易发达国家相比存在较大差距。同样的结论在朱玉荣[③]（2011）的研究中也有体现。朱玉荣基于对俄罗斯服务贸易现状的分析，发现俄罗斯服务贸易存在总体竞争力弱、发展不平衡、贸易壁垒较多等问题。

另外，一些学者在对“金砖四国”服务贸易竞争力的分析中，也涉及了俄罗斯服务贸易发展状况及其竞争力的情况。杨丽琳[④]（2009）在《“金砖四国”服务贸易的竞争力与贸易相似度分析》一文中指出：俄罗斯在运输、旅游、建筑等传统服务业上具有国际竞争力，中国与俄罗斯的贸易相似度较高。冯跃[⑤]（2009）从服务贸易规模和行业结构两方面分析了“金砖四国”服务贸易发展的现状，并对金砖四国服务贸易综合竞争力水平及行业竞争力水平进行了测度与分析。有关俄罗斯的结论是：俄罗斯服务贸易总量不断增长且在国民经济中的地位不断加强，但其服务贸易竞争力低于世界平均水平，尤其是现代服务贸易更是

---

① 李中海．普京八年：俄罗斯复兴之路（2000—2008）经济卷［M］．北京：经济管理出版社，2008.

② 潘广云，车丽娟．俄罗斯服务贸易的发展现状及其国际竞争力分析［J］．俄罗斯中亚东欧市场，2008（1）：1-7.

③ 朱玉荣．俄罗斯服务贸易现状及发展策略［J］．俄罗斯中亚东欧市场，2011（9）：14-19.

④ 杨丽琳．“金砖四国”服务贸易的竞争力与贸易相似度分析［J］．国际经贸探索，2009（8）：74-79.

⑤ 冯跃．金砖四国服务贸易现状及竞争力评析［J］．经济问题探索，2009（10）：108-114.

滞后于国内经济发展。聂聆、骆晓婷①（2011）从进出口总量、结构和贸易竞争力三个角度，采用 RCA 指数和 TC 指数对“金砖四国”的生产性服务贸易进行了比较研究。他们认为，俄罗斯生产性服务贸易的出口优势和竞争力主要体现在传统服务部门；俄罗斯在专利权和特许权贸易方面显示出比中国和印度更大的优势。秦嗣毅、杨浩②（2011）就“金砖四国”金融服务贸易的国际竞争力进行了分析。其中，有关俄罗斯的研究结果是：俄罗斯金融服务贸易竞争力整体呈变强趋势，但增速并不明显；俄罗斯服务贸易显性比较优势呈波动上升的趋势。除此之外，冯跃、郑锋③（2011）、陶明、邓竞魁④（2010）、李练军⑤（2010）和陈梁⑥（2010）也都采用了比较分析法，就俄罗斯服务贸易发展状况及竞争力情况进行了分析，并得出了与上述学者相类似的结论。

此外，包艳⑦（2011）基于 1994—2008 年俄罗斯服务业数据，从产业内贸易视角分析了俄罗斯服务贸易的发展现状。她根据俄罗斯产业内服务贸易 GL 指数和 MIIT 指数的测量结果，得出的结论是：俄罗斯服务贸易以产业内贸易为主；2004 年以来俄罗斯大部分服务贸易部门的贸易增量主要是由产业内贸易引起的；俄罗斯服务贸易的静态产业内贸易水平与动态产业内贸易水平的发展趋势基本吻合。

在转轨国家服务外包问题的研究方面：姜颖⑧（2008）对俄罗斯发展国际 ITO 进行了 SWOT 分析，并预测未来俄罗斯将在国际 ITO 市场上成为有竞争力的一极。周文彬⑨（2006）主要基于捷克、波兰和匈牙利服务外包的情况，对中东欧转轨国家服务外包的发展现状及政策措施做

---

① 聂聆，骆晓婷．“金砖四国”生产性服务贸易结构与竞争力研究［J］．中央财经大学学报，2011（3）：67-79.

② 秦嗣毅，杨浩．金砖四国金融服务贸易国际竞争力研究［J］．东北亚论坛，2011（1）：68-74.

③ 冯跃，郑锋．金砖四国服务贸易竞争力及其与发达国家的比较［J］．华东经济管理，2011（2）：70-74.

④ 陶明，邓竞魁．新兴市场服务贸易比较研究——以“金砖四国”为研究对象［J］．国际贸易问题，2010（3）：86-91.

⑤ 李练军．“金砖四国”服务贸易发展现状及竞争力比较研究［J］．江西农业大学学报（社会科学版），2010（3）：100-115.

⑥ 陈梁．中俄服务贸易国际竞争力比较分析［J］．俄罗斯中亚东欧市场，2010（3）：5-10.

⑦ 包艳．俄罗斯服务贸易现状分析——基于产业内贸易视角［J］．俄罗斯中亚东欧市场，2011（2）：10-15.

⑧ 姜颖．俄罗斯发展国际 ITO 的 SWOT 分析［J］．东北亚论坛，2008（1）：88-92.

⑨ 周文彬．服务外包在中东欧国家的发展及对中国的启示［J］．俄罗斯中亚东欧市场，2006（9）：23-27.

了介绍性分析。吕智、王习农①（2007）和朱正圻②（2009）在服务外包的研究中，也有部分内容涉及捷、波、匈等个别中东欧转轨国家服务外包的发展情况。

对转轨国家服务贸易进行综合性分析方面：我国学者薛伟贤、冯宗宪和郭根龙③（2000）将转轨国家作为一个整体，对其金融服务贸易自由化进行了研究。他们从谨慎性规制、宏观经济管理和其他经济干预政策三个方面讨论了服务贸易总协定（GATS）框架下金融服务贸易自由化对一国政策独立性的影响，并以市场准入承诺为代表研究了发展中国家和转轨国家的金融服务贸易自由化以及各国的实际开放进程。他们认为，GATS 框架下的自由化承诺并不会影响转轨国家的政策独立性。

综上可以看出，国内外学者对转轨国家服务贸易问题的综合性研究较少；国内学者对此课题的关注度不是很高；国内现有文献还存在研究不够深入、不够系统和规范等问题。

1.3 研究框架和主要内容

本书运用规范和实证分析方法全面地分析了转轨国家自经济转型以来服务贸易的发展状况，并通过构造 Panel Data 模型对转轨国家服务贸易与经济增长的关系进行了实证检验。同时，选取捷克、俄罗斯和中国服务外包的发展情况作为研究个案，在比较分析的基础上，对经济转轨国家承接服务外包的发展利弊与趋势进行了评述。最后，就经济转轨国家发展服务贸易、提升服务贸易竞争力的战略选择，提出了见解和看法。全书共分七章：

第 1 章为绪论，主要介绍论文的研究背景和意义、研究框架与主要内容以及创新之处和可能存在的不足，并对国内外学者的研究动态加以概括。

---

① 吕智，王习农．服务外包主要承接国比较与借鉴［J］．中国外资，2007（8）：44-47.

② 朱正圻．现代服务跨国外包［M］．上海：复旦大学出版社，2009.

③ 薛伟贤，冯宗宪，郭根龙．GATS 框架下发展中国家和转轨国家的金融服务贸易自由化研究［J］．世界经济，2000（11）：41-48.

第 2 章是与服务贸易相关的理论综述。本章介绍了服务价值理论、传统国际贸易理论和新贸易理论在服务贸易中的应用、服务业对外直接投资理论以及服务外包理论，以为下面的研究提供充分的理论依据。

第 3 章详细地分析了转轨国家服务贸易的发展及竞争力状况。首先，对转轨国家服务贸易体制转换的目标和导向进行了简要介绍，并在此基础上，总结其服务贸易体制转换的特点，进而对其特点加以简要评析，同时得出了对中国服务贸易发展的几点启示。其次，从服务贸易总量、结构和服务业的外资引入情况三个方面，定量分析了转轨国家自经济转型以来服务贸易发展所取得的进步与不足，并选取中国和俄罗斯这两个最大的经济转轨国家作为服务贸易结构与服务业外资引入状况的个案分析对象；再次，利用竞争力分析方法科学测量转轨国家服务贸易的国际竞争力，同时将中国和俄罗斯作为研究个案，详细分析了两国各服务贸易部门的竞争力状况。随后，又从转轨国家 GCI 和 KEI 两指数世界排名的角度，论述了其服务贸易竞争力滞后的原因以及是否具备竞争力提高的潜力。

第 4 章主要从实证角度分析转轨国家服务贸易与经济增长的关系。首先，本章就转轨国家服务贸易体制转换是否促进了服务贸易增长进行了实证检验；其次，从规范分析的角度分别论述了服务贸易进、出口驱动经济增长的作用机理；最后，运用 Panel Data 模型对转轨国家服务贸易进、出口对其经济增长的促进作用加以验证。

第 5 章以捷克、俄罗斯和中国为研究视角，分析转轨国家服务外包的发展情况和发展条件，并在此基础上，对经济转轨国家承接服务外包的发展利弊与趋势进行评述。本章首先详述了捷、俄、中三国服务外包的发展状况；其次分别就三国承接服务外包的发展条件进行 SWOT 分析，并对此做了比较分析；最后在个案分析的基础上，简要述评经济转轨国家承接服务外包的利弊、发展趋势以及如何进行风险规避。

第 6 章就经济转轨国家发展服务贸易、提升服务贸易竞争力的战略选择提出了自己的见解。首先，本章阐述了转轨国家发展服务贸易的战略意义；其次，指出转轨国家发展服务贸易的战略目标与重点领域；最后，结合所提出的战略目标与重点领域，并在前几章分析的基础上，对经济转轨国家服务贸易国际竞争力的提升路径，提出了几点建议。

第7章为结论，主要是对前几章的研究内容进行总结和归纳。

1.4 创新与不足

1.4.1 创新之处

第一，目前国内外学者对经济转轨国家服务贸易问题的研究成果很少。本书采用定性与定量分析相结合、理论与实证分析相结合的方法，将经济转轨国家作为一个整体，对其服务贸易问题进行较为深入的研究，有一定的创新性。

第二，采用劳伦斯指数和收益性结构变动指数，科学测定经济转轨国家服务贸易结构变动与优化情况，并对俄罗斯的服务贸易结构进行分析，这种研究在国内外还很少见。

第三，利用Panel Data模型，定量分析了CEEC和CIS转轨国家实行以市场为导向的经济转型对服务贸易产生的影响，并通过比较分析计量结果，得出若干借鉴经验与启示，这在研究内容和方法上具有一定的创新性。

第四，运用计量分析方法对转轨国家服务贸易进出口与其经济增长的关系进行实证检验，从而能够更加清楚地看到转轨国家发展服务贸易给其经济增长带来的益处。

1.4.2 不足之处

本书的不足之处是：

第一，本书立足于经济转轨国家服务贸易的研究，由于涉及国家较多，缺少对单个国家服务贸易具体情况的分析。

第二，受所掌握的资料限制以及缺乏微观数据，文中的定量分析与实证检验还只停留在宏观层面，所得出的结论也主要体现在宏观上。

第 2 章　服务贸易相关理论综述

全球服务经济起步较晚，因而人们对服务经济的认识并不充分。直到 20 世纪六七十年代，随着全球服务经济的迅速崛起，越来越多的人开始关注和重视对服务经济领域的研究，取得了丰硕的研究成果。但是，目前人们对服务贸易理论的研究基本都是在传统商品贸易理论的基础上进行延伸与扩展，即用商品贸易的相应逻辑和概念阐述服务贸易，实现商品与服务贸易的理论对接。从这个意义上说，若要建立起统一、独立的国际服务贸易理论体系，似乎还有相当长的路要走。本章通过对国内外学者有关服务贸易理论研究文献的回顾和梳理，旨在为整篇论文的研究奠定坚实的理论基础。

2.1　服务价值理论

20 世纪 90 年代初，随着世界经济和产业结构的演变与发展，服务业占一国经济的比重越来越大。其中，发达国家服务业占国民生产总值的比重超过 60%，中等发达国家也达到 50% 左右，且有进一步增长的趋势。作为一种经济活动，服务在国民经济中的重要作用越发凸显。但是，服务的劳动成果是社会财富吗？服务是国民经济价值的组成部分吗？如果是，如何将服务经济纳入国民经济体系？由于现有的经济理论已经无法圆满地回答这些问题，理论与实践的冲突呼唤着人们对服务价值进行重新认识。下面，将从马克思劳动价值理论和西方经济理论中价值论的主流——效用论——两个角度，简要回顾学者们的服务价值理论。

2.1.1 劳动价值论视角

在服务业占一国经济比重越来越大、服务业从业人员日益增多的新形势下，马克思以“物质生产”为研究对象的劳动价值理论遇到了新挑战，并引发了“是否只有物质生产劳动才能创造价值”的争论。对此，理论界形成了窄、中、宽三派意见。我国学者李江帆①（1996）通过充实和发展劳动价值理论的基本原理，提出了第三产业（主要指服务业）劳动也创造价值的论点，并按照非实物劳动成果——服务产品——服务产品的使用价值——服务产品价值的线路进行了论证。具体思路是：作为人类劳动产生的两类成果（实物成果和非实物成果）之一，服务具有满足人类需要的功能，属于社会产品范畴，也就是说服务是一种产品；那么只要不是废品，服务产品就具有使用价值，即具有非实物的使用价值；与实物的使用价值一样，只要具有使用价值就是构成社会财富的组成部分；而且，如果生产的服务产品是以交换为目的的，那么它就是商品，就具有价值。由此，与商品一样，服务也是具有使用价值和价值的。李江帆的这一理论，继承和发展了马克思的劳动价值论，较好地解释了现代服务经济的客观实际，有助于人们树立服务产品具有价值、服务劳动创造价值的新观念，并为促进服务经济的发展做出了一定的理论贡献。

需要补充的是，服务产品按照使用价值的功能不同，可分为消费型服务产品和生产型服务产品。消费型服务产品是指能够满足人们精神生活或物质生活消费需要的服务产品，例如，教育、娱乐、艺术等精神服务消费品和医疗卫生、运输、体育等物质服务消费品。生产型服务产品

---

① 李江帆．劳动价值理论的新发展——服务价值理论［J］．经济学家，1996（2）：84-90.

是为了满足人们生产消费需要的服务产品，可以划分为智力型服务生产资料和非智力型服务生产资料两类。智力型服务生产资料如科研、信息、技术等服务；非智力型服务生产资料如房地产、仓储、运输、金融保险等服务。

2.1.2 效用价值论视角①

效用价值理论，是西方经济理论中价值论的主流。西方经济学家认为，只有从创造效用的角度才能把服务劳动的成果列入社会财富之内，才能将服务经济归入国民经济的大系统之中。由此，他们认为，在现代经济社会中，服务生产活动和商品生产活动一样，都可以为人们创造财富、带来福利和效用。如果服务可以用价格表示出来，并在市场上出售，便产生了价值。另外，按照服务中人力资本、劳动和实物资本三要素所占比重的不同，服务的效用也不相同，进而决定服务在市场中的价值有所差异。而且，服务生产中要素使用比例的决定，不仅依赖于要素的成本和可用性，还取决于提供服务的性质。例如，有些服务从性质上看是实物资本密集型的，有些则属于人力资本密集型的，还有些则是劳动密集型的。服务的效用价值由生产服务的要素价值（包括知识）和服务在经济社会中发挥的功能效用两部分组成。同服务产品一样，服务的功能可以是中间的也可以是最终的。如果服务的功能能够用来增强财富供应的能力，则是中间性的；但如果服务的功能是用来帮助消费者从所购买的商品或服务中获得效用，那么这种服务就是最终的。

总之，无论是从劳动价值论角度还是从效用论角度来看，服务都是人类劳动创造的、具有使用价值和价值的劳动成果。它同商品一样，是构成国民经济价值和社会财富的重要组成部分。服务具有价值的理论，不仅还服务以本来面目，还体现了社会实践对理论的呼唤，也为广大转轨国家扭转长期以来重商品轻服务的传统观念，进而为树立服务产品具有价值、服务劳动创造价值的新观念，提供了理论上的依据与支撑。

---

① 陈宪，程大中．国际服务贸易——原理·政策·产业［M］．上海：立信会计出版社，2003.

2.2 传统国际贸易理论在服务贸易中的应用

以供给为研究视角的要素禀赋理论和技术差异说以及基于需求层面的消费者偏好理论（或者说，以亚当·斯密的“绝对成本说”、大卫·李嘉图的“比较成本说”，以及赫克歇尔-俄林的“要素禀赋理论”为代表的贸易学说），构成了传统的国际贸易理论体系。由于该理论体系成功地解释了商品贸易产生的原因，并在国际贸易理论领域中具有深远影响，因而成为国际贸易理论的重要基石。但是，它能否作为国际服务贸易产生动因的强有力解说？对此，西方理论界存在如下三种争论：①传统贸易理论完全适用于服务贸易领域；②传统贸易理论不适用于服务贸易领域；③传统贸易理论存在适用于服务贸易领域的合理内核，但需要改进和修正才能得到令人满意的结论。

2.2.1 完全适用的观点

支持这一观点的学者认为，传统的国际贸易理论以其强大合理的理论内核，完全适用于服务贸易领域，没有必要把它和商品贸易区分开来。

美国哈佛大学的著名经济学家 Ricard Kumpe 就坚持认为：“作为一个简单的思想，比较优势理论是普遍有效的……正如存在于商品生产中那样，比较优势也存在于服务业中。” 1984 年，Brian Hindley 和 Alasdair Smith 在合作撰写的《比较优势与服务贸易》（Comparative Advantage and Trade in Services）一文中指出：“形成了长达两个多世纪之久的、可以清楚地阐明货物贸易（Trade in Goods）思想的比较优势理论，同样适用于服务贸易……尽管服务和货物之间存在值得我们注意的重大区别，但是，比较优势理论强大的逻辑可以完全超越这些差异。”①

还有一些学者通过实证分析，得出传统贸易理论适用于服务贸易的结论。

---

① BRIAN HINDLEY, ALASDAIR SMITH. Comparative Advantage and Trade in Services [J]. The World Economy, 1984 (7): 369-390.

1981 年，Sapir 和 Lutz 利用可获得的 13 个发达国家和 35 个发展中国家 1977 年的服务数据进行回归分析，结果表明：对货运服务来说，资本密集效应与 32 个样本国家（其中有 12 个发达国家和 20 个发展中国家）显著相关，规模经济效应仅与发展中国家显著相关，而发达国家可能因为已经实现了规模经济才与其呈现出弱相关的关系；客运服务的结果表明，资本要素禀赋丰裕的国家在运输服务部门具有比较优势；就保险服务而言，人力资本丰富且金融市场体系完善的国家，在保险和再保险服务部门中具有比较优势。由此，Sapir 和 Lutz 的实证分析结果，证明了服务贸易与商品贸易一样，同样适用于传统的比较优势理论。

1982 年，Sapir 对美国商业部 1980 年无形贸易账户中的服务贸易数据进行实证分析，得到的结果再次证明了传统贸易理论适用于服务贸易的结论。

1985 年，Sapir 又专门针对发达国家与发展中国家的垂直型服务贸易进行实证研究，认为发展中国家在与发达国家进行服务贸易的过程中，通过建立或不断完善基础设施、获得技术转让等方式，可以逐渐积累起在某些服务贸易领域的比较优势。这一研究结果说明，比较优势不是一成不变的，而是动态变化的；处于比较劣势的国家不仅可以开展服务贸易，而且还能从服务贸易中积累比较优势、获得比较利益。①

1986 年 S. Lall 在对第三世界国家和服务贸易比较优势的实证研究中，也得到了相类似的结论，即服务贸易的比较优势是动态的，第三世界国家可以通过学习或长期的经验（比如海运服务），积累起在某些服务领域的比较优势，从而也具有成为服务出口国的潜力。②

笔者认为，Sapir 和 S. Lall 的实证研究结论，不仅证实了传统国际贸易理论适用于服务贸易的理论研究，而且为转轨国家按照比较优势原则开展服务贸易，并通过学习和积累比较优势，获得比较利益与后发优势，进而实现经济上的赶超，提供了可行性的理论依据。

---

① 邓力平，陈贺菁．国际服务贸易理论与实践［M］．北京：高等教育出版社，2005.

② LALL S. The Third World and Comparative Advantages in Trade Service Theory and Reality in Development［M］. London：Macmillan，1986：22-38.

2.2.2 不适用的观点

1985 年，G. Sampson 和 R. Snape 在一篇名为《识别服务贸易中的问题》（*Identifying the Issues in Trade in Services*）的文章中指出，传统国际贸易理论是以生产要素不能在国际间流动为前提的，而这与大多数服务贸易的发生都是生产要素国际流动的事实相违背，由此得出传统国际贸易理论不适用于服务贸易的结论。[①]

美国经济学家 G. Feketekuty 认为，服务贸易存在很多有别于商品贸易的特点，从而使基于商品贸易研究的传统国际贸易理论不适用于服务贸易的研究。服务贸易的这些特点包括[②]：①服务贸易不是商品和货币的交换，而是所提供的劳动活动和货币的交换；②服务贸易中服务的生产和消费往往同时发生，提供的劳动活动一般不可储存；③统计方式不同，服务贸易的统计在各国国际收支平衡表中显示，而在海关进出口上没有显示。

另外，美国国际组织人员 Ronald Shelp，在一篇文章的有关章节（《经济理论：一个忽略的历史》）中评论说："比较优势理论是否适用于国际服务贸易是经济学家们解决服务问题失败的典型例子。在有关比较优势的经济文献中，能找到一个讨论服务部门甚至是一个可被称作用来说明服务产品比较优势的例子吗?"[③] 显然，他这样的评论所暗含的假设就是服务不同于货物，即传统国际贸易中的比较优势理论不适用于服务贸易。

用实证研究方法证实传统贸易理论不适用于服务贸易的最具代表性的学者是 R. Dick 和 H. Dicke。早在 1979 年，他们就利用 18 个 OCED 国家的数据，采用"显性比较优势[④]法"计算出了这些国家知识密集型服务贸易各部门的显性比较优势指标值，并对此进行了回归分析，结果

---

① SAMPSON G, SNAPE R. Identifying the Issues in Trade in Services [J]. The World Economy, 1985 (8): 171-182.

② 陈宪，程大中．国际服务贸易——原理·政策·产业［M］．上海：立信会计出版社，2003.

③ BRIAN HINDLEY, ALASDAIR SMITH. Comparative Advantage and Trade in Services [J]. The World Economy, 1984 (7): 369-390.

④ 关于显性比较优势的概念及算法，详见本书第3章第3节中"服务贸易竞争力指标的选择"。

发现，比较优势与服务贸易模式之间不存在明显的相关关系。虽然他们的这一结论可以归咎为非关税壁垒（NTBs）的存在，但是，他们仍然坚持认为“如果不考虑贸易扭曲，可以想象，要素禀赋对服务贸易没有重要影响。”

2.2.3 改进或修正后才适用的观点

该观点介于前两者之间，是一种折中的观点，也为大多数国外学者认可。他们认为，服务有别于商品的独有特征使得传统国际贸易理论在解释服务贸易时确有困难，必须加以修正或改进，扩充传统贸易理论，才能更好地用来解释服务贸易。下面选择其中较具影响的研究成果进行简要介绍。

1985 年，Deardorff 在文章《比较优势与国际服务贸易和投资》① (*Comparative Advantage and International Trade and Investment in Services*) 中，利用传统的 H-O 模型，分析了比较优势原理对三种类型服务贸易的适用性。类型一，与商品贸易互补的服务贸易，如运输、保险等。他将此类型服务贸易区分为三种状态：完全封闭状态（无商品和服务贸易发展）；自由贸易状态（商品和服务均实现自由贸易）；半封闭状态（只有商品可以自由贸易）。前两种状态的研究结果表明：按封闭状态的价格，出口商品和服务不如进口商品和服务，这说明商品和服务贸易与传统的比较优势理论相符。半封闭状态的研究结果是：互补性服务不可贸易不会影响传统比较优势理论在服务贸易分析中的适用性。类型二，要素移动的服务贸易（Service Trade as Factor Movements）。Deardorff 在分析时举了巴黎三星级餐饮企业“钱之旅”的例子。他认为，尽管服务往往被看作是非贸易品，但一般都承认生产要素是可以移动的，只要有要素的移动就适用比较优势理论。若某一特定服务的出口同时伴有某种生产要素的出口，那么该服务出口国一定也是该补充生产要素的丰裕国。类型三，含缺席要素的服务贸易（Service Trade as

---

① DEARDORFF A. Comparative Advantage and International Trade and Investment in Services [M] // STERN R B M. Trade and Investment in Services: Canada/US Perspectives. Toronto: Ontario Economic Council, 1985: 39-71.

Absent Factors)，即某种要素服务在国内是稀缺的，需从国外进口。分析该类型服务贸易时，比较优势理论遇到了障碍，无法解释跨国公司母国整体工资水平较高的服务要素——管理者，到工资水平低的东道国提供服务的情形。但是，总体来说，Deardorff 选择要素价格作为研究视角，较为成功地分析了比较优势理论对服务贸易的适用性。他的这一研究成果，不仅说明了商品和服务贸易的不可分割性，而且也为理论研究的后来者提供了很好的研究思路。

1989 年，Sagari 在传统 H-O 模型中引入了技术差异因素后，推导得到了较为复杂的资源禀赋变量系数。他认为，这一系数的表达形式反映了各国现实的技术发展阶段，符合国际服务贸易的实际情况。而且，修正后的传统国际贸易理论可以用来分析国际金融服务贸易比较优势的来源。另外，Sagari 还用最小二乘法对 1977 年世界 44 个国家的相关数据进行了实证分析，不仅证实了上述观点，还得出技术差异和熟练劳动是各国金融服务贸易比较优势来源的结论。

1990 年，Burgess[①] 对标准 H-O 模型作了简单修正后，得到了解释服务贸易的一般比较优势模型，进而得出传统贸易理论适用于服务贸易的结论。他认为，“即使服务不可贸易，服务技术的国际扩散也会影响收入分配及贸易条件……服务技术的出口未必会损坏服务出口国的比较优势。相反，由于服务作为中间产品参与国际贸易，服务贸易自由化可能会损坏服务进口国的利益。”将服务作为中间投入品的贸易形式，服务贸易与商品贸易是可以互补的。Burgess 的这一研究结论，较好地解释了当今世界服务贸易的格局。同时，也为转轨国家谨慎开放服务贸易市场，维护国家贸易安全，提供了理论依据。

总之，从传统国际贸易理论在服务贸易中的适用性争论中可以看出，虽然服务贸易具有很多有别于商品贸易的特性，但是比较优势理论仍然存在适用于服务贸易的合理内核，经过适当的修正或补充，可以用来解释服务贸易。

---

① BURGESS D F. Services as Intermedia Goods: The Political Issues of Trade Liberalisation [M] // Jones R, Krueger A. The Political Economy of International Trade, Basil Blackwell, 1990: 122-139.

2.3 新贸易理论在服务贸易中的应用

以克鲁格曼为代表的新贸易理论者，从更加合乎现实经济状况的不完全竞争和规模经济角度，成功地解释了国际贸易产生的动因。受这一思想的启发，国外不少学者将基于不完全竞争和规模经济条件下的模型应用到服务贸易的研究中，取得了丰硕成果。其中，较为突出的有 Markusen、Kierzkowski、Jones 和 Francois 等。

2.3.1 规模经济模型

1986 年，Markusen 基于服务业的 Cobb-Douglas 生产函数和熟练劳动力生产替代弹性不变（CES）的假设，分析了规模经济对生产者服务贸易的影响。他认为，当生产企业和具体专业化服务的生产规模不变时，服务生产部门及其所提供的服务总量会使企业的规模收益呈递增趋势。并且，由于这种规模报酬递增效应，决定了服务贸易具有“先入者优势”的特征，即先入的服务企业凭借低成本优势可以有效阻止后来者进入。因此，在外贸政策上，他主张，为使福利最大化，政府应该给予生产者补贴并进行无偿的公共投入。

2.3.2 垄断竞争模型

1988 年，Markusen 再次对包括熟练劳动的生产者服务做了研究。借助垄断竞争理论，他得出的结论是：即使单纯发挥要素禀赋的作用也能从服务贸易中获利；由于多种熟练劳动投入能够提高部门的最终产出，小国将比大国获利更多（这与其他规模收益递增模型的结论相反）；由于受专业化的限制，仅有商品的贸易并不能实现帕累托最优，而引入服务的贸易则可导致最大程度的专业化并实现帕累托最优；即使存在垄断力量，关税也并非一定能够提高一国的福利水平，而且关税将降低专业化潜力、削弱最优关税的效率，进而导致福利水平降低。

2.3.3 两部门的一般均衡模型

1989年，Markusen发展了两部门的一般均衡模型，用来讨论生产者服务和其他专业中间投入品的国际贸易。所得出的结论是：投入品或生产者服务自由贸易的帕累托效率优于封闭经济状态，而仅仅有最终品的自由贸易则未必如此；从世界总体看，投入品或生产者服务的自由贸易优于最终品的自由贸易，但从单个国家看则未必如此。当Markusen将该模型延伸到跨国公司内部进行的生产者服务贸易时，发现在东道国的商品生产中，由于跨国公司的生产者服务优势产生垄断，可能导致东道国的福利减少。这一结论，既为各国开展生产者服务贸易提供了理论依据，又为东道国引进生产型服务跨国公司发出了可能降低其福利水平的警示信号。

2.3.4 生产区段和服务链理论

1990年，Jones和Kierzkowski[①] 基于生产者服务贸易的“黏合剂”作用，提出了生产区段和服务链（Production Blocks and Producer Service Links）理论。他们认为，在当代科技进步促使服务的生产成本大大降低以及规模经济作用的驱动下，越来越多的跨国公司实行了全球化战略，即将生产过程分散到不同区位的国家。而在这一过程中，服务链起到了联结各独立生产区段的作用。也就是说，生产过程的分散化导致对生产者服务的需求不断增加，进而诱发生产者服务贸易的持续增长。反过来，服务链或生产者服务贸易的联结作用，促使了各生产区段在国内和国外的分散。总之，Jones和Kierzkowski的生产区段和服务链理论，成功地解释了现实经济中生产者服务贸易占国际贸易比重不断上升的原因以及规模经济条件下服务贸易的重要作用。

综上所述，强调规模经济和不完全竞争的新贸易理论，从更加合乎经济现实的角度解释了国际服务贸易发生和发展的推动力。然而，正是由于规模经济和不完全竞争的存在，才造成市场运行处于次优境界。服

---

① JONES R, KIERZKOWSKI H. The Role of Seoiees in Production and International Trade: A Theoretical Framework [M] // BASIL. The Political Economy of International Trade, 1990: 31-48.

务贸易的规模经济和不完全竞争理论，实质上为政府进行适当的干预提供了理论依据，尤其对正处于转型中的广大转轨国家服务贸易政策的制定具有重要的借鉴意义。

2.4 服务业的对外直接投资理论

第二次世界大战以后，有关对外直接投资和跨国公司的理论研究一直集中在制造业部门。但是，随着对外直接投资的重心逐渐向服务业偏移，对服务业跨国生产和经营的研究也受到越来越多的关注，但基本都围绕着传统对外直接投资理论在服务部门的适用性进行讨论。目前，涉及服务业对外直接投资的理论已经有了一定发展。其中，理论体系较为完善也是最具代表性的，是邓宁关于服务业对外直接投资基础和动因所做的解释。该理论的核心就是所谓的“三优势模型”（OLI Paradigm），即当服务企业同时具备所有权优势、区位优势和内部化优势时，才能进行有利的对外直接投资。也就是说，若企业只有所有权优势和内部化优势而无区位优势，那么企业就缺乏有力的投资场所，只能在国内生产，然后出口；若仅有所有权优势而无内部化优势和区位优势，企业则很难在内部使用其自身拥有的无形资产优势，只能通过特许转让给国外企业的方式获取收益。具体来说，服务业的所有权优势是指服务企业能够满足当前或潜在客户需求的能力。主要包括对服务质量的控制能力；在地点或品种选择方面满足客户需要的能力；服务企业的规模经济；对先进技术和信息的掌控能力或创新能力；服务企业的商标或品牌信誉；对劳动力、金融、数据处理和传送设备等投入的利用机会等方面。区位优势是从东道国角度谈的，它是指服务企业无法自行支配、只能适应和利用的优势。主要表现在以下三个方面：其一，东道国不可移动的要素禀赋优势，如自然资源、人口数量、地理位置、消费者的习惯性偏好等；其二，东道国的服务政策干预可能给投资者创造的良好环境；其三，由产业集聚形成的聚集经济效应。内部化优势是指服务企业为了扩大自身的组织、经营活动，同时克服外部市场的不完全性与不确定性，将其无形资产的使用进行内部化处理，并由此形成特定的内部化优势。一般而言，服务业跨国公司进行内部化组织或经营，主要基于以下几个方面的考虑：①避免政府的干预；②为中间产品或最终产品提供质量保证，以使其所有权优势得以保持和发挥；③弱化或消除由信息不对称及要素投入在性质或价值等方面的不确定性而导致所提供服务产品的差异。倾向利用内部化优势从事对外直接投资的服务企业类型有：①信息密集型和专业服务业，如银行业、金融业、工程咨询和数据服务等；②拥有良好形象或信誉的服务企业，如广告、建筑和一些商业服务行业；③拥有商标或版权等无形资产的服务企业；④以知识为基础的创新型服务企业，这类企业进行对外投资的目的是为了更好地推广其新型服务产品、有效指导购买者消费服务；⑤工业跨国公司的附属性服务企业，他们旨在帮助母公司维持和发展生产、出口甚至进行海外市场开拓。此外，邓宁还认为，拥有所有权内部化优势的服务企业也可以通过扩大国内生产规模，然后出口来获得补偿，而并非一定要进行对外直接投资。因此，所有权内部化优势只是企业对外直接投资的必要而非充分条件。

另外，1993 年索望（Sauvant）在其主持的课题“服务业跨国化”的研究中，实证分析了 1976—1986 年不同国家在 11 个部门中 210 个最大服务业跨国公司对外直接投资的决定因素。结果发现，市场规模、东道国的商业存在、政府法规、文化差距、服务业的竞争优势、全球寡头反应、产业集中度、服务业的可贸易性以及企业规模与增长共 9 个因素通过了显著性检验。该计量结果从实证的角度，为邓宁的服务业对外直接投资理论在现实中的解释力提供了有力支撑。①

2.5 服务外包理论

2.5.1 服务外包的概念

2.5.1.1 服务外包的定义

外包“Outsourcing”，是英文 Out Source Using 的缩写，直译为“外

① 冯宗宪，郭根龙．国际服务贸易［M］．西安：西安交通大学出版社，2008.

部资源利用”[①]。目前，学术界没有形成关于外包定义的统一表述，但大都认为其本质就是将某些资源或活动以“外包”的形式交由独立的第三方来完成。理论界普遍接受的外包定义[②]是：在企业内部资源有限的情况下，为取得更大的竞争优势，仅保留其最具竞争优势的核心资源，而把其他资源借助于外部最优秀的专业化资源予以整合，达到降低成本、提高绩效、提升企业核心竞争力和增强企业对环境应对能力的一种管理模式。

什么是服务外包？在笔者收集的外国学者研究文献中，没有关于服务外包的单独定义，而是将服务外包涵盖在外包的定义之中。例如，外包是企业把计算机、网络、人员等资产转移给供应商，由供应商负责的业务（Takac，1994）；为了获得预期结果，把组织的部分或全部 IT 和相关的服务交由第三方管理（Lacity & Willcocks，1995）；外包是允许外部机构运作、管理原本由企业自己从事的业务流程或服务的一种管理方法（F. Franceschini et al.，2003）；外包是把服务的提供以及内部员工转移到第三方服务提供者的一种管理责任的转移（Abdulwahed Mo. Khalfan and Abdulridha Alshawaf，2003）等。我国学者张国云[③]（2009）认为，服务外包是一项管理交叉重叠、涉及部门较多的、复杂的系统工程，它既包括货物贸易，又包括服务贸易。通常是指企业将信息服务、应用管理和商业流程等业务，发给企业以外的第三方服务提供者，以降低成本、优化产业链、提升企业核心竞争力。简洁地表述为：企业将原来在内部从事的服务活动转移给外部企业去执行的一种业务安排。冯雷鸣、朱丽、杨春妮[④]（2010）对服务外包的表述为：服务外包是指企业将其非核心的业务外包出去，利用外部最优秀的专业化团队来承接其业务，从而使其专注核心业务，达到降低成本、提高效率、增强企业核心竞争力和对环境应变能力的一种管理模式。它包括业务流程外

① JAMES BRIAN QUINN，FREDERICK HILMER G. Strategic Outsourcing［J］. Sloan Management Review，1994（35）：43-55.

② 李布．“外包”：企业经营新模式［J］．经济纵横，2000（12）：52-53.

③ 张国云．生产服务：从中国制造走向中国创造［M］．北京：中国经济出版社，2009.

④ 冯雷鸣，朱丽，杨春妮．服务外包研究：国外的视角及评价［J］．改革与战略，2010（7）：178-181.

包（BPO）、信息技术外包（ITO）和知识流程外包（KPO）。李玉红[①]（2010）认为服务外包是指某一特定企业将原由内部提供的部分服务环节或制造品生产中的服务环节，转到外部企业完成。服务外包的对象是服务业内部的一个区段、环节、流程，或者制造业中的服务流程，如财会管理、人事管理、售后服务等。简言之，服务外包的对象是劳务性投入。卢锋[②]（2007）的观点与李玉红的相似，他认为无论是特定服务品生产过程的特定投入环节，还是制造品等部门生产过程的服务投入流程，只要涉及的对象是特定服务活动或流程的转移，则均属于服务外包。

另外，依照中国商务部2007年发布的《服务外包统计报表制度》（商服贸字［2007］12号）：服务外包指通过服务外包提供商向服务外包发包商提供信息技术外包（Information Technology Outsourcing，ITO）与业务流程外包（Business Process Outsourcing，BPO）。信息技术外包（ITO）的类别包括：系统操作服务、系统应用服务、基础技术服务。业务流程外包（BPO）的类别包括：企业内部管理服务、企业业务运作服务、供应链管理服务。

从服务发包商与接包商是否来自同一个国家的角度来看，服务外包分为“在岸外包（On-shore Outsourcing）”或“境内外包”和“离岸外包（Off-shore Outsourcing）”或“跨境外包”两种类型。在岸外包或境内外包是发包商与接包商同属一个国家；而离岸外包或跨境外包则是发包商与接包商来自不同的国家。通常说的国际服务外包就是指这种离岸或跨境外包。本书所涉及的服务外包均指服务的离岸或跨境外包，即国际服务外包，简称“服务外包”。

2.5.1.2　服务外包与国际服务贸易的相关性

服务外包以“做自己做得最好的，其余交给别人去做”，即专注发展自身的核心业务而将价值链上的非核心业务转移出去为核心理念，它强调节约成本、提高效率和市场占有、形成规模经济、将固定成本转移

---

① 李玉红．国际外包的成因及研究效应［M］．北京：经济科学出版社，2010.

② 卢锋．当代服务外包的经济学观察：产品内分工的分析视角［J］．世界经济，2007（8）：22-35.

至可变成本、增强熟练技术劳动力的可用性以及实现核心业务战略等因素。作为国际分工细化的产物，服务外包是一项管理交叉重叠、涉及部门广的复杂性系统工程。虽然理论界对服务外包概念的表述尚未统一，但服务外包归根结底都是一种非商品投入的交易，是隶属于国际服务贸易范畴的、生产性的服务贸易。

从发包商角度看，可将服务外包分为“购买”和“投资”两种类型。“购买”型服务外包就是我们通常所说的服务项目外包，即国内某一服务企业通过与国外企业签订服务协议（Service Level Agreement，SLA）并依据协议向其出售服务的模式，广泛应用于IT服务、金融和保险服务、会计服务、人力资源管理服务等领域。“投资”型服务外包又分为合资（合作）和独资两种形式：合资（合作）一般涉及合作研发领域，在软件业中较为多见；独资表示外商通过直接投资的形式在东道国设立子公司或创建分支办公室，以承接服务外包业务或向东道国企业发包，从而为跨国公司在东道国开展业务提供配套服务，或实现跨国公司服务的全球共享。例如，2000年匈牙利出现第一家共享服务中心（Sharing Service Center）后，截至2008年，IBM、GE、Diageo、EDS、Alcoa、Sykes、Exxon Mobil、Morgan Stanley等公司均在匈牙利首都布达佩斯设立了公司共享服务中心。

将从发包商角度划分的两种服务外包类型（“购买”和“投资”）与世界贸易组织《服务贸易总协定》（GATS）对服务贸易四种提供模式（跨境交付、境外消费、自然人流动、商业存在[①]）的分类进行比照，可以清楚地发现，服务外包属于国际服务贸易范畴。具体来说，“购买”型服务外包与服务贸易的跨境交付提供方式相吻合；“投资”型服务外包则是发包商借助“商业存在”的形式而实现的服务交易方式。而且，在“购买”与“投资”这两种服务外包类型中，显然都需要通过“自然人流动”的沟通、交流，以达到润滑服务交易、实现跨

① 世界贸易组织《服务贸易总协定》（GATS）中规定服务贸易的四种模式：（1）跨境交付，即从一成员境内向任何其他成员境内提供服务；（2）境外消费，即从一成员境内向任何其他成员的服务消费者提供服务；（3）自然人流动，即一成员的服务提供者以自然人存在的形式在任何其他成员境内提供服务；（4）商业存在，即一成员的服务提供者在任何其他成员境内以创立或维持分支机构或代表处等商业存在的形式提供服务。

境贸易的目的。

另外，依据国际货币基金组织编写的《国际收支手册》关于服务贸易的统计分类，以通讯、金融、保险、计算机和信息、专利使用和特许等为代表的“其他服务贸易”细项与服务外包所涉及的业务项目基本一致，而“其他服务贸易”又在大体上属于生产性服务贸易的领域。

因此，服务外包不仅属于国际服务贸易的范畴，而且是一种生产性的国际服务贸易。

2.5.2 服务外包的理论解释

2.5.2.1 比较优势理论

各国之间基于要素禀赋差异而产生的比较优势，也是导致服务外包的根本原因。换句话说，依据比较优势理论，低成本是驱动服务外包兴起的主要推动力。Glassand Saggi（2001）通过考察一个包含南北国家厂商的产品周期模型，认为，北方国家厂商会将初级阶段产品的生产外包给低工资的南方国家，而自己则进行具有比较优势的高级生产阶段，如 R&D 等。统计显示，外包对节约成本产生的效果的确显著。例如，2003 年，一些美国公司因外包而节省了大约 40%（约 67 亿美元）的支出①。

2.5.2.2 核心竞争力理论

1990 年，哈默尔和普拉哈拉德（Hamel & Prahalad）刊登在《哈佛商业评论》的文章《企业的核心竞争力》中，首次提出了核心竞争力的概念。此后，成本节约和强化核心竞争力就被大多数研究者视为服务外包的最关键动因。一般来说，核心竞争力是直接创造价值的、竞争对手难以仿制甚至是无法仿制的能力。一个企业要想利用有限的资源、可持续地发展，必须拥有自己的核心竞争力。这就必然要求企业根据自身特点，将非核心的业务外包出去，专门从事核心业务的生产，从而形成核心竞争力。因此，可以说，外包是企业获得核心能力、强化自身竞争优势的一种战略选择。我国学者荆林波（2005）认为，强化核心业务

---

① 贾涛．全球服务外包：市场状况与影响因素［J］．国际经济合作，2008（4）：88-91.

能力已超过从降低成本中获得的实际外包收益。2002 年，美国外包研究所对 1 100 家企业的调查结果显示，企业运行无法控制或失去控制是位列第一的外包因素，排名第二的是强化企业核心业务因素，二者所占比重分别为 48% 和 40%[①]。

2.5.2.3 资源依存理论

费佛尔和萨兰奇科是资源依存论的代表人物。他们认为，组织最关心的就是生存，要生存就需要资源，而任何一个组织内部不可能拥有全部所需的资源。为了更好地运作，组织必须从外部环境中获取资源，即依赖其他组织提供。但是，这种依赖关系具有不确定性。如果组织能够通过与其外部组织建立一种相互信任的伙伴关系，那么就会大大降低由这种不确定性带来的风险，并有助于该组织提高获取资源的功效与能力。而外包正是这样一种通过建立相互依存的关系，使企业可以稳定地获得所需资源的方式。

2.5.2.4 交易成本理论

任何一项交易过程都伴有交易成本的发生。交易成本，简单地说，就是人们为了完成一笔交易而付出的金钱、时间、体力和精力等成本。按照一桩交易是在内部完成的还是外部完成的，可将交易成本分为内部交易成本和外部交易成本。如果一笔交易的外部交易成本大于内部交易成本，那么企业就应该选择兼并、合资等方式来降低交易成本；反之，若企业内部交易成本大于外部交易成本，则应该选择外包的方式将交易成本进一步降低。因此，当一项业务的内部交易成本大于外部交易成本时，该项业务就应该采用外包的方式经营；反之，则应交由内部完成。

2.6 本章小结

服务同商品一样是构成国民经济价值和社会财富的重要组成部分，即服务具有价值的属性。这不仅还服务以本来面目，还体现了社会实践对理论的呼唤，尤其为广大转轨国家扭转长期以来重商品轻服务的传统

① 荆林波. 质疑外包服务降低成本及引起失业的假说——以信息技术外包服务为例[J]. 经济研究，2005 (1)：117-123.

观念，树立服务产品具有价值、服务劳动创造价值的新观念，提供了理论上的依据与支撑。传统国际贸易理论对服务贸易适用性的争论说明，在实践中，各国可依照比较优势原则开展服务贸易。但是，一国的比较优势并不是一成不变的，而是不断变化着的，并可以在服务贸易中获得比较优势的积累与强化收益。强调规模经济和不完全竞争的新贸易理论，则从更加合乎经济现实的角度解释了国际服务贸易发生和发展的推动力。然而，正是由于规模经济和不完全竞争的存在，致使市场运行处于次优境界。这为政府进行适当的干预提供了理论依据，尤其对正处于转型中的广大转轨国家服务贸易政策的制定，具有重要的借鉴意义。服务业对外直接投资理论以邓宁的生产折衷理论最具代表性。由该理论可得出，转轨国家作为主要的外资引进国，应将对区位优势的培育作为吸引外资的着眼点。服务外包作为一种新的业务形式，不仅属于服务贸易范畴，而且是一种生产性服务贸易。转轨国家承接服务外包将极大地促进服务贸易的发展。从对服务外包理论的解释中可以看出，尽管成本节约是服务外包兴起的主要动因，但是，强化核心竞争力可能是更重要的动因。这也为转轨国家培育服务外包承接地的竞争力指明了方向。

总之，本章通过对服务贸易相关理论的回顾与梳理，为后面的研究奠定了坚实的理论基础，提供了充分的理论依据。

第3章　经济转轨国家服务贸易发展分析

“经济转轨（转型）”这个概念是由苏联马克思主义理论家布哈林在19世纪20—30年代撰写的《过渡时期的经济学》中率先使用的。他在书中探讨了市场经济向计划经济转轨的问题，但是今天，它的相反主题却成了人们关注的焦点。当前人们所说的经济转轨，是指从计划经济向市场经济的转轨，亦即市场化。从资源配置视角来定义，经济转轨的起点是以计划为资源配置手段的计划经济，终点是以市场为资源配置手段的市场经济，转轨意味着制度变迁或体制转换。

关于转轨国家范围的明确界定，目前国际上还没有形成一致看法。不少学者认为，转轨国家是指苏联解体后形成的国家以及东欧国家，是冷战结束和苏联解体的产物。国际货币基金组织、世界银行、经合组织则根据各自不同的概念，把10~30个国家的统计数据列在转轨国家的分类项下。在欧洲复兴开发银行（EBRD）的转型报告（2008）中所列的转轨国家包括：①中东欧和波罗的海国家（捷克、爱沙尼亚、匈牙利、立陶宛、拉脱维亚、波兰、斯洛伐克、斯洛文尼亚）；②东南欧国家（阿尔巴尼亚、波斯尼亚和黑塞哥维那、保加利亚、克罗地亚、马其顿、黑山、罗马尼亚、塞尔维亚）；③蒙古和独联体国家（亚美尼亚、阿塞拜疆、白俄罗斯、格鲁吉亚、哈萨克斯坦、吉尔吉斯斯坦、摩尔多瓦、蒙古、俄罗斯、塔吉克斯坦、土库曼斯坦、乌克兰、乌兹别克斯坦）。总共29个国家，不包括中国。他们认为，中国的改革是对现有制度的调整与完善，不涉及根本制度的改变，因此将中国视为经济“改革”国家。但是，在笔者看来，中国也进行了资源配置手段的重新安排——从计划经济体制向市场经济体制转变，理应属于转轨国家。换句话说，笔者从资源配置的角度来界定转轨国家的范围，即凡是从原计划经济体制向市场经济体制过渡的国家都属于本书研究的范畴。

基于样本的代表性及数据可得性的权衡考虑，笔者根据EBRD对转轨国家的分类，选取中东欧和波罗的海国家8国以及东南欧的保加利亚、克罗地亚和罗马尼亚3国，共11国，在后文将其合称为广义的中东欧国家，简称CEEC（Central and Eastern European Countries）国家；选择独联体国家中的俄罗斯、亚美尼亚、阿塞拜疆、白俄罗斯、格鲁吉亚、摩尔多瓦、乌克兰以及中亚的哈萨克斯坦、吉尔吉斯斯坦、塔吉克斯坦3国，共10国，后文简称为CIS（Commonwealth of Independent States）国家；再加上中国，共计22个国家，作为本书分析与实证考察的研究对象。

3.1 经济转轨国家服务贸易体制转换及其特点

从理论上讲，服务贸易市场化、自由化，无疑对推动国际服务贸易发展、提升国家竞争力具有重要意义。近年来，国际服务贸易的年均增长速度略高于货物贸易的增长速度，且目前已有不少发达国家步入了服务经济社会。广大转轨国家为了分享服务贸易带来的益处，在进行体制转换的同时也致力于服务贸易的发展和服务贸易自由化改革，以加快实现转轨之初预定的赶超目标。

3.1.1 转轨国家服务贸易体制转换的目标与导向

20世纪90年代以来，在经济全球化浪潮席卷全球和世界科学技术尤其是信息技术迅速发展的背景之下，高度集权的中央计划经济在运行了半个多世纪后，其不能解决资源合理配置的内在缺陷问题日益暴露，经济效率低下，经济活动逐渐丧失活力与动力。许多国家纷纷摒弃先前的计划经济体制，开始向市场经济体制转轨。虽然在体制转换的进程中，各转轨国家的初始条件有所差异，选择的转轨路径也分为“激进式”和“渐进式”两种模式，但无论是激进式还是渐进式改革，其目的都是向市场经济过渡，即通过扩大开放、引入竞争，将原有国家垄断或高度集中的国有企业暴露在竞争的市场环境中。所以，经济转轨的内容大体相同，都包含市场自由化、私有化、改造所有制结构、改革对外经贸体制、撤销或完善原有法规等内容。就服务贸易方面而言，实行市场转轨就意味着放松国内服务管制、降低服务提供商的市场准入壁垒、增强服务政策透明度等，即将国内市场向国外服务提供商开放。因此，各转轨国家服务贸易体制转换的基本方向和目标与其经济体制转换的模式和改革任务密切相关，且相辅相成。以服务贸易领域中颇具代表性的金融服务部门为例：中国金融服务贸易与金融服务业的改革与其经济体制改革的总体目标别无二致，即中国对金融领域采取了渐进式的市场化改革；俄罗斯金融服务贸易体制改革的方式与导向也服从于其经济体制转换的模式与目标。

但是，转轨国家服务贸易自由化速度的快慢、步伐的大小则取决于所选择的经济转轨模式。俄罗斯在经济转轨之初，实行了“激进式”的“休克疗法”，企图通过自由化、私有化和稳定化，一步到位地实现市场经济体制目标。相应地，俄罗斯国内银行业在转轨伊始就基本放开，对金融市场准入的控制也较为宽松，外国金融机构能够大量进入金融市场，并且从事与俄罗斯国内银行几乎毫无差别的金融业务[①]。然而，由于金融服务的特殊性以及过早、全面地开放服务市场，俄罗斯在经历了金融危机和国内经济衰退之后，认识到了国家管理的重要作用，并重新踏上了有管理的市场经济道路。俄罗斯通过加强对金融服务部门的政府监管，扩大金融业务的监管范围，达到增强国内金融部门降低风险乃至化解金融风险的能力和提高金融服务的国际竞争力的目的，为本国金融企业最终走向国际市场、实现贸易自由化奠定了

① 郭连成，米军．金融全球化与经济转轨国家金融改革的路径选择［J］．经济社会体制比较，2004（5）：92-100.

基础。

3.1.2 转轨国家服务贸易体制转换的特点

在计划经济体制下，转轨国家服务业在国民经济中处于被忽视、被压抑的状态，服务部门几乎零发展，更不要说服务贸易的发展。正如科尔内所言，“东欧国家在经济发展上存在着三种优先：首先是制造业的发展优先于农业，其次是物质产品的生产优先于服务业，最后是可用于贸易的产品的生产优先于不可用于贸易的产品的生产。这种发展战略的结果是经济结构失衡，东欧存在过度的工业化，而服务业则发展不足。重工业发展过度，轻工业则相对落后”①。从本质上说，转轨国家经济转型所实行的服务贸易体制转换，就是向服务市场化、服务贸易自由化方向改革，其变迁过程与国内体制转换相互联系、相互促进，多边或区域经济组织成为推进转轨国家服务贸易自由化的重要外部力量。

3.1.2.1 服务部门转型从零开始

在经济转型和制度变迁以前，转轨国家普遍实行国家指令性的、统负盈亏的、高度集中的计划经济体制，服务业成为被忽略的经济部门。具体表现是：服务法规和有助于发展服务业及服务贸易的经济政策缺失；服务数据统计不足；经济研究通常只考虑物质生产因素，将服务因素视为计量分析的剩余变量。造成服务业及服务贸易被忽视的原因主要是：第一，计划经济体制不具备发展服务业和服务贸易的经济条件和空间。在计划经济体制中，对外贸易由国家设立的专门贸易机构按照政府指令进行，企业被高度集中的国家计划指令阻隔在国际市场之外，感受不到外部竞争的压力，其内部规章的制定及行为规范不受竞争因素的制约。在此种情形之下，转轨国家没有像西方发达国家所经历的那样，通过社会分工的细化建立起市场经济关系，即在同类市场内部及不同市场之间形成相互联系、相互交织、错综复杂的关系。由于市场力量不足、市场关系缺失、企业家精神和创新能力欠

① 孔田平．东欧经济改革之路——经济转轨与制度变迁［M］．广州：广东人民出版社，2003.

缺，再加上与外部市场隔绝、缺乏竞争压力以及较低的经济水平，高度集中的计划经济体制不存在服务活动发展的空间，不具备发展服务业及服务贸易的经济条件。只有通过体制转换与经济转轨，释放出市场力量，提升服务在经济活动中的作用，才有可能促进服务业与服务贸易的高效发展。第二，计划经济的意识形态抑制服务业和服务贸易的发展。转轨国家在经济转型前对服务的认知源于马克思主义的相关理论。马克思理论强调物质生产在价值和剩余价值创造中的重要作用，生产物质产品、提高物质生产效率被看作是创造财富的最基本因素。而非物质生产则不能创造价值。相应地，服务部门被视为“非生产性”的、不能创造价值和财富的行业。受这一意识形态的影响，在会计账目分类中，经济活动被划分成生产性和非生产性两类。非生产性经济活动主要是指所谓的“非物质”领域，诸如金融、保险、法律咨询、娱乐消遣、旅游、教育、医疗卫生、公共管理及国防等服务部门。由于不能产生国民收入，这些部门中的大多数也就不被列入优先发展的范畴。计划经济体制下的很多传统服务，要么由国内大型制造企业内部提供（如运输服务、一些基本的商业服务等），要么由听从中央计划指令的国有企业提供（如分销、金融服务等）。正是基于对服务“非生产性”的认识，转轨国家没有认识到服务在促进经济增长、提升竞争力和协调经济全面发展中所发挥的重要作用，从而导致其在体制转换前对服务业的发展严重忽视，服务质量低、服务提供的范围有限也就在所难免。

3.1.2.2 服务贸易自由化转型与国内市场化改革平行展开

“服务贸易自由化过程就是不断改革服务业国内规制、降低和削减服务贸易壁垒以促进服务要素自由流动的过程。”① 从这个意义上说，转轨国家服务贸易向自由化转型的过程就是其国内进行市场化改革的过程之一，且二者是同步、平行展开的。由于转轨国家的经济转轨无前人经验可以借鉴，只能摸索着进行，所以，在服务贸易自由化不断深入的过程中，需要不断补充和完善国内相关的服务法律、法规等政策。从实

① 樊瑛．国际服务贸易模式与服务贸易自由化研究［J］．财贸经济，2010（8）：76-82.

践来看，俄罗斯为了迎合激进式转轨模式，一步到位地建立起市场经济体制，在服务领域进行了一系列的制度安排。一方面对原有法规进行修正；另一方面，对以往既不基于市场规范，又不受经济体制制约的真空地带，颁布了一些新法规，并且十分重视与WTO接轨，强调对其实行法律调控的透明性和客观标准。与此同时，俄罗斯颁布了许可证管理条例，对一些服务部门实行许可证管理制度，并制定出与服务业相关的资格证明、技术标准和注册要求，以适度开放服务部门。为建立良好的服务业竞争环境和保护消费者利益、限制垄断，俄罗斯政府颁布并多次修订了《反垄断法》，并于1999年和2001年相继出台了《金融市场竞争保护法》和《关于在对外经贸活动中保护消费者利益法》。这些法律的颁布和实施，使俄罗斯在较短的时间内摆脱了旧体制的束缚，迅速建立起了适应服务贸易市场经济需要的新体制①。目前，俄罗斯服务市场的经济环境已大为改善。在金融服务领域，俄罗斯对外国服务商开放了几乎一半的市场，允许外资银行在俄罗斯市场上以独立法人的资格经营。在保险领域，外资保险公司在俄罗斯保险业务资产总值中所占份额提至50%。快递服务领域实行全面开放，外商可独资经营快递公司。在专业服务领域，外资可进入电脑、广告、市场调研、管理咨询、法律（公证服务除外）服务等部门。在交通服务领域，开放了海洋、航空和公路运输中的某些服务环节以及运输辅助性服务领域（仓储、装卸货、货运代理服务）②。俄罗斯服务贸易体制转换在一定程度上使其停滞的经济重获活力。由于不断总结经验，俄罗斯服务贸易的自由化改革又促进国内市场化改革走向了良性发展的道路。例如，俄罗斯吸取1998年金融危机的教训，实行有管理的服务业自由化制度安排，自此其经济步入了平稳发展的轨道。但从整体上看，俄罗斯服务业与服务贸易的发展状况并不理想，其服务贸易额总体呈逆差状态，过度管制的情况依然存在，几乎所有的经济活动都需要许可证，俄罗斯仍然是“检察官的

① 刘薇娜．俄罗斯服务贸易体制转换与其发展分析［J］．东北财经大学学报，2010（2）：54-59.
② 李中海．普京八年：俄罗斯复兴之路（2000—2008）经济卷［M］．北京：经济管理出版社，2008.

希望之乡”，这不禁为寻租和腐败敞开了大门①。因此，俄罗斯服务领域改革的最终完成，尚需时日。

然而，必须承认，包括俄罗斯在内的广大转轨国家实行的服务自由化改革，使其服务提供能力大大增强。分析原因主要有三：其一，市场化的国内服务规章制度的保障作用。市场化的服务规章制度催生了一大批中小型企业，不仅丰富了转轨国家的所有制和企业规模结构，有助于从工业经济向服务经济转型，而且为服务提供形式的多样化注入了活力。波罗的海转轨国家的经验证实，有效的国内管制和体制规则在构建友好、竞争型服务商业环境方面发挥着关键的作用②。一些中东欧国家的实践经验也表明，通过不断地改变体制和商业环境，其国内社会经济状况发生了巨大变化，有些国家的第三产业已经取代了制造业在经济中长达几十年的统治地位。例如，马其顿的服务业收入占国内生产总值的一半以上，已经发展成国家的支柱产业之一。其二，对外开放的服务市场。受计划经济体制下较严格的服务管制及较为低下的服务竞争力的影响，原来的服务提供主要定位于国内市场，对服务的进口也非常有限。通过引进市场机制、开放市场，改善了服务提供的外部市场条件，增强了国内服务提供者的竞争意识，从而促使转轨国家服务提供能力不断提高。另外，市场放开后，由于商业领域和公共部门对中介服务的需求以及消费者对长期受到限制的消费服务需求突增，也在一定程度上刺激了服务提供者致力于增强服务提供能力的积极性。其三，外国直接投资（FDI）的重要拉动作用。转轨国家在市场化转型过程中，十分重视吸引外资，同时也重视将外资引向国内服务发展较弱的部门。最初引进的FDI主要集中在商业、金融等服务部门，而且引资速度非常快。例如，2002年中东欧转轨国家在服务领域引入的FDI占引资总额的56%。由于外资的进入，投资国先进的软、硬技术所产生的外溢效应，大大提高了转轨国家服务部门的国际竞争力，也加快了其融入世界服务市场的步伐。

---

① 孔田平．东欧经济改革之路——经济转轨与制度变迁［M］．广州：广东人民出版社，2003.

② OCED，2004，Promoting Trade in Services：Experience of the Baltic States.

3.1.2.3 多边或区域经济组织对转轨国家服务贸易体制转换的推动

扩大开放、参与全球分工协作、实现资源在全球范围内的最优化配置，是转轨国家经济转轨的目标之一。在具体实践中，广大转轨国家纷纷通过参与或组建各种类型的多边或区域经济组织，来加快本国服务贸易市场化和自由化转型的进程，促进服务贸易体制与世界规则接轨。例如，包括中国在内的很多转轨国家已经加入或正在申请加入 WTO；一些中东欧国家已经成为欧盟成员国或正为之努力；中国主导成立了上海合作组织，参加了 APEC、中国—东盟自由贸易区等区域经济合作组织；俄罗斯组建了独联体区域经济一体化组织；包含中俄的东北亚六国也已达成建立“东北亚经济自由贸易区”的共识。所有这些成果和努力，无疑都对转轨国家服务贸易的发展产生了积极影响，推动了其服务贸易市场化和自由化转型的进程。

（1）加入 WTO 与服务贸易自由化

20 世纪 90 年代初东欧剧变和经互会（CMEA）解体后，中东欧和独联体等转型国家急需确立新的外贸管理体制、开发并完善新贸易部门以及重新布局对外贸易关系。加入 WTO，不仅有助于妥善解决这些问题，还可推动本国贸易自由化、加快融入世界经济的全球化进程。因此，长期以来，转轨国家一直为融入世界多边贸易体系而努力。波兰、匈牙利和罗马尼亚三国早在 20 世纪 80 年代高度集权的计划经济时期就已按照特殊条款加入了关贸总协定（GATT），WTO 成立后自然成为其成员；捷克和斯洛伐克作为 GATT 的创始成员国，分裂后仍然保有成员资格。除此之外，中国、中东欧转轨国家、独联体国家中的吉尔吉斯斯坦、格鲁吉亚、摩尔多瓦、亚美尼亚和乌克兰等转轨国家也陆续成为世界贸易组织的成员国。特别需要指出的是，2011 年 12 月 16 日下午，在瑞士日内瓦举行的世界贸易组织第八届部长级会议通过了《关于俄罗斯加入世界贸易组织的决定》，这标志着俄罗斯长达 18 年的入世之路宣告结束。但是，土库曼斯坦至今未提出加入 WTO 的申请，其余一些独联体国家仍为 WTO 观察员国。见表 3-1。

表 3-1 **世界贸易组织成员和观察员中的转轨国家成员一览表**

WTO 中的初始转轨国家成员	波兰、匈牙利、罗马尼亚、捷克、斯洛伐克
中东欧转轨国家	斯洛文尼亚（1995.7.30）、保加利亚（1996.12.1）、拉脱维亚（1999.2.10）、爱沙尼亚（1999.11.13）、阿尔巴尼亚（2000.9.8）、克罗地亚（2000.11.30）立陶宛（2001.5.31）、马其顿（2003.4.4）
独联体国家	吉尔吉斯斯坦（1998.12.20）、格鲁吉亚（2000.6.14）、摩尔多瓦（2001.7.26）、亚美尼亚（2003.2.5）、乌克兰（2008.5.16）、俄罗斯（2011.12.16）
中国	中国（2001.12.11）
WTO 观察员国家	白俄罗斯、阿塞拜疆、哈萨克斯坦、塔吉克斯坦、乌兹别克斯坦
未提出申请的国家	土库曼斯坦

"入世"对加快转轨国家服务贸易体制转换进程、促进其服务贸易发展具有非常重要的意义。一方面，转轨国家在"入世"伊始做出的服务开放承诺，极大地推动了本国服务贸易体制朝着与世界规则相一致的方向转变，即加快了本国服务贸易自由化转轨的进程。另一方面，世界贸易组织中的 GATS 协议，将一般义务与特定义务分开规范，使成员国在遵守服务贸易领域共同原则和普遍义务的同时，又可以按照本国服务业发展的具体情况，切实地安排服务市场开放的顺序和步骤。这一灵活性的规定，有利于各成员国不会因为国内服务市场一下放开致使本国经济和服务业发展遭受到严重冲击。而且，尽管 GATS 由发达国家极力倡导签订，但它也考虑到了发展中国家在世界服务贸易中处于劣势地位的情况，其中不少条文就提高发展中国家服务贸易参与程度、增强服务业竞争力、扩大服务贸易出口等方面给予了优惠，特别是在最惠国待遇、国民待遇、市场准入、透明度、逐步自由化以及在经济技术援助方面，作出了对发展中国家特别照顾的规定。对于已经"入世"的转轨国家来说，它们中的大多数仍居发展中国家之列，自然适用并理应享受

GATS中的优惠条款。从具体实践来看，加入WTO给它们带来了诸多益处：其一，WTO框架下的GATS协议为其带来了更多的服务贸易机会。其二，转轨国家就服务贸易市场开放的具体承诺有助于提高服务贸易自由化程度，有利于改善国内投资环境和增强政策透明度。例如，俄罗斯的海关咨询服务口头答复时间从一天减到30分钟，书面答复由10个工作日减至一半①；匈牙利、波兰和捷克的自由化程度已经达到70%～80%的水平②。其三，GATS为包括已"入世"转轨国家在内的所有WTO成员，提供了统一的管理和监督服务活动的标准以及普遍认同的解决国际服务贸易争端的法律依据，有效地保证了服务提供者的利益，有利于贸易联系国建立长期稳定的合作伙伴关系。总之，加入WTO既加快了转轨国家服务贸易自由化和融入世界经济的进程，又促进了其国内经济的增长。

（2）加入欧盟与服务贸易自由化

中东欧国家地处东西方文明的交汇处，社会文化、意识形态和社会经济发展受承载各自文明的东西方大国博弈结果的影响。西方经济的繁荣发展，以及葡萄牙、西班牙、爱尔兰、希腊等国"入盟"后经济增长和社会进步的迅速加快，为中东欧国家起到了良好的示范作用，也使其意识形态、文化等逐渐向西欧靠拢。因此，广大中东欧国家在转轨伊始就积极筹划加入欧盟。例如，东欧剧变后，波兰很快恢复了与西欧国家的经济联系，并在经济恢复增长后的第一时间筹划"入盟"，经过11年的努力，终于达到了欧盟的要求，于2004年成功加入欧盟。截至目前，欧盟27个成员国中已有10个转轨国家。但是，这些国家为此付出的代价及支付的"入门"费也相当高。国内政策、相关的行业标准等必须满足欧盟要求。"以欧盟环境标准为例，首批5个中东欧国家总共需要支出1 200亿欧元。虽然欧盟对此会有援助，但大部分费用仍要靠中东欧国家自己解决③"。尽管如此，加入欧盟仍然对中东欧转轨国家

① 李中海．普京八年：俄罗斯复兴之路（2000—2008）经济卷［M］．北京：经济管理出版社，2008.

② 庄起善，王健．贸易开放、贸易增长与贸易平衡——对转型国家贸易发展的实证研究［J］．复旦学报（社会科学版），2005（3）：138-147.

③ 佚名．波兰：一个转型奇迹的解读［EB/OL］．（2006-04-20）．http://finance.sina.com.cn/review/20060420/17472517444.shtml.

的经济和服务贸易发展注入了活力。

欧盟是世界上唯一的、最有力的超国家经济和政治联盟组织，在某种程度上类似一个联邦制国家，这要求区域内成员让渡部分国家主权，以建立一个统一的内部大市场，即实现“货物、资本、人员和服务”①的自由流动。对于成功“入盟”的中东欧转轨国家来说，就意味着其国内制度、经济政策及工具等条件必须与盟内规制接轨，同时国民的观念、文化认知以及对服务业和服务贸易的认识等也要随之发生改变。这些“新”的因素相互交织、充分融合并相互促进，共同推动了新“入盟”中东欧转轨国家服务经济的发展。在服务贸易领域，这些国家通过开放服务市场和参与外部市场竞争，不仅提高了本国的服务质量与管理水平，还为国内服务供应商带来了新的发展机遇、拓展了服务市场空间。有资料显示，新“入盟”的中东欧转轨国家都积极实行了各项改革。在电信业方面，各国纷纷改革相关立法（如捷克、波兰等国目前已建立了有关电信管理方面的法律框架），鼓励放宽监管政策，为电信业发展创造良好的市场与法制环境，以利于外资引进。目前，德国、法国、西班牙等欧洲电信主导运营商均已在中东欧的多个国家设立了独资企业或合资企业，不仅为自己带来了丰厚利润（中东欧新兴电信市场是其收入的重要来源地之一），而且给中东欧电信业的发展注入了活力。此外，匈牙利以其优越的地理位置（地处中东欧地区的心脏位置），为本国物流业的发展创造了条件。2004 年匈牙利“入盟”后，不仅使国内物流企业的发展空间空前加大，还为外国投资者带来了新的发展机遇。“物流和运输服务业是匈牙利政府支持发展的七大主要行业之一，作为国家发展规划的一个重要组成部分，匈牙利政府正致力于将匈牙利发展成为中东欧地区的物流中心，为进出匈牙利或过境货物提供更多高附加值服务，从智能型运输系统，到港口机场的基础设施建设，也包括相关的顾问、咨询业和财务服务等。②”可以预见，随着欧盟的进一步东扩，中东欧国家的服务贸易市场将迎来新的发展机遇。新“入

---

① 生效于 1958 年 1 月 1 日的《罗马条约》首次提出建立一个统一市场的总目标，即在盟内实现货物、资本、人员和服务的四大基本自由流动。

② 佚名．匈牙利物流市场分析［EB/OL］．（2007－11－13）．http：//tradeinservices.mofcom.gov.cn/f//9759.shtml.

盟”的中东欧转轨国家自然也会越来越快地学习、吸收西欧成熟服务市场的“新”业务，从而促进本国服务贸易更快、更好地发展。但是，在机遇面前，新“入盟”的转轨国家难免在服务贸易发展过程中遇到困难。对此，各国政府绝不能掉以轻心，应当不断完善管理与配套措施，保障“新”业务更好地推广和普及。

3.1.3 对转轨国家服务贸易体制转换的思考

经过多年改革开放和自由化的发展，转轨国家在服务经济与贸易总量以及服务的多样性方面都取得了很大进步。据 UNCTAD 统计，1990 年转轨国家[①]服务贸易进出口总额 21.447 亿美元，2008 年 242.495 亿美元，2009 年 199.020 亿美元，20 年间增长了 10 倍。但是，这并不意味着转轨国家的服务经济已经较为发达。在乌克兰、阿尔巴尼亚、摩尔多瓦和马其顿等一些中东欧转轨国家的街头，随处可见 ATM 机、银行网点和外币兑换处，这当然也不表明这些国家的金融业发达。实际上，这些国家的银行中有 80% 以上都是外国银行。同样，中国在经济转型过程中也或多或少地存在类似问题。为了进一步推进转轨国家服务贸易体制转型、促进服务贸易发展，需要反思过去的发展实践，提高认识。以上关于转轨国家服务贸易体制转换的特点分析，在一定程度上折射出潜藏在其转型过程中的问题。

首先，“服务部门转型从零开始”，不仅反映了转轨国家服务转轨的初始硬件条件薄弱，即服务领域的转型是建立在“一穷二白”的基础之上，还映射出其服务意识、服务管理等软条件落后。一方面，服务部门长期处于被忽视的地位导致民众的服务观念、意识淡薄；另一方面，对服务部门的管理同时存在过度管理与管理缺失的问题。国有服务企业居于绝对主导地位，国家通过垄断、补贴、限制准入、管理价格或非成本定价手段，严格管制服务部门；而对一些诸如审计、人寿保险等服务活动却没有任何管制措施，致使其基本处于无管理的真空状态。

---

① UNCTAD 统计的转轨国家包括：阿尔巴尼亚、艾美尼亚、阿塞拜疆、白俄罗斯、波黑、克罗地亚、格鲁吉亚、哈萨克斯坦、吉尔吉斯斯坦、黑山、摩尔多瓦、俄罗斯、塞尔维亚、塔吉克斯坦、马其顿、土库曼斯坦、乌克兰和乌兹别克斯坦。

其次，“服务贸易自由化转型与国内市场化改革平行展开”的特点，意味着转轨国家的服务贸易自由化并非如西方国家那样建立在货物贸易发展较为成熟的基础之上。也就是说，其服务市场开放的背后，没有雄厚的物质实力做保障，这会带来很多问题。例如，消费者服务大多成为少数富人休闲、享乐的特权，从而导致消费者服务在转轨国家无法全面地展开并朝着理性、健康的方向发展。因为休闲等消费者服务业的发展需要一定的物质基础作后盾，不是建立在殷实物质基础之上的这些服务业的发展，就如同建在沙滩上的空中楼阁，注定是没有前途、要崩塌的。诚然，大力发展服务业以及服务贸易、扩大服务市场开放，着实会带来诸多好处，但是，绝对不能将其建立在“空中楼阁”的 基础之上，特别是不能忽略精神层面的建设，以免受制于人。应当从本国的实际出发，切实有效地促进本国服务业及服务贸易的发展。另外，转轨国家通过加入多边或区域经济组织来推动本国服务贸易自由化进程的客观实践，并不意味着是要着力发展服务贸易、不重视非服务部门的发展，而是为了充分发挥服务与生产相辅相成、相互促进的积极作用，更好地为推动转轨国家经济增长和社会发展做贡献。

再次，多边或区域经济组织等外部力量在推动转轨国家服务贸易体制转换、促进服务贸易发展方面发挥了重要作用，但也使其在享受服务贸易自由化便利的同时，受到自由化和开放所致的安全隐患困扰。以国际直接投资（FDI）的流入为例，FDI 大量流入将导致东道国现金量增多，进而诱发国内利率上升，使国内企业资本使用的成本提高。而且，东道国无法避免外国投资者将利润汇回母国情况的发生，这无疑对东道国的国际收支产生了消极影响。例如，与服务 FDI 相关的汇回利润（如证券、股票收益等）很有可能在短时间内迅速超过最初流入的资本量，从而造成东道国国际收支出现进一步恶化甚至产生赤字。同时，服务贸易自由化也为国际投机资本攫取转轨国家财富提供了快速而便捷的通道。

此外，服务贸易体制转换涉及服务规则的改变，而正式的规则如市场准入规则可以迅速改变，非正式的规则如行为规范、习惯和惯例则不能立即改变。而且，正式规则的执行情况还往往受非正式规则的影响。服务业的壮大、成熟，既需要一个持续的良性竞争环境，又需要经历一个长期的过程。服务的特殊性决定了政府管制或管理对服务业的发展具有重要意义。就转轨国家政府而言，规制服务业与服务贸易的难点不在于解除服务管制、消除服务贸易壁垒，而是对服务改革或管理的动态理解即服务规制应是渐进的、需要持续进行并且不断修正的。同样，构建一个合理的、不断提升的竞争环境并将其长久地维持下去，也绝非易事。对中国来说，正确理解这一概念的关键就是，在改革过程中既要吸取过去计划经济"过度管理"的经验教训，不断克服各种障碍特别是观念的束缚，又要注意不能完全放松管制，避免重拾过去计划经济"管理缺失"的错误，更不能像某些中东欧国家那样，完全靠私有化和市场导向而被西方发达国家牵着鼻子走。中国应当做好"打持久战"的准备，循序渐进地、不间断地、适时地进行改革，从而走出一条适合自己、有特色的服务经济发展之路。

3.2 经济转轨国家服务贸易发展状况

3.2.1 转轨国家服务贸易发展的总量分析

3.2.1.1 对服务贸易总额的考察

转轨国家服务贸易总额的变化情况，可以粗略地划分成两个发展阶段（见图3-1）。第一阶段（1994—1999年）：该阶段各转轨国家的服务贸易总额没有呈现迅速增长的势头，发展缓慢而平稳，且个别国家在个别年份的服务贸易额还出现上升与下滑相伴的情况（如波兰、乌克兰等国），但大体上都是在波动中缓慢前进的。第二阶段（2000年至今）：这一时期各转轨国家的服务贸易总额普遍较上一时期增长速度加快（但在2009年各国的服务贸易进出口总额均和上年相比有所下降）。其中，增速最快的当属中国。2003年中国服务贸易进出口总额首次突破千亿美元大关（1 020.399亿美元），并于2009年起超过日本，达到2 884.96亿美元，而同年日本的进出口总额为2 770.56亿美元；2010年中国为3 408.12亿美元，日本为2 990.28亿美元。除中国外，俄罗斯服务贸易规模的增幅也相当大，2008年突破千亿美元大关，达到1 266.462亿美元，此后两年均保持在千亿美元的水平，其服务贸易额分别为 1 033.188 亿美元和 1 167.464 亿美元。但是，第二阶段转轨国家服务贸易总额普遍增长的增幅情况却在不同国家存在差异。CEEC 国家的服务贸易规模总体高于 CIS 国家。CEEC 国家中服务贸易规模最大的国家是波兰，其服务贸易总额最高达到 661.38 亿美元；其次是捷克和匈牙利，分别名列第二和第三位；服务贸易额最少的为波罗的海 3 国（拉脱维亚、立陶宛和爱沙尼亚），但近几年也大约有 60 亿美元。而 CIS 国家中除了俄罗斯、白俄罗斯和乌克兰以外，其余国家的服务贸易额均低于波罗的海三国的水平。特别是塔吉克斯坦，尽管自经济转型以来其服务贸易额有了明显增长，但是通过在考察期内的横向比较发现，塔吉克斯坦的服务贸易规模依然较小，其服务贸易的最高额也不过 7 亿多美元。另外，吉尔吉斯斯坦的服务贸易额在 2006 年以后才表现出相对明显的增长幅度，2007 年服务贸易额首次超过十亿美元，达到 12.8926 亿美元。由此可见，第二阶段转轨国家服务贸易规模的迅速扩大，并不是所有国家的特点（有关转轨国家服务贸易进出口额的具体情况，请详见附录 A1：转轨国家及其参照国服务贸易进出口状况以及占世界贸易的比重）。

实际上，上述对转轨国家服务贸易总额两个阶段的划分，以及各国在各阶段的波动情况，均与其国内宏观经济环境和世界经济走势状况密切相关。20 世纪 90 年代初正值转轨国家实行经济转型伊始，不少国家的宏观经济出现震荡，甚至呈下滑态势，俄罗斯就是其中最典型的代表。90 年代中后期这一情况有所好转，国内经济出现增长苗头，但仍处于低迷状态。1997 年受国际金融危机的影响，这些国家又重蹈了经济波动或停滞的覆辙。因此，在第一阶段，转轨国家的服务贸易额总体呈缓慢波动的增长态势。2000 年国际金融危机之后，世界经济呈蓬勃发展状态，大部分转轨国家的国内经济也随之出现了持续增长的势头。但是，2008 年美国次贷危机的爆发，使世界经济增长的脚步放缓。相应地，2008 年转轨国家的服务贸易额也表现为大幅下滑的趋势。2010 年世界经济状况有所好转，当年转轨国家的服务贸易总额也恢复了增长。也就是说，转轨国家服务贸易额的总体变化情况受国内经济环境和国际经济发展走势的影响。

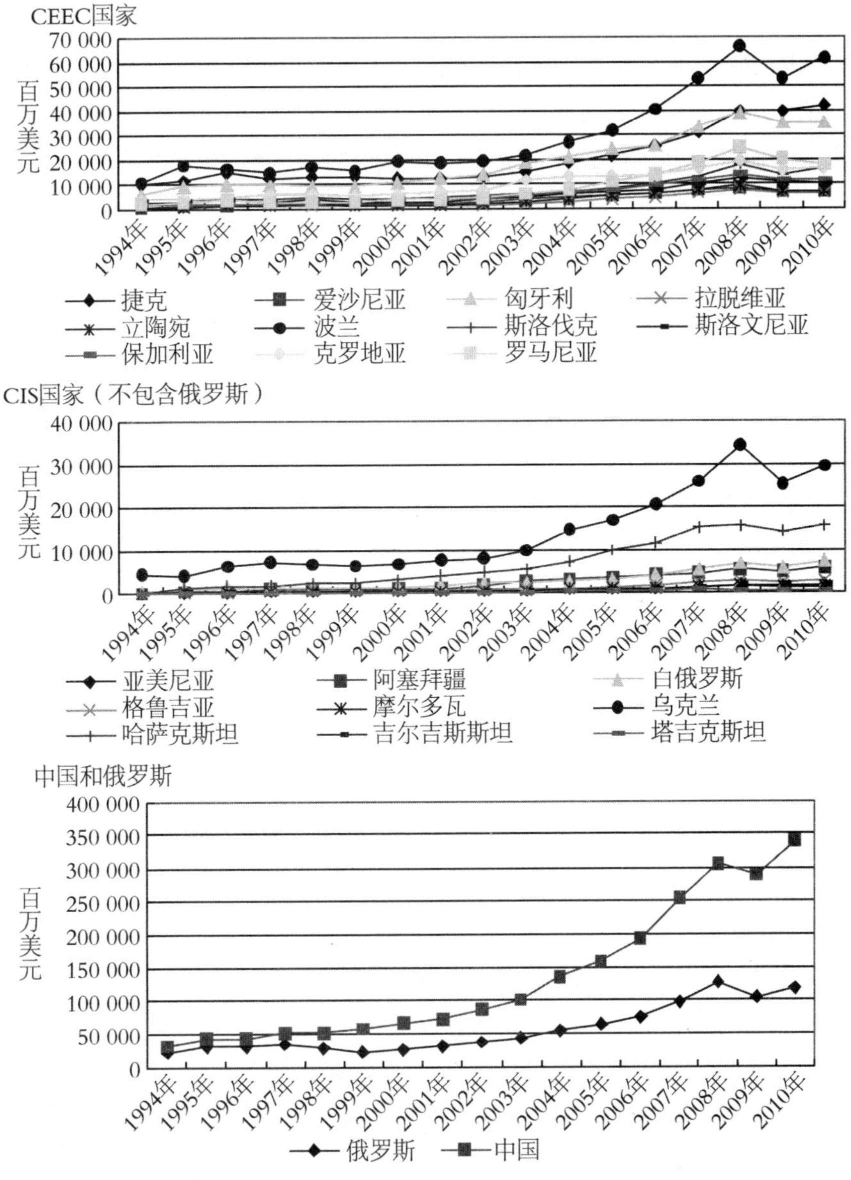

图 3-1　1994—2010 年转轨国家服务贸易总额变化趋势图

注：由于阿塞拜疆、格鲁吉亚、哈萨克斯坦和塔吉克斯坦国家在考察期内的个别年份数据统计不足，笔者将其相应年份的服务贸易额按“0”处理，图中显示为沿 X 轴的线。

综上，自经济转型以来尤其是从2000年以后（第二阶段），转轨国家的服务贸易额获得了大幅提高，其国内的某些服务部门也从无到有并呈现出欣欣向荣的景象。但是，各国服务贸易额占世界的比重依然很小，即使将所有转轨国家的服务贸易额加总后，这一比重仍不及美国一个国家所占的份额大（详见附录A1）。但这也从另一个角度说明了转轨国家服务贸易的巨大发展潜力。

3.2.1.2 服务贸易平衡问题分析

对转轨国家服务贸易的平衡问题，使用以下两个指标进行分析：①服务贸易进出口差额，这一指标可以清楚地了解到转轨国家服务贸易的顺、逆差情况；②服务贸易在商品和服务贸易总额中所占的比重，该指标不仅可以说明转轨国家的服务贸易与商品贸易是否发展平衡，而且还能反映出二者关联的密切程度。

从服务贸易进出口差额来看（如图3-2所示），大部分CEEC国家都是服务贸易的顺差国。其中，克罗地亚的顺差额最大，尤其自1999年以后顺差值大幅攀升，并于2008年达到峰值；2009年受美国次贷危机影响，克罗地亚该年的服务贸易顺差额降幅较大；2010年又恢复了增长，并基本达到了2007年的水平。总体来说，克罗地亚自转轨以来服务贸易发展迅速，顺差增幅趋势显著。CEEC国家中的第二大服务贸易顺差国——波兰，在考察期内的服务贸易顺差情况呈“U”形，即1999—2006年为谷底阶段，其服务贸易顺差额变化不大；1994—1998年和2007—2010年分处“U”形高处，但是波兰在这两个阶段的服务贸易额顺差情况并不呈对称分布，其波动方向也有差别。另外，CEEC国家中存在服务贸易逆差的国家只有立陶宛、斯洛伐克和罗马尼亚三国。立陶宛仅在1994和1995年两个年份的服务贸易额为逆差，其余年份均为顺差；斯洛伐克的情况则恰好相反，其服务贸易进出口额从2008年开始由顺差转为逆差；罗马尼亚是CEEC国家中服务贸易逆差最严重的国家，其大部分年份都处于服务贸易的逆差状态，顺差只是个别年份才出现的情况。CIS国家和中国的服务贸易进出口差额情况则恰好与CEEC国家相反，在这一组别中除了白俄罗斯、乌克兰和格鲁吉亚三国为服务贸易顺差国外，其余国家都是服务贸易逆差国。从总体上看，乌克兰的服务贸易顺差规模最大，但其波动也最为显著；白俄罗斯则是在波动中缓慢向前发展的；格鲁吉亚除了1997、1999和2000年的服务贸易额为逆差外（笔者检索到格鲁吉亚服务贸易进出口额数据的时间跨度为1997—2010年），其他年份都呈顺差状态，但顺差规模不大，且略有起伏。俄罗斯、中国和哈萨克斯坦的服务贸易逆差额分别位列CIS国家和中国这一组别的前三名，特别是俄罗斯和中国，其服务贸易额在考察期内连年逆差，逆差规模相当大，并且还有逐年扩大的趋势。

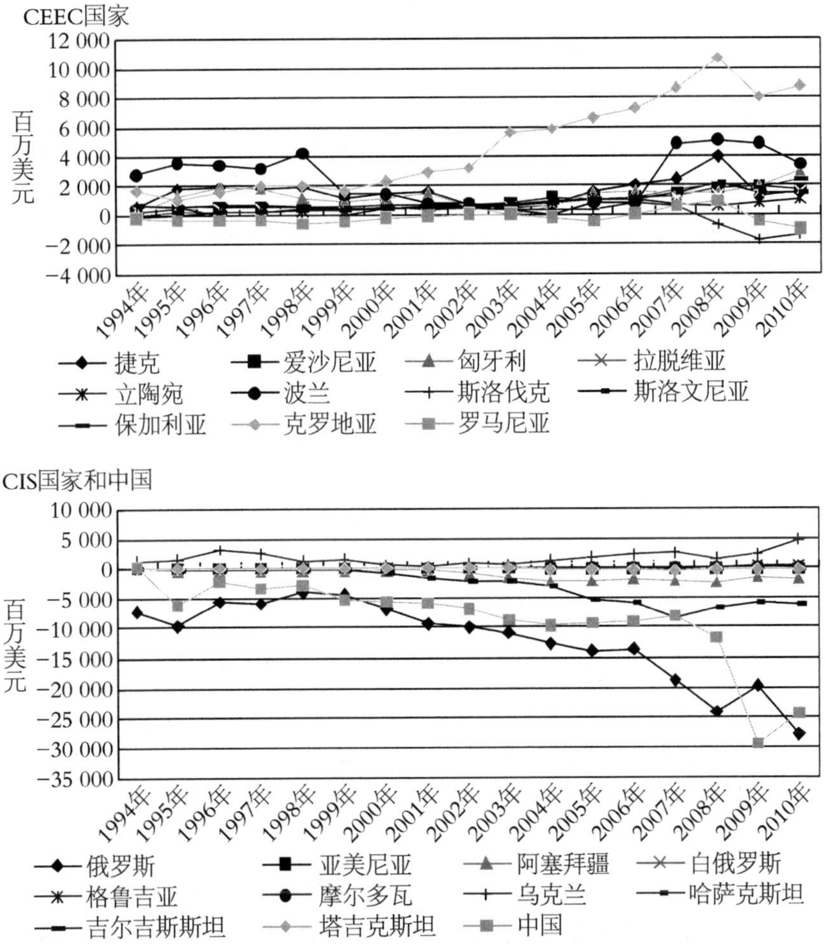

图3-2 1994—2010年转轨国家服务贸易进出口差额变化趋势图

注：由于阿塞拜疆、格鲁吉亚、哈萨克斯坦和塔吉克斯坦国家在考察期内的个别年份数据统计不足，笔者将其相应年份的服务贸易额按“0”处理，图中显示为沿X轴的线。

从1994—2010年转轨国家服务贸易额占商品和服务贸易总额的平均比重来看（详见表3-2），在CEEC国家中，克罗地亚的这一比重值最高，为67.1%。结合前文的分析结果——克罗地亚服务贸易顺差额名列CEEC国家的榜首，可以得出这一结论：克罗地亚自经济转轨以来服务贸易发展迅速，其服务贸易规模已经超过商品贸易成为克罗地亚对外贸易的主体。据此也可断定，克罗地亚获得的服务贸易收益必定是其国内经济转型所需资金的最重要来源。而在CEEC国家中存在服务贸易逆差的立陶宛、斯洛伐克和罗马尼亚三国，其服务贸易占总贸易的平均比重值却偏低。其中，罗马尼亚的比值最低，这也与前文进行差额分析的结论相吻合。在CIS国家和中国这一组别中，格鲁吉亚服务贸易占商品和服务贸易总额的平均比重值最高，为72%。与前文得出的格鲁吉亚是服务贸易顺差国的分析结论相结合，可以推断出，格鲁吉亚服务贸易出口和进口共同拉动了其经济的增长（对于此结论，在第4章的实证检验中也可以得到进一步证实）。CIS国家中的另外两个顺差国——白俄罗斯和乌克兰，其比重值分别为18.8%和38.7%。其中，白俄罗斯的比重值在CIS国家和中国组别中最低。据此可以推断，虽然白俄罗斯为服务贸易顺差国，但其服务贸易对国内经济增长的影响可能并不显著（关于这一结论，也将在第4章的实证检验中得到进一步证实）。作为两个最大的经济转轨国家，俄罗斯和中国的服务贸易比重值分别为34.5%和24.8%。根据两国是转轨国家中服务贸易逆差规模最大国家的分析结果，可以断定，俄、中两国服务贸易比重值的大部分都是由进口贡献的。

综上所述，CEEC国家多为服务贸易出口国，而中国和多数CIS国家则为服务贸易进口国。这一结论充分映射出一国服务贸易发展水平与其经济实力的密切关系。而服务贸易额占总贸易额的比重分析表明，与CEEC国家相比，中国和大多数CIS国家的服务贸易与货物贸易发展不平衡，其服务贸易滞后于货物贸易的发展。该结论不仅也印证了这些国家经济实力不强的基本现状，而且也说明了初始条件①对经济转轨的重要作用，即其转轨的初始条件是导致服务贸易与货物贸易发展不平衡的重要原因。但是，从另一个角度来看，落后也恰恰说明了转轨国家服务贸易存在进一步发展甚至实现赶超的巨大潜力。实际上，当今世界服务贸易与制造业的发展联系日益紧密。有资料显示②，货物贸易出口前十位的国家（地区）基本上也是服务贸易出口前十位的国家（地区），只是排序略有不同而已。因此，对于服务贸易发展相对落后的转轨国家而言，应以其具有的制造业优势为依托，大力发展生产者服务贸易，从而扭转目前服务贸易逆差的现状，实现服务贸易的赶超战略。

表 3-2　**转轨国家 1994—2010 年服务贸易占商品和服务贸易总额的平均比重**　单位:%

CEEC 国家										
捷克	爱沙尼亚	匈牙利	拉脱维亚	立陶宛	波兰	斯洛伐克	斯洛文尼亚	保加利亚	克罗地亚	罗马尼亚
32.8	49.4	35.6	52.9	33.3	36.6	28.9	32.1	45.8	67.1	29.8
CIS 国家和中国										
俄罗斯	亚美尼亚	阿塞拜疆	白俄罗斯	格鲁吉亚	摩尔多瓦	乌克兰	哈萨克斯坦	吉尔吉斯斯坦	塔吉克斯坦	中国
34.5	49.0	52.4	18.8	72.0	41.6	38.7	36.5	41.6	23.0	24.8

注：由于哈萨克斯坦在 1994 年、格鲁吉亚和塔吉克斯坦在 1994—1996 年的服务贸易进出口额数据缺乏，表中该三国的数值为考察期内其余年份数据的平均值。

3.2.1.3　服务贸易开放度分析

贸易开放度是国际上用来考察贸易开放程度的通用指标，用一国的商品和服务贸易总额占该国 GDP 的比重来表示。国际货币基金组织根据这一含义，提供了服务贸易开放度的计算公式：$SO=(S_x+S_i)/GDP$。其中 S_x、S_i分别表示一国服务贸易的出口额与进口额，GDP 为国

① 尽管各转轨国家经济转轨的初始条件有所不同，但基本都存在过度工业化，服务业发展不足，重工业发展过度，轻工业相对落后的经济结构。但总体而言，CEEC 国家转轨的初始条件要高于 CIS 国家及中国。

② 周燕．服务贸易的总量与结构特征及其关系：证据与启示［J］．服务贸易评论，2009（1）：19-26.

内生产总值。服务贸易开放度反映了一国参与国际服务贸易的程度，体现了一国经济增长对国际服务市场的依赖程度。

由图 3-3 可知，除中国外，各转轨国家的服务贸易开放程度总体高于世界平均水平。在 CEEC 国家中，爱沙尼亚、克罗地亚和保加利亚三国的服务贸易平均开放度最高；而罗马尼亚的服务贸易开放度最低，但其在考察期内的多数年份也高于世界平均水平；波兰除了 1999、2002、2004 和 2005 年这四个年份外，其余各年份的服务贸易开放度均高于世界平均水平。从总体上看，CEEC 国家的服务贸易开放程度较高，指标值变化趋势较为平稳，且其平均水平明显高于 CIS 国家。这一分析结果与笔者所考察的 CEEC 国家基本都是欧盟成员国密切相关。从图 3-3 中我们可以看到，作为参照地区，欧盟的服务贸易平均开放度较高，且发展走向呈稳步上升态势，这是欧盟自成立以来力图建立一个统一的内部大市场，即实现“货物、资本、人员和服务”① 自由流动的目标而努力的结果，当然也是促成 CEEC 国家总体服务贸易开放程度较高的重要原因。CIS 国家的服务贸易开放度起伏较大，特别是阿塞拜疆的波动最为明显，总体平均开放水平较低，但多数国家在大多数年份的开放度也都高于世界平均水平。值得注意的是，俄罗斯于 2001 年、白俄罗斯于 2002 年开始，其服务贸易开放度呈现逐年下降的趋势，且于 3 年后两国服务贸易开放度均低于世界平均水平。这可能与两国在此期间实行的经济政策以及国内的经济结构密切相关。例如，俄罗斯在普京上台后实行有管理的经济政策，在出口战略上实施以原料——燃料为导向的经济模式，尤其是在近几年全球原油价格大幅上涨的背景下，其外贸收益颇丰，从而使俄罗斯国内经济增长对国际服务贸易市场的依赖程度呈明显下降趋势。此外，也是耐人寻味的是，作为世界上服务经济最发达的国家代表，美国和日本的服务贸易开放度大大低于世界平均水平，两国该指标值均维持在 5% 左右的水平上。尤其是大力提倡全球服务贸易自由化的美国，在其考察期内服务贸易开放程度最高的 2008 年，开放度指标值也不过只有 6.45%，仅是当年世界平均水平的一半。

---

① 生效于 1958 年 1 月 1 日的《罗马条约》首次提出建立一个统一市场的总目标，即在盟内实现货物、资本、人员和服务的四大基本自由流动。

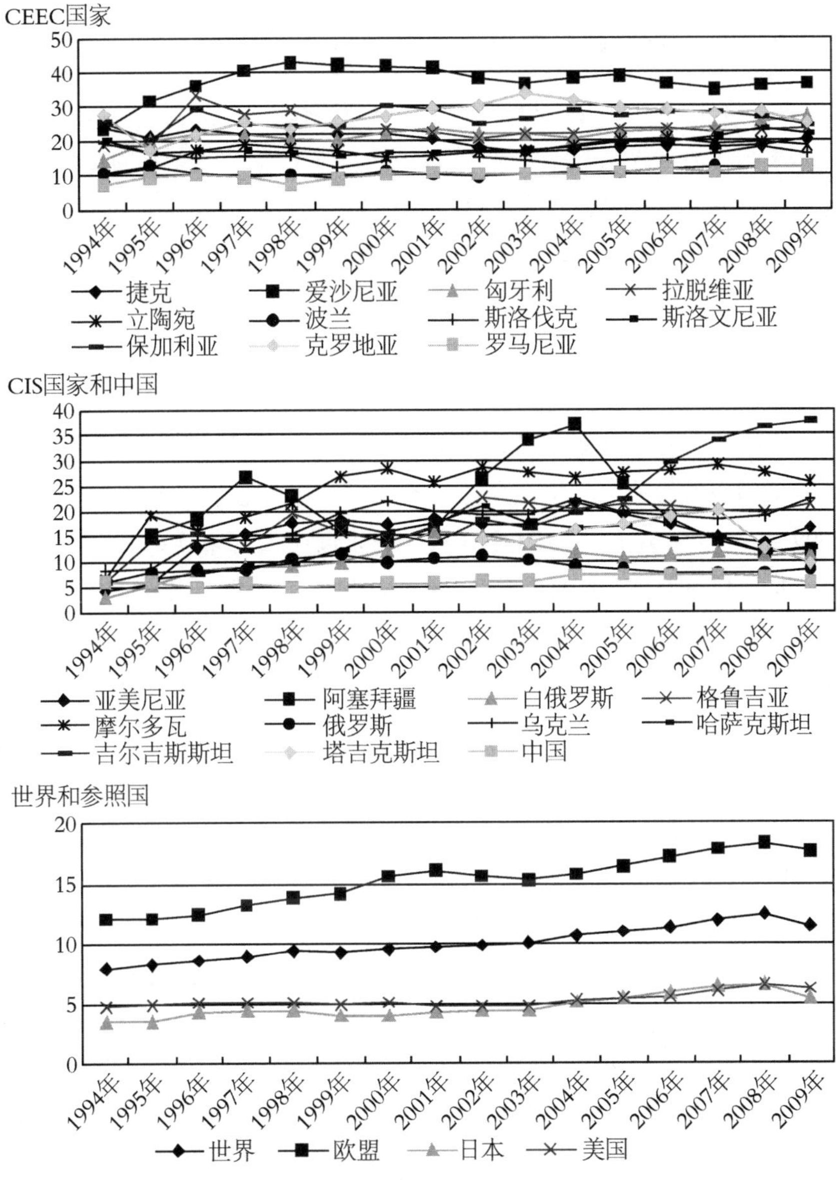

图 3-3　1994—2009 年转轨国家及参照国的服务贸易开放度　单位:%

注：由于斯洛伐克、阿塞拜疆、格鲁吉亚、哈萨克斯坦和吉尔吉斯斯坦 5 国在考察期内的个别年份数据统计不足，笔者使用取平均值的方法对这些年份的数据值进行了估算。

3.2.2 转轨国家服务贸易发展的结构分析

3.2.2.1 各国各服务部门的进出口结构状况

美国作为世界服务经济最发达的国家，其服务贸易结构的变动情况反映了世界服务贸易发展的走向。基于此，笔者以美国各服务部门的进出口变化状况作为参照，并据此找出转轨国家服务贸易发展的不足与问题，使其明确今后发展服务贸易的努力方向与目标。

从附录 A2 中可以清楚地看到，1994—2010 年美国服务贸易结构的重心正由传统服务贸易向新兴服务贸易转移，即交通、旅游和其他服务三大服务部门的出口呈现出交通和旅游服务出口逐渐让位于其他服务出口的结构变动趋势。其中，其他服务出口占服务总出口的比重分别于 2009 和 2010 年两年，连续超过 62%。美国其他服务项下的其他商业服务、特许权使用和许可服务以及金融服务在出口比重中名列前茅，且有逐年上升的趋势。其他服务项下的其余服务部门，如通讯、保险、计算机和信息以及个人、文化与娱乐服务部门，其出口比重值虽然不大，却也全部呈上升趋势。美国服务贸易进口结构变动趋势与出口情况具有相似的特征，只是变化程度和规模略有差异而已（详见附录 A3）。

比对美国服务贸易进出口结构的变动情况，各转轨国家的服务贸易进出口结构及发展状况虽然不尽相同，但在总体上表现为 CEEC 国家的服务贸易结构优于 CIS 国家和中国的特征。

从出口方面来看（详见附录 A2），在 CEEC 国家中，运输、旅游等传统型服务贸易出口比重均呈现出不同程度的下滑趋势，并且其他商业服务都占有相当的比重。克罗地亚作为 CEEC 中唯一的非“欧盟”成员国，其旅游服务虽然仍在服务出口中具有举足轻重的地位，但在考察期内也表现出曲折下降的趋势；波罗的海三国运输服务出口比重几乎呈直线下降趋势。其中，拉脱维亚的这一比重降幅最大，从 1994 年的 91.37% 下降到 2010 年的 49.18%；与之形成鲜明对照的是，拉脱维亚国内的金融服务和其他商业服务出口比重分别由 1994 年的 0.87% 和 1.57 提高到 2010 年的 6.14% 和 16.82%。而在 CIS 国家和中国组别中，传统型服务贸易出口的比重仍然很大（要么是运输、旅游服务中的一项，要么就是两项服务的出口比重值全都超过 1/3）。例如，白俄罗斯的运输服务一直在其服务贸易出口中处于遥遥领先的地位，1994—2010 年的平均出口比重高达 61.9%；在亚美尼亚服务出口中占比较大的旅游服务，其比重自 2004 年起也高达 50% 以上。在 CIS 国家和中国这一组别中，尽管其服务贸易出口结构依然以传统型服务出口为主要特征，但在考察期内其出口结构也在悄然地优化。例如，亚美尼亚的计算机和信息服务、阿塞拜疆的其他商业服务、白俄罗斯的计算机和信息以及其他商业服务、摩尔多瓦的通讯服务与计算机和信息服务、俄罗斯的其他商业服务、中国的计算机和信息以及其他商业服务，这些服务的出口比重值虽然很小，但也在逐年提高。

从进口方面看（详见附录 A3），各转轨国家服务贸易的进口结构与其出口结构具有相似的特征：CEEC 国家的运输、旅游等传统型服务贸易进口比重均呈现不同程度的下滑趋势，其他服务所占比重则呈相对上升的趋势；在 CIS 国家和中国组别中，传统型服务贸易进口比重依然很大，但其知识、技术密集型服务的进口比重也在缓慢地增加。值得一提的是，作为两个最大的经济转轨国家——中国和俄罗斯，近年来，其特许权使用和许可服务在服务总进口中所占的比例大幅攀升。特别是俄罗斯，该项支出的比例由最低年份 1998 年的 0.015% 提高到 2010 年的 7.01%。经济转轨国家对特许权使用和许可服务支出比例的提高，有利于国内技术水平乃至整体经济实力的提升，有助于加快其经济赶超战略实现的进程。

由上述分析可知，转轨国家各服务部门进出口结构变动方向趋同的结论与前述笔者对美国的分析结果一致。这可能是服务贸易更强调需求相似特征的反映——服务贸易更易在产业内发生，即大部分服务贸易的增量是由产业内贸易引起的。我国学者包艳（2011）[①] 基于 1994—2008 年俄罗斯服务贸易的数据，利用产业内贸易指数（GL 和 MIIT 指数）分析方法，得出俄罗斯大部分服务贸易部门的增量主要是由产业内贸易引起的结论。这一个案的实证分析结果无疑为笔者得出的结论提供了经

① 包艳. 俄罗斯服务贸易现状分析——基于产业内贸易视角［J］. 俄罗斯中亚东欧市场，2011（2）：10-15.

验佐证。因此，从这个意义上说，转轨国家政府在制定服务贸易政策和开展服务贸易合作时，应有的放矢地选择服务需求结构相似的国家和地区作为贸易伙伴，这将有利于其更快捷、更容易地开展服务贸易活动。

3.2.2.2 转轨国家服务贸易结构变动与优化指数的测定

为了更确切地了解各转轨国家服务贸易结构的变动情况，笔者采用学术界用来测量贸易结构变动的常用指标——劳伦斯指数（Lawrence Index，L）和收益性结构变动指数（Beneficial Structural Change Index，BSCI），科学测定各转轨国家自经济转型以来服务贸易结构的变动及优化情况。

劳伦斯指数是对一国某种商品或服务在一段时间内的出口额进行分析，进而得出该商品或服务出口变动情况的指标。其计算公式为：

$$L = (1/2)\sum_{i=1}^{n} | s_{i,t} - s_{i,t-1} |$$

其中，$s_{i,t} = x_{i,t} / \sum_{i} x_{i,t}$，$s_{i,t}$是一国 i 部门在 t 时间的出口额占该国出口总额的比重。L 的取值范围是［0，1］，L 值越接近 0，表明一国的贸易结构变化越小；反之则越大。

收益性结构变动指数是用来反映一国出口结构是否与世界经济发展趋势一致，即是否朝着贸易结构优化方向发展的指标。该指标值越大表明贸易结构优化越明显，反之则贸易结构优化不明显或出现恶化。其计算公式为：

$$BSCI = \sum_{i=1}^{n} \left\{ \left[\frac{x_{i,t} / \sum_{i} x_{i,t}}{x_{i,t-1} / \sum_{i} x_{i,t-1}} - 1 \right] \cdot \left[\frac{(m_{i,t} / m_{i,t-1})^{\text{"world"}}}{Average(m_{i,t} / m_{i,t-1})} - 1 \right] \cdot \left(\frac{x_{i,t}}{\sum_{i} x_{i,t}} \right) \right\}$$

其中 $x_{i,t}$ 为一国 i 部门在 t 年的出口额，$m_{i,t}$ 为 i 部门在 t 年的进口额。

表 3-3 显示了 1994—2010 年转轨国家服务贸易结构的变动与优化情况。在 CEEC 国家中，劳伦斯指数（L）值最大的是斯洛文尼亚，最小的为克罗地亚。这说明在考察期内，斯洛文尼亚服务贸易的结构变化最大，而克罗地亚的变化最小。从整体上看，CEEC 国家的收益性结构变动指数（BSCI）值全部为正数（爱沙尼亚除外），其中拉脱维亚的指

数值最大，为0.0848。这说明，在1994—2010年间，CEEC国家（爱沙尼亚除外）服务贸易的结构变动顺应了世界服务贸易的发展趋势，呈现出逐步优化的态势；而且，与这一组别中的其他国家相比，拉脱维亚的服务贸易结构优化程度最为显著，这一测定结果与前文的分析结论相吻合。在CIS和中国组别中，劳伦斯指数（L）值最大的为格鲁吉亚，最小的是俄罗斯，其L值分别为0.4711和0.0987。这表明，在1994—2010年间，格鲁吉亚服务贸易结构变动最大，而俄罗斯的结构变动最小。就收益性结构变动指数而言，只有乌克兰、塔吉克斯坦和中国的BSCI值为正数，其余国家均为负值。这说明，除了乌、塔、中三国外，这一组别的余下国家服务贸易结构变动均有悖于世界服务贸易的发展趋势，呈现恶化态势。也就是说，尽管1994—2010年CIS（乌克兰和塔吉克斯坦除外）国家的服务贸易发展很快，但是，其向知识、信息、技术密集型服务贸易结构变动的速度缓慢，仍未跟上世界服务贸易发展的步伐。从一定意义上说，这些国家在1994—2010年期间的服务贸易发展状况与世界的差距在拉大。总之，对转轨国家服务贸易劳伦斯指数和收益性结构变动指数的测定结果，不仅呼应了以上的分析结论，还从定量分析的角度使这些国家清楚地看到了其服务贸易发展的不足及在世界中的地位。

表3-3　1994—2010年转轨国家服务贸易结构变动与优化指数

CEEC	捷克	爱沙尼亚	匈牙利	拉脱维亚	立陶宛	波兰	斯洛伐克	斯洛文尼亚	保加利亚	克罗地亚	罗马尼亚
L	0.1260	0.1995	0.1441	0.1903	0.1516	0.1551	0.1344	0.0666	0.1775	0.2643	0.1134
BSCI	0.020	-0.0044	0.0129	0.0848	0.0121	0.0302	0.0083	0.0026	0.0317	0.0488	0.0231
CIS和中国	俄罗斯	亚美尼亚	阿塞拜疆	白俄罗斯	格鲁吉亚	摩尔多瓦	乌克兰	哈萨克斯坦	吉尔吉斯斯坦	坦吉克斯坦	中国
L	0.0987	0.3950	0.2813	0.1019	0.4711	0.2497	0.1741	0.1230	0.2318	0.1141	0.0376
BSCI	-0.0033	-0.2258	-0.1132	-0.0128	-0.1927	-0.1952	0.0031	-0.0014	-0.0126	0.0387	0.0028

3.2.2.3　个案分析：中国和俄罗斯的服务贸易发展结构

（1）中国服务贸易发展的结构分析

第一，中国服务贸易各部门的差额结构。从图3-4中可以看出，

1994—2009 年中国服务贸易连年逆差，且逆差额在总体上还呈逐年扩大之势。其中，运输服务对此逆差的贡献度最大。这一情况似乎与中国劳动力资源丰富、应在劳动力密集型的运输服务上具有比较优势的理论分析相违背。但是，在实践中，现代物流业广泛使用先进的技术和管理方法，已经发展成知识、技术密集型的服务行业。中国运输服务贸易持续逆差的分析结果符合其现阶段知识、技术密集型服务业处于比较劣势地位的实际情况。保险、专利和特许使用服务部门的逆差额也非常大，并有逐年扩大的趋势。金融服务自有数据统计以来（1997—2009 年），除了 2001 年外，各年均呈逆差状态。通信服务发展不稳定，在考察期内，进出口逆差与顺差相伴。就服务贸易顺差部门而言，旅游服务部门的顺差额最大，但是 2009 年却一改往年的顺差走势首次出现了 40.267 亿美元的逆差。计算机和信息服务自 2006 年起，顺差额迅速扩大，从 2005 年的 2.1767 亿美元增至 12.1886 亿美元，此后 3 年的顺差额分别为 21.3668 亿美元，30.8693 亿美元和 32.7914 亿美元。中国计算机和信息服务贸易之所以呈现如此良好的顺差趋势，主要是因为国家自 2006 年开始实施服务外包的“千百十工程”、各地方政府积极兴建与之相关的各类服务外包软件园所致。

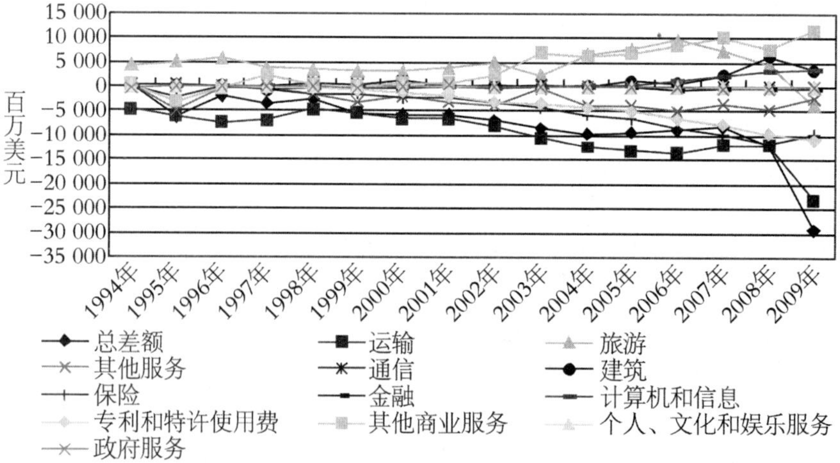

图 3-4　1994—2009 年中国服务贸易各部门进出口差额

注：由于在 1994—1996 年间中国个别服务贸易部门的数据缺失，笔者按“0”处理，因此在图中表现为 X 轴上的直线。

第二，中国服务贸易各部门的出口结构。由图3-5可知，从整体上看，位于中国服务贸易出口比重前三位的分别是旅游、其他商业服务和运输服务部门。其中，比重值最大的旅游服务于2003年出现了大幅下降，所占比重由上年的51.29%降至37.25%，这虽然与当年中国爆发的非典密切相关，但是，除了2004年旅游出口比重略有回升之外，自2003年起中国旅游服务出口比重总体上呈现下降态势。运输服务出口所占比重也在2009年突然改变了之前逐年递增的发展态势，出口所占比重值由2008年的26.11%降至2009年的18.19%。然而，与之形成对照的是，出口比重排名第二，亦是知识、技术密集型服务的代表部门——其他商业服务，却从2003年开始连年保持30%以上的出口份额。另外，建筑服务出口的比重近两年也有较大增幅，所占比重由2007年的4.40%分别增至2008的7.02%和2009年的7.30%。计算机和信息服务出口比重在1999年首次突破1%后，逐年递增，2009年已增至5.03%。总之，中国服务贸易各部门的出口结构分析表明，在1994—2009年间，中国服务贸易仍以劳动密集型的出口结构为主，但是知识、技术等密集型的服务出口比重也出现了逐渐优化的发展趋势。

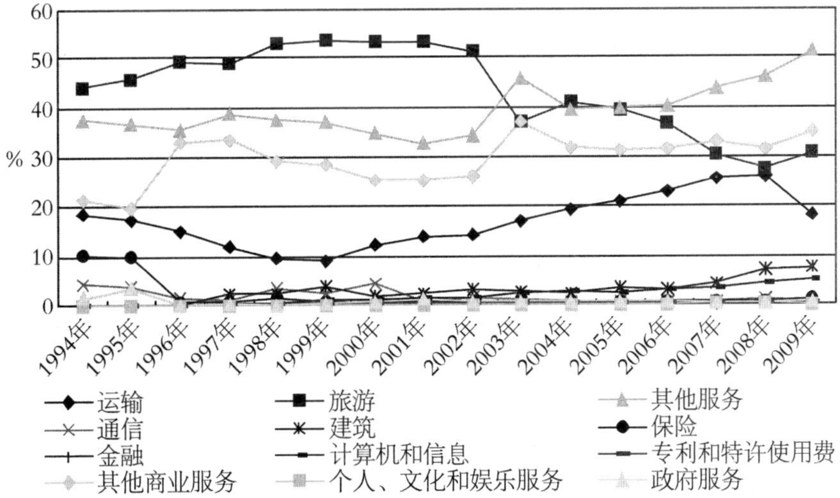

图3-5　1994—2009年中国服务贸易各部门出口占服务总出口的比重

注：由于在1994—1996年间中国个别服务贸易部门的数据缺失，笔者按“0”处理，因此在图中表现为X轴上的直线。

第三，中国服务贸易的结构变动与优化测定。表 3-4 显示了 1994—2010 年中国服务贸易的结构变动与优化情况。从劳伦斯指数（L）的测量结果来看，中国服务贸易总体 L 指数值为 0.0376。这表明中国服务贸易结构的总体变动幅度不大。就具体服务部门而言，旅游服务的 L 指数值最大，为 0.0586，说明与其他服务部门相比，旅游服务的结构变动最大。这与以上的分析结论相吻合，即：1994—2002 年间中国旅游服务出口比重值最大，且呈逐年上升态势，但 2003 年却出现了大幅下降的态势，并于此后在总体上保持了逐年下降的发展趋势。其他商业服务的劳伦斯指数值排名第二，说明其他商业服务出口结构也有较大变动。这一测定结果也同样与以上出口比重的分析结论一致，即其他商业服务部门的出口比重经历了先上升、后下降、最终自 2003 年开始保持在 30% 以上的出口份额。另外，个人文化和娱乐服务与金融服务的 L 指数值最小，分别只有 0.0003 和 0.0008。这表明，在考察期内，与其他服务部门相比，这两个服务部门的出口结构变动最小，进展不大。

从收益性结构指数（BSCI）值来看，中国服务贸易总体 BSCI 指数值为正（0.0028）的测量结果表明，其服务贸易结构与世界服务贸易的变动方向——逐渐向知识、信息、技术密集型服务转变——趋同，并呈现出微弱优化的发展趋势。但是，从具体服务部门来看，运输服务的 BSCI 值最小，为-0.0029，表明中国运输服务是朝着恶化的方向发展的，没有顺应世界同类服务贸易的发展趋势，换句话说，中国运输服务贸易的增长主要是靠进口拉动的。这与上文分析的中国运输服务逆差额最大且有逐年扩大趋势的结论相一致。旅游服务贸易的 BSCI 值为-0.0028。这一测定结果表明，尽管中国旅游服务出口比重自 2003 年起有所下降，但其优化变动的速度仍然较慢，未能赶上世界发展的步伐。但是，除了运输和旅游服务之外的其他商业服务（不包含政府服务）部门，其 BSCI 指数值为 0.0037，这说明，1993—2009 年中国其他商业服务贸易的结构变动与世界的发展趋势相同，表现出了逐步优化的发展态势。

表 3-4 **中国服务贸易结构变动与优化指数**

劳伦斯指数（L）		收益性结构指数（BSCI）	
总体	0.0376	总体	0.0028
运输	0.0152	分项（1994—2009 年）	
旅游	0.0586	运输	-0.0029
其他服务（包含政府服务）	0.0467	旅游	-0.0028
通信	0.0077	其他商业服务（不包括政府服务）	0.0037
建筑	0.0068		
保险	0.0019		
金融	0.0008		
计算机和信息	0.0030		
专利和特许使用费	0.0005		
其他商业服务	0.0488		
个人文化和娱乐服务	0.0003		
政府服务	0.0046		

注：表中未作说明的数据时间范围均是 1994—2010 年。

综上，尽管目前中国服务贸易还存在逆差并且逆差额有逐年扩大的发展趋势，但是，无论从出口结构分析还是对服务贸易结构变动与优化指数的科学测定，两种方法均表明，中国服务贸易已在总体上呈现出逐步优化的发展趋势。那么，在肯定中国服务贸易发展结构变动所取得成绩的同时，如何进一步提升中国服务贸易的发展质量？根据我国学者李丹、崔日明①（2011）对美国和日本——两个服务贸易发展速度最快、发展质量最高的国家——服务贸易结构优化历程的分析发现，美国、日本两国服务贸易的最初起步情况与中国目前的服务贸易结构大抵相似。因此，中国应该借鉴美、日两国的经验，正视现阶段中国服务贸易发展的实际情况，采取积极、稳妥优化服务贸易结构的策略，在保持传统服务贸易良好发展态势的同时，注重发展知识、技术含量高的现代服务贸易，以打好服务贸易这一必经发展阶段的基础，不能拔苗助长、急于求成。

（2）俄罗斯服务贸易发展的结构分析

第一，俄罗斯服务贸易各部门的差额结构。从以上的分析可见，

---

① 李丹，崔日明．日本与美国服务贸易结构优化比较研究［J］．亚太经济，2011（2）：69-74.

1994—2010 年俄罗斯服务贸易几乎连年逆差，且逆差在总体上还存在不断扩大的趋势。表 3-5 中列出了俄罗斯部分年份服务贸易各部门的进出口差额情况。但从中我们也可以清楚地看出，俄罗斯只有运输服务部门的贸易为顺差。而旅游和其他服务（除运输和旅游服务外）部门的逆差额偏大，且总体上呈扩大的趋势。特别值得注意的是，专利和特许使用服务部门自 2002 年起逆差规模扩大迅速，从-2.16 亿美元增加到 2010 年的-44.41 亿美元，逆差增幅高达 19.10 倍。这表明，随着经济的恢复增长，俄罗斯对用于服务生产活动的专利和特许权的使用需求不断增加，但这一需求却主要依赖进口来满足。另外，个人文化和娱乐服务的逆差也呈逐年扩大趋势，这说明俄罗斯经济增长并没有将其传统文化的优势发挥出来，无法满足人们日益增长的精神需求。

表 3-5 **俄罗斯服务贸易各部门进出口差额** （单位：亿美元）

年份	1994	2000	2005	2006	2007	2008	2009	2010
总差额	-70.11	-66.65	-137.75	-136.14	-188.88	-242.89	-198.75	-277.94
运输	8.34	12.25	39.76	33.60	24.82	20.64	29.19	29.32
旅游	-46.81	-54.19	-114.45	-104.85	-117.70	-119.35	-115.14	-175.30
其他服务	-31.65	-24.71	-63.06	-64.89	-96.01	-144.18	-113.85	-131.96
通信	1.04	0.97	-0.88	-1.14	-0.27	-3.86	-5.62	-7.48
建筑	-18.39	-2.36	-18.25	-15.53	-30.04	-41.76	-12.17	-12.17
保险	N	-3.77	-3.74	-3.39	-4.67	-6.05	-5.65	-5.33
金融	-0.35	0.63	-5.02	-3.15	-2.97	-7.60	-4.54	-6.67
计算机和信息	N	-4.14	-0.60	0.19	1.40	2.20	-1.38	-5.25
专利和特许使用费	-0.20	0.23	-13.33	-17.03	-24.10	-41.41	-36.13	-44.41
其他商业服务	-13.76	-16.27	-11.50	-13.74	-19.94	-28.74	-26.09	-30.05
个人、文化和娱乐服务	N	N	-2.53	-3.10	-4.62	-4.49	-4.58	-5.27
政府服务	N	N	-7.20	-8.00	-10.80	-12.47	-17.31	-15.33

注："N" 表示由于统计数据缺失，而没有相应的指标计算值。

第二，俄罗斯服务贸易各部门的出口结构。由表3-6可知，俄罗斯服务贸易出口结构不合理。服务贸易出口比重位于前三位的分别是运输、旅游和其他商业服务。其中，运输服务出口比重虽有起伏，但基本保持在30%左右的份额；自1998年以来，旅游服务出口所占比重下降趋势明显；其他商业服务所占比重总体呈上升趋势。劳动密集型的建筑服务出口比重在2001年突然较以前有大幅增加，之后又经历了先上升再下降的发展趋势。考察期内通信服务的出口比重较为平稳，基本维持在3%左右的水平。金融与计算机和信息服务的出口自2001年起不断增加，但其所占比重依然很小，仅为2%～3%左右。

表3-6　**俄罗斯服务贸易各部门出口占服务总出口的比重**　单位:%

年份	1994	2000	2005	2006	2007	2008	2009	2010
运输	45.85	37.17	36.49	32.41	30.13	29.36	29.65	33.53
旅游	28.63	35.85	23.51	24.52	24.06	23.14	22.51	20.20
其他服务	25.52	26.98	40.00	43.06	45.80	47.50	47.84	46.27
通信	3.49	4.03	2.64	2.58	3.24	2.92	3.20	3.04
建筑	1.55	1.78	8.85	9.81	8.79	9.11	7.89	5.90
保险	N	0.36	1.29	1.21	0.97	1.26	1.31	1.30
金融	1.09	1.04	1.56	1.89	2.99	2.58	2.47	2.37
计算机和信息	N	0.62	1.69	2.03	2.79	3.21	3.09	3.06
专利和特许使用费	0.04	0.95	1.04	0.96	1.01	0.89	1.18	1.41
其他商业服务	19.34	18.19	21.26	23.07	24.52	25.60	26.80	26.98
个人、文化和娱乐服务	N	N	0.75	0.75	0.74	0.76	0.83	1.07
政府服务	N	N	0.92	0.76	0.76	1.18	1.15	1.16

注：“N”表示由于统计数据缺失，而没有相应的指标计算值。

第三，俄罗斯服务贸易的结构变动与优化测定。表3-7显示了1994—2010年俄罗斯服务贸易结构的变动和优化情况。表中收益性结构指数（BSCI）项数值全线为负的数字最为醒目。这一测定结果表明，俄罗斯总体及各部门的服务贸易均未顺应世界同类服务贸易的发展趋势，俄罗斯服务贸易出口结构呈恶化发展态势。进一步分析发现，依据俄罗斯三大服务部门 BSCI 指数值的大小，其贸易结构恶化程度由大到小依次为旅游、其他商业服务（不包含政府服务）和运输。这样的排序也与以上分析的结论相呼应，即旅游服务的逆差最大，且有不断扩大的趋势；运输服务部门是俄罗斯所有服务贸易部门中唯一持续顺差的部门。但其 BSCI 指数为负值的事实表明，与世界同类服务贸易相比，该部门的优化速度过慢，差距在不断扩大。因此，无论从总体还是从各部门来看，俄罗斯服务贸易都远远落在了世界其他国家的后面。

表 3-7　**俄罗斯服务贸易结构变动与优化指数**

劳伦斯指数（L）		收益性结构指数（BSCI）	
总体	0.0987	总体	-0.0033
运输	0.0323	分项（1994—2009 年）	
旅游	0.0600	运输	-0.0004
其他服务（包含政府服务）	0.0347	旅游	-0.0024
通信	0.0060	其他商业服务（不包括政府服务）	0.0020
建筑	0.0071		
保险	0.0011		
金融	0.0028		
计算机和信息	0.0021		
专利和特许使用费	0.0029		
其他商业服务	0.0250		
个人文化和娱乐服务	0.0004		
政府服务	0.0013		

注：表中未作说明的数据时间范围均是 1994—2010 年。

就劳伦斯指数（L）而言，俄罗斯服务贸易的劳伦斯指数值普遍偏小。其中，1994—2010 年总体指数值只有 0.0987，这表明俄罗斯服务贸易结构的总体变动幅度非常小。从各服务部门来看，占其出口份额 30% 左右的旅游服务贸易 L 指数值最大，结合该部门的 BSCI 指数值及逆差变动趋势，可以推断出，俄罗斯旅游服务的出口结构是朝着恶化方向发展的。同样在俄罗斯服务贸易出口份额中占有较大比重的运输服务部门，其L指数值排名第二，说明与其他服务部门相比，运输服务贸易结构变动较大，这与以上分析的该部门出口比重呈波浪起伏式发展、变化幅度较大的结论相吻合。通信、保险、金融、计算机和信息、专利和特许使用费等资本、技术密集型服务贸易部门的L指数值分别为0.0060、0.0011、0.0028、0.0021和0.0029，其大小均排在倒数几名。这些服务部门的L指数测定值与以上对俄罗斯服务贸易各部门出口比重的分析结果及其他商业服务（不包含政府服务）BSCI指数值的测定情况相结合，可以得出这样的结论：俄罗斯资本、技术密集型服务贸易部门的出口比重小，结构变动缓慢，跟不上世界其他国家该类型服务贸易的发展步伐，且差距越拉越大。

综上所述，俄罗斯服务贸易的发展十分滞后，与其大国地位不相匹配。应当指出，2011年11月10日，世界贸易组织工作组一致通过俄罗斯加入WTO的一揽子承诺，并于2011年12月16日下午，在瑞士日内瓦举行的世界贸易组织第八届部长级会议上正式通过了《关于俄罗斯加入世界贸易组织的决定》，这标志着俄罗斯长达18年马拉松式的谈判终于到达了终点。“入世”不仅使俄罗斯服务贸易迎来新的发展机遇，同时也带来了严峻的挑战。国外成熟的服务将以强大的品牌竞争力迅速占领俄罗斯市场。为此，俄罗斯若不尽早转变经济增长方式、加快国内服务业发展、提高服务业与服务贸易的竞争力，不但将会产生制约其经济尤其是制造业进一步发展的瓶颈效应，而且还可能威胁到国家的贸易安全。

根据世界经济论坛全球竞争力报告（2010—2011年）公布的全球竞争力指数（Global Competitiveness Index，GCI）及其细项排名，在GCI指数所涵盖12个细项中[①]，俄罗斯在宏观经济环境、制度环境和金融市场发展三个方面的排名靠后，而涉及高等教育、培训和创新的排名相对靠前（详见表3-13）。这说明俄罗斯具有教育和人力资本的相对优

---

① GCI指数涉及三大类分项（基本要求、效率促进及创新和复杂因素）总共12个方面。“基本要求”包括制度环境（Institutions）、基础设施、宏观经济环境和保健与基础教育4个细项；“效率促进因素”由高等教育和培训、商品市场效率、劳动力市场效率、金融市场发展、技术准备（Technological readiness）和市场规模6个指标组成；“创新和成熟度因素”从商业成熟度和创新两方面进行考察。

势。而事实上，俄罗斯因拥有巨大的人才库和世界顶尖级的人才而闻名全球。俄罗斯从苏联继承了以工科为基础的教育体系，注重培育学生深层次的基础知识。它所培养的学生能够快速地学习新技术、适应技术变革，并在解决疑难问题时显现出无与伦比的创造性和灵活性，而不单单局限于热门技能。毋庸置疑，高质量的人力资本是发展服务业特别是现代服务业的最关键要素。从这个意义上说，俄罗斯具备发展服务贸易的潜在优势。只要政府能够充分发挥人力资本的优势，俄罗斯完全有能力使其服务经济蓬勃发展，进而提高服务业与服务贸易的竞争力，实现在该领域的赶超战略。因此，当前俄罗斯政府应当充分做好人才激励工作，调动其积极性，并有效地阻止人才外流；与此同时，改善商业环境，健全金融市场发展，稳定宏观经济。只有政府重视，并能将对服务业与服务贸易发展的支持切实地落到实处，俄罗斯才能真正实现服务贸易结构的优化，使服务业与服务贸易作为加速经济尤其是制造业腾飞"润滑剂"的作用充分发挥出来。

3.2.3 转轨国家服务业的外资引入状况

研究贸易不能不涉及投资。服务贸易提供方式之一——商业存在，主要指的就是以跨国公司为载体的国际投资。可以说，投资是贸易的另一种表现形式。在实践中，伴随着世界范围内产业结构的新一轮调整，与服务有关的外商投资已经成为国际服务贸易的重要内容。UNCTAD公布的《世界投资报告2004》指出：服务业FDI占世界FDI流入总存量的比重，在20世纪70年代初只有25%，90年代已经发展到了接近50%，而到2002年约为60%。尤其是在2001—2002年间，服务业FDI的流入量已基本占到世界FDI流入总量的2/3，约合每年5 000亿美元。FDI向服务业转移是当前国际直接投资的一个重要趋势[1]。

3.2.3.1 背景分析——转轨国家吸引外资的改革措施

作为国民经济动力的重要来源，投资是形成现实生产力的源泉之一。转轨国家在经济转型伊始大都存在基本建设资金和投资资金缺乏的

① UNCTAD. United Nations New York and Geneva [R]. World Investment Report: The Shift towards Services, 2004.

窘况，而利用外资无疑是一种解决资金不足及其对经济发展造成制约瓶颈问题的有效途径，且是最现实的资金来源。外商投资不仅可以为转轨国家以源源不断注入新资的方式盘活濒临破产的国有企业，还能带来先进的技术和管理经验，帮助这些企业开拓国际市场、增强活力。因此，各转轨国家政府十分重视引资工作，为了吸引外商投资或扩大再投资，长期以来一直致力于向国外潜在的投资者进行宣传、对已投资的外商提供协助，同时不断地修改和完善有关鼓励外商投资的政策和措施，以创造更好的投资环境。

首先，加强外资立法，重视对投资者权益的保护。大多数转轨国家在经济转型之初就重新制定或修改了外资法律。例如：1990 年，匈牙利修订了《外国人在匈牙利的投资法》；1990 年，波兰出台了《波兰外国主体参与经济活动法》，1991 年颁布了《波兰外资企业法》；1990 年，原捷克斯洛伐克联邦修改了《捷克斯洛伐克外资企业法》；1991 年，罗马尼亚制定了《罗马尼亚外国投资法》，并相继于 1993、1994 和 1997 年对其进行了修订，1992 年又颁布了《罗马尼亚自由区法》；1991 年，保加利亚制定了《保加利亚外国投资法》，1992 年又出台了《保加利亚外国人经营活动和外国投资保护法》以取代《保加利亚外国投资法》①。而且，各转轨国家还十分重视保护外国投资者的权益。例如，在其新修订或出台的外资法律中均有对外国投资者资产不受侵犯的明确规定——不得没收、征购或国有化外国投资者的资产；如果非要采取上述措施，应按照实际价值给予赔偿；如果有违规情况发生，应按照法律程序对有关补偿问题的决议进行审查。此外，中东欧各转轨国家为了最大限度地保障外国投资者的权益，还在《外资法》中规定：外国投资者可以不受限制地、自由地将其获得的利润以转让或外国货币的形式汇回母国。

其次，为投资者创造较为宽松的投资环境。为了吸引外资，转轨国家通过降低准入标准、拓宽投资领域、增加投资形式和抑制通胀等方式，改善投资环境。①简化或取消了审批手续，降低了投资额的限制。

① 高空．中东欧国家吸引外资与外资立法［J］．俄罗斯中亚东欧研究，2009（3）：44-49.

目前，大部分转轨国家已经简化了审批手续并大大缩短了审批时间，如保加利亚、罗马尼亚等国。而且一般只要外国企业提出申请就予以批准。匈牙利、波兰、捷克和斯洛伐克等国则在很多领域取消了审批手续，外国企业只需在主管部门注册即可进行投资经营活动。同时，转轨国家对外国投资的最低注册资本、投资比例和期限等限制也大为降低。不少中东欧国家如保加利亚已经取消了最低投资金额的限制，即无论投资金额、比例多少，都被视为外国投资。再如，捷克为了鼓励外资进入其市场，对投资规模和在公司所持股份的比例也没有限制。②投资形式多样化。外国投资者可以现金、有形资产、无形资产的形式在转轨国家建立独资、合资或合营企业，或者通过购买国有企业或国企股份的方式对其进行投资。③投资领域增多。转轨国家对投资领域的限制越来越少。尤其是中东欧转轨国家，除了与国家安全和国防体系相关的领域禁止或限制外资进入以外，其余领域几乎完全开放。例如，捷克除了化学武器及与其有关的化学材料是捷克政府明令禁止外资进入的领域外，其他所有领域都可进入，但是对涉及军品工业、核燃料开采、对环保可能造成影响的行业以及部分矿产资源开采等领域，需要通过预先审批并达到某些标准后才能进入。④抑制通货膨胀，提高利润率。在转型初期，不少转轨国家都经历了严重的通货膨胀，如俄罗斯、拉脱维亚和波兰等国。通货膨胀率过高将导致投资的实际收益率下降，而这无疑会降低外国投资者的投资欲望。为了抑制通货膨胀率，稳定国内经济，同时提高投资者的积极性，这些出现恶性通货膨胀的转轨国家采取了一系列措施，最终使通胀压力大为缓和。

再次，政府鼓励并调节外国直接投资。为了提高引资效率，各转轨国家政府通过减税、补贴、奖励等方式鼓励外资进入。例如，匈牙利对在欠发达地区和环保领域进行的外国投资给予资金信贷和税收方面的优惠。捷克的优惠措施包括：①外资可享受最多十年的公司税减免；②投资者可获得捷克政府批准建立新的免税区或扩大现存免税区的待遇，从而享受自由关税区的优惠；③对投资者创造就业机会予以最高可达每一捷克雇员 20 万克朗（约 6 000 美元）的奖励；④投资者可享受捷克政府提供的最高为土地和基础设施成本 60% 的财务援助。此外，中东欧转轨国家自20世纪90年代中期开始，还对外资赋予了国民待遇的地位。例如，目前捷克在对内资和外资企业的优惠政策方面没有区别。《捷克贸易法典》规定，凡在捷克法院登记注册的经营实体都享有相同的政策待遇。因此，上述捷克对外资的优惠措施同样也适用于内资企业。值得注意的是，转轨国家在给予外资优惠的同时，还对外资予以调节，将其引向最需要的领域和地区。例如，俄罗斯建立了接纳外资的体系，使其流向优先发展的部门和地区。捷克政府鼓励外资在经济落后或者失业率高的地区开展生产加工项目。捷克政府还确立了优先发展的产业类别：第一类是具有增长潜力的捷克传统工业行业，如电子、机械、汽车、化工和塑料等；第二类是高科技生产行业，如微电子、半导体、生物、医药和光电子等；第三类是高科技服务行业，如信息通讯技术、软件开发、共享服务中心等①。目前，捷克又将引资重点转向了战略性服务和技术中心领域。

下面仅以两个最大的经济转轨国家——中国和俄罗斯为例，详述两国在利用外资方面的改革措施。

（1）中国吸引外资的改革措施

1978年十一届三中全会做出了改革开放的重大决策，并将吸收外商投资作为中国对外开放基本国策的重要内容之一。1979年全国人大颁布了《中华人民共和国中外合资经营企业法》，标志着中国利用外资工作正式开始起步。自此至今，中国政府一直积极贯彻合理、有效利用外资的方针，通过鼓励吸收先进技术、现代化管理方式和专门人才等方式，积极引导外资投向高新技术产业，以使利用外资与调整经济结构、促进产业升级、发展开放型经济、增强企业竞争力相结合。同时，制定并多次修改了与投资有关的法律法规，不断完善投资软环境和社会主义市场经济体制。有关投资的具体法律法规主要包括《中华人民共和国中外合资经营企业法》、《中华人民共和国中外合作经营企业法》、《中华人民共和国外资企业法》三部基本法及其实施细则；对于外商投资的有限责任公司，适用《中华人民共和国公司法》，但上述法律另有规

① 中华人民共和国驻捷克共和国大使馆经济商务参赞处．捷克吸收外资政策简况［EB/OL］．（2006-06-10）．http：//cz. mofcom. gov. cn/aarticle/ztdy/200606/20060602480542. html.

定的，适用其规定；涉外经济合同受《中华人民共和国合同法》约束。从1978年改革开放到2002年年底，全国人大及其常委会先后制定了406件法律和有关法律问题的决定，国务院制定了889件行政法规，享有地方性立法权的人大及其常委会还制定了8 000多件地方性法规和规章，这些法律法规均直接或间接地涉及三资企业①。中国加入世界贸易组织后，所制定或修改的法律法规十分重视与世界规则保持一致，对一些重要的服务贸易领域均颁布了新的关于外资市场准入的法规和规章，以完善在服务业利用外资方面的法律体系。截至目前，中国为保护企业合法权益、增强外国投资者的投资安全感，已与100多个相关国家签订了保护投资的协定，还与主要国家签订了避免双重征税的协定。联合国贸发会议《世界投资报告2010年》提供的数据显示，中国吸收的FDI居世界第二位，已连续18年居发展中国家之首。但是，毋庸讳言的是，直到今天，中国服务业利用外资的法律法规仍然存在诸如在应用上不透明、不一致以及国外投资者面临审批负担过重等问题。

（2）俄罗斯吸引外资的改革措施及其投资环境

俄罗斯为了吸引国外资金和先进的技术，早在苏联解体前的1991年7月4日就颁布了首部《外商投资法》，并于俄罗斯联邦政府成立后使用多年②。该法在促进俄罗斯对外经济交流、改善投资环境等方面做出了应有的贡献。1991—1992年，在俄罗斯经济转型初期，联邦政府在彻底经济改革计划中宣布了高度重视吸引外资的决定，并认为在经济改革最困难的第一阶段，外资可以极大地缓解经济转型中由投资资金不足造成的“瓶颈”困难，最大程度地保障经济结构改革、提高出口能力，同时稳定并减缓为居民带来的不良社会影响。但是，“休克”式的经济转轨模式，使俄罗斯当时建立起来的市场经济对资本进行了近乎“原始积累”般地掠夺，给国民经济带来了灾难性的后果，并导致俄罗斯政局不稳，实际外资流入数量很少。实际上，俄罗斯政府一直对吸引外资十分重视，并把它视为促进俄罗斯经济发生根本转折的重要手段。

---

① 佚名．利用外资法律简述［EB/OL］．（2002-11-29）．http：//www.fdi.gov.cn/pub/FDI/zgjj/tzhj/wzzzg/flbz/t20060419_ 23551.htm.

② 该法在1999年进行修订之后，又先后于2002年3月、7月和2003年12月进行了修订。

例如，1994年4月18日，俄罗斯总理切尔诺梅尔金就曾在圣彼得堡举行的欧洲复兴开发银行理事会上，呼吁各国积极到俄罗斯投资，并强调俄罗斯的经济已经走到了危机的尽头，有可能发生根本性的转折，但这种转折只有在大量吸引外资的情况下才能出现①。普京上台后，制定了以实现经济现代化为目标的俄罗斯中长期发展战略，计划在未来20年内，对现有不合理的经济结构进行大规模的优化改造，包括引进大批国外先进设备，而这样至少需要2万亿~2.5万亿美元的投资。作为本身仍属于资本短缺型的国家，俄罗斯为了在能够确保经济增长的同时解决资金不足的问题，积极利用外资以加速资本形成便成了必然选择。为此，俄罗斯从改善投资和经营环境出发，在政策上给予引导，制定了一系列与投资有关的法律法规，为充分利用国际资本市场上的巨大金融资源创造了条件。

普京上台前颁布的与投资有关的法律法规：1995年12月，俄罗斯颁布了《俄罗斯联邦产品分成协议法》，该法对在俄罗斯境内投资勘探、采矿和有关的活动以及国家所给予的税收优惠情况做出了规定，并于1999年1月对其进行了修改和补充，增加了一些显著性条款；1998年11月5日，俄罗斯出台了《俄罗斯联邦租赁法》，该法对保障财产所有者和投资者的权益以及投资效益进行了规定，并鼓励在租赁基础上以各种方式进行投资；1999年6月25日，经俄罗斯国家杜马通过并于7月2日经联邦委员会批准的《俄罗斯联邦外国投资法》，是一部比较全面并沿用至今的法律。该法使俄罗斯的外国投资法律制度符合了国际法律准则和国际投资合作惯例的规定，是一部旨在保障俄罗斯吸收并有效地利用外国资本、先进的技术、工艺和管理经验，同时也是一部保护外国投资者经营条件稳定的法律。

普京上台后实行的鼓励外商投资的法律及政策：普京上台后，曾提出“与外资共建俄罗斯新经济”的口号，不仅制定和修订了一些基础性法律，如《税收法典》、《国家土地法典》（非农业用地可以自由买卖）、《劳动法典》、《海关法典》、《中央银行法》等，还先后修改了

① 于国政．外国在俄罗斯的投资情势分析［J］．东欧中亚研究，1996（3）：32-36，41.

《股份公司法》、《银行和银行活动法》、《有价证券市场法》、《自然人在俄罗斯银行存款保险法》、《经济特区法》、《租让协议法》等，以及通过了《投资活动法》、《在俄罗斯进行对俄国家安全具有战略意义的商业组织直接投资秩序法》、《组织市场和交易所贸易法》、《对不动产形成、投资和进行国家清点核算法》和《自然垄断法》等①。除此之外，俄罗斯为了加大招商引资的力度，决定增设经济特区。2005 年 1 月，俄罗斯政府批准创立 4 个科技发展型和 2 个工业生产型共计 6 个经济特区②；2007 年 1 月签署了关于建立 7 个旅游休闲型经济特区的决议③。与此同时，为了提高效率，俄罗斯自 2002 年 7 月 1 日起实行“一个窗口”办事的政策，以简化繁琐的手续；还通过深化税制改革以简化税收、限制行政检查次数等手段改善投资经营环境，提高投资者的积极性。2008 年 4 月 2 日，俄罗斯国家杜马审议通过了关于允许外国投资者向对俄罗斯安全具有战略意义的行业进行投资的法律。根据该法律，外国公司计划购买属于俄罗斯战略行业的企业超过 50% 以上股份时，应该向相关机构提出交易申请并获得批准。如果投资方公司部分股份属于外国政府，那么交易额超过战略行业企业 25% 股份以上时，应该提出申请。交易的最终决定应该在 3 ~ 6 个月的期限内做出。对于早前已经结束的交易，但拥有俄罗斯战略行业企业 5% 股份的外国投资者必须向俄罗斯政府进行通报。该法案的制定一方面是为了保证国家利益和安全，另一方面也为外国投资者创造可预测和透明的商务环境以及市场游戏规则。2008 年 11 月 27 日，俄罗斯经济特区署宣布降低俄罗斯经济特区入驻企业的门槛，从 1 000 万欧元降低到 300 万欧元，以提高进入特区企业的吸引力。俄罗斯经济特区署还与俄罗斯外经银行就有关

---

① 李建民．国际资本对俄罗斯投资现状及其启示［J］．俄罗斯中亚东欧市场，2007（3）：1-10.

② 4 个科技研发经济特区分别是：莫斯科的绿城（专业：微电子技术发展）；莫斯科州的杜布纳（核子物理技术）；圣彼得堡（IT 业）；托木斯克市（新材料）。2 个工业生产经济特区是：利佩茨克州（家电生产）和鞑靼斯坦共和国的叶拉布加市（石化高科技产品）。

③ 这 7 处旅游休闲型经济特区分别是：斯塔夫罗波尔边境区 GRAND SPA UTSA 特区；加里宁格勒州 KURSHSKAYA KOSA 特区；伊尔库茨克州贝加尔湖特区；克拉斯诺达尔边境区黑海 NEW ANAPA 特区；阿尔泰共和国“阿尔泰山谷”特区；阿尔泰边境区 KATUN 特区；布里亚特共和国贝加尔湖特区。

给特区入驻企业提供 15～20 年长期贷款的条件进行了协商[①]。

经过多年努力，俄罗斯的投资环境确实得到了改善，国际上对俄罗斯投资环境的评级也不断提高。1998 年，俄罗斯第一次进入外商投资最佳国 20 强名单；2002 年，俄罗斯的可信度排名升至第 17 位[②]；根据联合国贸发组织会议报告，2005 年，俄罗斯在全球对外资最有吸引力的国家排名中位居第 15 位。但是，在实践中，仍有不少外商对在俄罗斯投资存有顾虑，且具有明显的行业偏向性。即相比于服务领域，外资更愿意投资油气项目，因为这些项目一般都得到了国家领导人的支持，有按期完成的保证。而对于其他领域的投资，投资者们普遍认为俄罗斯的投资环境依旧存在如下较为严重的问题：俄罗斯司法体系执法不力；行政效率低下，货物进出口程序复杂，税率较高；官僚主义与营私舞弊成风；黑社会等有组织的犯罪活动较为猖獗；银行资产风险高度集中、小银行过多；外资政策存在歧视和不透明的成分；俄罗斯人对外资的排斥情结——警惕性强、害怕外资进入重要行业等。我国学者李建民（2007）在《国际资本对俄罗斯投资现状及其启示》一文中认为[③]：目前俄罗斯的投资市场仍属于高风险与高回报并存的状态，投资环境并没有所希望的那么好，但也不像想象中的那么差，投资者对俄罗斯投资高回报率的信心还是比较大的。鉴于俄罗斯投资环境中存在的问题，2011 年 3 月底，俄罗斯总统梅德韦杰夫提出了 10 条旨在改善投资环境、促进经济现代化发展的优先措施，并强调这 10 条措施只是开端，未来还将陆续增加数十条[④]。可以预见，在俄罗斯政府不断努力下，俄罗斯的投资环境一定会不断改善。

3.2.3.2 转轨国家服务业利用外资情况

联合国贸易发展会议发布的《世界投资报告 2004 年》以“向服务

① 中华人民共和国驻俄罗斯联邦大使馆经济商务参赞处．俄罗斯外资相关政策及数据［EB/OL］．（2010－04－09）．http：//ru. mofcom. gov. cn/aarticle/ztdy/201004/20100406860926. html.

② 齐普拉科夫 C C. 俄罗斯的投资环境［J］．俄罗斯中亚东欧市场，2004（1）：4-8.

③ 李建民．国际资本对俄罗斯投资现状及其启示［J］．俄罗斯中亚东欧市场，2007（3）：1-10.

④ 有关俄总统梅德韦杰夫提出的改善俄投资环境 10 条措施的具体内容，详见：木子．俄罗斯中亚东欧经贸动态［J］．俄罗斯中亚东欧市场，2011（6）：55-64.

业转移”为封面副标题[①]，并在文中多次指出“外国直接投资正日益转向服务业”。当前，向服务业转移是国际投资发展的重要趋势。就经济转轨国家而言，服务领域对外资的吸引力也日渐超过制造业，流入其内的国际投资也遵循向服务业倾斜之趋势。例如，根据2007年普华永道公司（PWC）[②] 发布的对全球20个新兴市场制造业和服务业的评估指数排名，捷克服务业部门对外资吸引力指数为56，在新兴市场20强中排名第4，捷克制造业对外资吸引力指数为64，位居第17位。而与CIS国家和中国相比，流入CEEC国家的国际资本向服务业倾斜的趋势更加明显。为了加入欧盟，CEEC国家必须接受欧盟的市场一体化原则并达到欧盟制定的各项标准，而利用外资无疑是使其加速市场化、自由化及私有化改革进程的最便捷、最有效的方式。实际上，从某种程度上说，转轨国家利用外资的过程就是其国内进行私有化的过程（中国除外）。例如，20世纪90年代，流入中东欧国家的FDI几乎有2/3被私有化吸收。1993年，匈牙利70%的FDI增量进入私有化企业；1995年，FDI是其公用事业和电信行业私有化的重要供给资金[③]；到2000年年底，匈累计引进FDI总额230亿美元，其中72.2亿美元通过私有化方式吸收[④]。因此，对于一贯注重利用外资的CEEC国家来说，在外资助其基本完成国有工业企业私有化改造后，又加快了国内服务领域的私有化进程，将引资重点逐渐转向了服务领域。尤其在大部分CEEC国家成功“入盟”后，欧盟老成员国也加大了对新入盟成员国（主要为新入盟的转轨国家）服务领域的投资。例如，2004—2006年间，在欧盟老成员国对新成员国的直接投资中，有73%流向了服务业，而接受投资的第二大行业——工业，只占直接投资总额的22%[⑤]。从服务业引资总量上看，在CEEC国家中引资额最多的要数捷克、匈牙利和波兰三国，其引

---

① UNCTAD. United Nations New York and Geneva [R]. World Investment Report: The Shift towards Services, 2004.

② PWC评估排名主要考虑国内生产总值、经济增长预期、企业所得税、对主要出口市场的运输成本和总体风险水平等因素。

③ 李卢霞. FDI、制度变迁与经济增长——一个基于转型经济国家的研究 [D]. 上海：复旦大学，2009.

④ 刘哲，孙熠. 金融危机视角下转型国家资本流动和外资依赖问题分析——以波兰、捷克、匈牙利为例 [J]. 世界经济与政治论坛，2010 (2): 34-44.

⑤ 中华人民共和国驻匈牙利共和国大使馆经济商务参赞处. 匈牙利吸收FDI居欧盟新成员国第二位 [EB/OL]. (2008-07-29). http://hu.mofcom.gov.cn/aarticle/jmxw/200807/20080705694477.html.

入的国际资本不仅由制造业逐渐流向了服务业，还从早年先被私有化的基础性服务业日益向商业服务领域和包括出口导向型服务在内的高附加值服务业领域转移。目前，捷克已将引资重点转向了战略性服务和技术中心领域，并从政策方面给予了鼓励和优惠扶持。在CIS国家中，俄罗斯是引资额最多的国家。但是，与捷、匈、波三国相比，俄罗斯由于产业结构变化较慢，目前流入其国内的国际投资在第一和第二产业中仍占有较大份额。而捷、匈、波三国早在20世纪90年代末，其引入的与服务有关的国际投资就已经占据了主导地位①。实际上，这也正是捷、匈、波三国与俄罗斯在收入水平方面存在差距的反映。从外资流向的服务部门来看，国际资本主要投向CEEC和CIS国家的金融、电信、水、电等基础设施服务行业。尤其是金融业，据统计，截至2005年，随着中东欧国家银行业私有化进程的加快，外资银行已经占据中东欧国家金融市场的绝大部分份额，其中最高的斯洛伐克是95%，克罗地亚是91%，捷克是84%，保加利亚是80%，匈牙利是76%，波罗的海国家是69%，波兰是65%，罗马尼亚是57%，斯洛文尼亚是38%。进入中东欧市场最大的5家外资银行分别是KBC、Erste Bank、奥地利信贷银行、联合信贷银行和赖发森银行等②。不仅如此，外资银行处理的业务范围还十分广泛，已经涉及了零售市场业务，而这在世界其他地区是绝无仅有的。与此情况相类似，在CEEC和CIS国家的电信服务市场上占据主导地位的运营商乃至他们的竞争对手也大多是外国子公司。捷克的移动电话通讯业务也已基本由外国投资者支配。匈牙利90%以上的保险公司已贴上“外籍”标签，在全国15家最大的保险公司中，有14家为外资控制③。就投资服务项目数量的多寡而言，2002—2003年期间，俄罗斯吸收的服务项目数最多，其次是匈牙利、罗马尼亚、波兰和保加利亚（详见表3-8），但值得注意的是，较大的项目更倾向落户在

① UNCTAD. United Nations New York and Geneva [R]. World Investment Report: The Shift towards Services, 2004.

② 中华人民共和国驻捷克共和国大使馆经济商务参赞处．外资银行占据中东欧国家73%的金融市场份额 [EB/OL]．(2005-05-10)．http://cz.mofcom.gov.cn/aarticle/jmxw/200505/20050500087835.html.

③ 景维民，孙秋鹏．俄罗斯与东欧国家的私有化评析 [J]．南开经济研究，2001 (2)：40-45.

捷克、匈牙利和波兰三国。

表 3-8 2002—2003 年中欧和东欧地区服务 FDI 项目吸纳最多的国家一览表

国家	项目数量			所占比例（%）
	总量	绿地投资	跨国并购	
俄罗斯	126	81	45	15
匈牙利	121	72	49	14
波兰	116	37	79	14
捷克	95	31	64	11
罗马尼亚	77	57	20	9
保加利亚	53	31	22	6
斯洛伐克	43	18	25	5
塞尔维亚和黑山	31	21	10	4
小计	662	348	314	78

注：绿地投资项目是指金融服务、电信服务、总部和配送中心、研发和共享服务以及呼叫中心共五个服务领域。

下面以两个最大的经济转轨国家中国和俄罗斯为例，详述其服务业利用外资的发展状况。

（1）中国服务业利用外资情况

中国的对外开放首先开始于第一和第二产业，对服务业的开放较晚，并且直到 20 世纪 90 年代才加快进行。2001 年加入世界贸易组织以后，中国进一步加大了对服务领域的引资力度。但从总体上看，由于起步晚，服务业的对外开放往往又涉及一些敏感领域，直至今日，中国服务业利用外资的规模仍不大。而且，外资在流向上又存在明显的行业偏向特征，即偏向流入制造业。根据历年《中国统计年鉴》公布的数据，经笔者整理和计算得出，1997—2009 年平均每年流入中国第二产业的 FDI 占当年流入总额的比重约为 67%，并且第二产业的 FDI 中约有 90% 流向了制造业。如图 3-6 所示，1997—2009 年中国利用的 FDI 存在明显的行业分布不均情况，即服务业实际利用 FDI 规模显著小于制造业。而且，自 1998 年起，中国服务业实际利用 FDI 占当年利用 FDI 总额的比重有下降趋势，2004 年降至最低水平，之后又呈逐年上升趋势。之所以会表现出这样的变动状况，主要是同中国的经济结构以及国家的政策导向密切相关。中国经济转型的初始条件是经济水平落后、劳动力成本与土地价格具有比较优势。随着改革开放不断深入及经济全球化的推动，进口税率下调进一步降低了制造业生产原料的成本，而中国加入世界贸易组织以前，金融、保险、电信等服务行业垄断程度较高，很大程度上阻碍了FDI流向服务业的进程。加入WTO后，中国政府积极履行入世承诺，不断加快服务领域的开放步伐，致使越来越多的从事服务领域经营的跨国公司入驻中国。更为重要的是，中国政府在“十一五”规划纲要中明确提出加快发展服务业的目标，并于2007年3月19日做出了“国务院关于加快发展服务业的若干意见”的规定，从政策上引导FDI流向服务业，促使服务业成为FDI流入的热点领域。2009年服务业FDI比重增至43.56%，相应地，制造业外资利用比重降到51.95%。另外，为了实现经济更好、更快发展的目标，促进经济增长向第一、第二、第三产业协同带动的方向转变，新近制定的“十二五”规划纲要把加快发展服务业作为做好经济结构战略调整工作的重要手段之一。国家发改委为贯彻落实好“十二五”工作方针，于2010年初启动了国家服务业综合改革试点工作。2011年7月21日在哈尔滨召开的国家服务业综合改革试点工作暨《“十二五”现代服务业发展规划》（修改稿）征求意见座谈会上，发改委产业协调司司长陈斌表示，发改委今后将加大服务业引导资金对试点区域的支持力度，扩大服务业引导资金的规模，并会同财政部研究加大财政资金的支持力度。截至2011年7月末，已有宁波市、哈尔滨市、广州市、西安市、武汉市江汉区等区域入选试点范围。① 因此可以预计，未来中国服务业吸引外资的规模以及质量将会大幅提高。

从服务业利用外资的行业结构上看（详见表3-9），房地产业一直是中国吸收FDI最多的服务行业。1997—2009年平均每年吸引FDI占当年吸引总额的比重约为13.5%，但这一比值并非稳定发展，波动也较大。1997—2003年间呈连年下降态势，2004—2009年期间呈“倒U”

① 佚名. 服务业综合改革试点将获政策支持［EB/OL］.（2011-08-02）. http://www.fdi.gov.cn/pub/FDI/wzyj/wto/zh/t20110802_135662.htm.

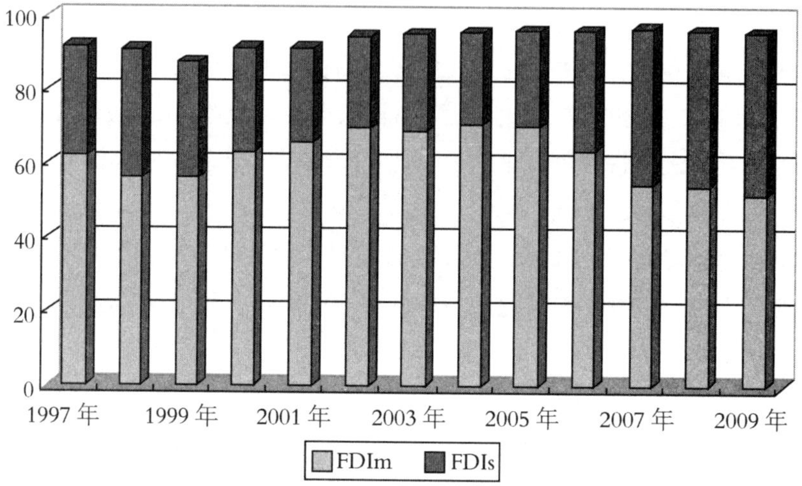

图 3-6 1997—2009 年制造业与服务业实际利用 FDI 比重（单位:%）

注：比重 = FDI_m（FDI_s）/总 FDI，其中，"m"代表制造业，"s"表示服务业；由于中国按行业分的实际 FDI 数据从 1997 年才正式公布，1997 年以前的数据无法查询，所以笔者选用的时间跨度为 1997—2009 年。

形发展状态，其中 2005 年比重值最低，为 8.98%，2007 年达到峰值 22.86%（当年实际利用外资额 170.9 亿美元，同比增长 107.7%，占全国服务领域吸收 FDI 总量的 43.3%），之后又转为逐年下降，但在此期间 2008 年实际利用的 FDI 数额最大，为 185.9 亿美元，同比增长 8.8%。根据商务部网站提供的资料，2009 年中国香港、英属维尔京群岛、新加坡、巴巴多斯、中国澳门等国家或地区位居中国房地产业吸收外资来源地的前 5 位，分别占该行业实际使用外资总额的 72.14%、13.27%、5.61%、1.66% 和 1.44%；从资金投向区域看，东部地区房地产业实际使用外资金额 130.67 亿美元，占全国同期吸收外资总量的 77.8%，其中，江苏、广东和上海市名列东部地区实际利用外资金额的前 3 位，实际使用外资金额分别为 31.32 亿美元、24.70 亿美元和 18.19 亿美元，分别占该行业实际使用外资总量的 18.65%、14.71% 和 10.83%；中部地区房地产业实际使用外资金额 64 602 万美元，占全国实际使用外资金额的 3.85%，其中，湖北、安徽和河南名列该地区实际使用外资金额的前 3 位，分别为 18 966 万美元、15 529 万美元和

9 410万美元，分别占该行业实际使用外资总量的1.13%、0.92%和0.56%；西部地区实际使用外资金额308 334万美元，占全国实际使用外资金额的18.36%，重庆、四川和陕西名列实际使用外资金额的前3位，实际使用外资金额分别为132 533万美元、119 678万美元和32 396万美元，分别占该行业实际使用外资总量的7.89%、7.13%和1.93%。①

根据2004年修改过的服务行业实际利用FDI项目分类，中国利用FDI的第二大行业是租赁和商业服务，但注入到该行业的FDI比重也是在波动变化中前进的。2009年这一比重最高，为6.75%，总额达到60.78亿美元，其中的租赁业实际利用外资金额1.71亿美元，同比上升9.89%，占全国同期吸收外资总量的比重为0.19%。从租赁业利用外资来源地看，2009年中国香港、萨摩亚、英属维尔京群岛、开曼群岛、新加坡等国家或地区位居前5位，分别占该行业实际使用外资总额的66.99%、10.97%、6.61%、5.96%、4.27%；从资金投向租赁业的区域看，2009年东部地区实际使用外资金额17 065万美元，占全国同期吸收外资总量的99.71%，其中，天津、上海和江苏省名列该地区实际利用外资金额的前3位，实际使用外资金额分别为8 826万美元、2 543万美元和1 990万美元，分别占该行业的51.57%、14.86%和11.63%；中部和西部租赁业实际利用外资规模很小，只占全国同期吸收外资总量比重的0.29%，而且当年中部地区租赁业新设外商投资企业数只有5家，占全国新设外商投资企业的17.24%。②

其他利用FDI所占比重较大的行业有批发和零售业（2009年为5.99%）、交通运输、仓储及邮电通信业（2009年为2.81%）、信息传输、计算机服务和软件业（2009年为2.50%）。信息传输、计算机服务和软件业作为现代服务业的典型行业，发展很快，实际利用FDI额从2004年的9.16亿美元，增长到2008年的27.75亿美元，增幅达到202.9%，且为逐年递增。但2009年略微下降，降至22.47亿美元。此外，科学研究、技术服务和地质勘查业利用FDI的比重也呈逐年递增的

① 佚名.2009年房地产业利用外资现状［EB/OL］.（2010-09-01）.http://www.fdi.gov.cn/pub/FDI/zgjj/hyzk/fwy/fdcy/t20100901_125671.htm.

② 佚名.2009年租赁业利用外资现状［EB/OL］.（2010-09-02）.http://www.fdi.gov.cn/pub/FDI/zgjj/hyzk/fwy/zlwf/t20100902_125723.htm.

状态，2009 年已增至 1.86%，达到 16.7 亿美元。由于中国银行业目前尚属于限制类外商投资项目，因此金融业利用 FDI 的比重始终较小，其在考察期内未超过 1%。

表 3-9 1997—2009 年中国服务各行业实际利用 FDI 占 FDI 流入总量的比重

单位:%

年份	1997	1998	1999	2000	2001	2002	2003
建筑业	3.18	4.54	2.27	2.22	1.72	1.34	1.14
交通运输、仓储及邮电通信业	3.66	3.62	3.85	2.49	1.94	1.73	1.62
批发和零售贸易餐饮业	3.10	2.60	2.39	2.11	2.49	1.77	2.09
金融保险业	N	N	0.24	0.19	0.08	0.20	0.43
房地产业	11.42	14.10	13.86	11.44	10.96	10.74	9.79
社会服务业	4.39	6.52	6.33	5.37	5.54	5.58	5.91
科学研究和综合技术服务业	N	N	0.27	0.14	0.26	0.37	0.48
卫生体育和社会福利业	0.43	0.21	0.37	0.26	0.25	0.24	0.24
教育、文化艺术和广播电影电视业	0.16	0.15	0.15	0.13	0.08	0.07	0.11
其他行业	3.48	2.52	1.87	3.57	2.24	2.50	4.21
年份	2004	2005	2006	2007	2008	2009	
建筑业	1.27	0.81	1.09	0.58	1.18	0.77	
交通运输、仓储和邮政业	2.10	3.00	3.15	2.68	3.09	2.81	
批发和零售业	1.22	1.72	2.84	3.58	4.80	5.99	
住宿和餐饮业	1.39	0.93	1.31	1.39	1.02	0.94	
金融业	0.42	0.36	0.47	0.34	0.62	0.51	
房地产业	9.81	8.98	13.06	22.86	20.12	18.66	
租赁和商务服务业	4.66	6.21	6.70	5.38	5.48	6.75	
科学研究、技术服务和地质勘查业	0.48	0.56	0.80	1.23	1.63	1.86	
水利、环境和公共设施管理业	0.38	0.23	0.31	0.36	0.37	0.62	
居民服务和其他服务业	0.26	0.43	0.80	0.97	0.62	1.76	
教育	0.06	0.03	0.05	0.04	0.04	0.01	
信息传输、计算机服务和软件业	1.51	1.68	1.70	1.99	3.00	2.50	
卫生、社会保障和社会福利业	0.14	0.07	0.02	0.02	0.02	0.05	
文化、体育和娱乐业	0.74	0.51	0.38	0.60	0.28	0.35	

注：中国按行业分实际利用 FDI 的数据从 1997 年才正式公布，1997 年以前的数据无法查询，所以笔者选用的时间跨度为 1997—2009 年；同时，2004 年及其以后各年份服务业实际利用 FDI 的项目分类较之从前有很大变化，因此笔者采用 1997—2003 年和 2004—2009 年两个时间段的差异项目分类；“N”表示统计数据缺乏。

实际上，服务业各部门实际利用FDI占当年利用FDI总量比重的大小，也反映了服务业各领域的开放程度。从这个意义上说，中国房地产业的开放程度最大；其次是租赁和商业服务业；金融、教育、卫生、文化、体育和娱乐等行业的开放程度较小，说明中国在这些领域对外资进入的限制依然很多。这不仅仅是中国传统服务行业具有比较优势的反映，而且也从某种程度上体现了中国政府的政策导向。例如，国家在“十一五”规划中提出“加快发展服务业、重点发展现代服务业、全面提高服务业发展水平”的目标，而在2004—2009年间，中国信息传输、计算机服务和软件业利用FDI的比重不断增加。

（2）俄罗斯服务业利用外资情况

外资是俄罗斯经济转型中非常重要的资金来源。经过20年转型经济的发展，俄罗斯利用外资的产业结构也随之发生着变化。虽然俄罗斯能源和加工业一直是外资青睐的行业，但外资对俄罗斯服务业的投资规模也在缓慢地增大。有关资料显示，2000—2004年，俄罗斯商业及公共饮食业连续5年高居行业吸引外资额的榜首，每年吸引外资额分别占当年外资流入总额的18.9%、19.2%、30.4%、35.4%和32.0%①。外国投资者投资于这种短期内即可收回成本并可快速将利润汇出的行业，一方面是其对俄罗斯投资环境稳定性缺乏信心的表现之一；另一方面也在一定程度上反映了俄罗斯在行业发展与可投资方面的潜力。

俄罗斯的外资主要来自西方发达国家，尤其是欧盟各国和美国。截至2009年9月底，对俄罗斯累计投资前十位的国家（地区）依次是：①荷兰（494.26亿美元，占18.8%）；②塞浦路斯（470.42亿美元，占17.9%）；③卢森堡（379.47亿美元，占14.5%）；④英国（256.22亿美元，占9.8%）；⑤德国（198.11亿美元，占7.6%）；⑥爱尔兰（92.40亿美元，占3.5%）；⑦法国（85.16亿美元，占3.2%）；⑧美国（76.08亿美元，占2.9%）；⑨维京群岛（74.44亿美元，占2.8%）；⑩日本（69.89亿美元，占2.7%）。这些国家对俄罗斯累计

① 李中海．普京八年：俄罗斯复兴之路（2000—2008）（经济卷）［M］．北京：经济管理出版社，2008.

投资余额（2 196.45 亿美元）占外国同期对俄罗斯累计投资余额的 83.7%[①]。从外资流入服务业的具体部门来看，英国的投资更倾向于商业领域，2008 年英国对俄罗斯商业的投资占其总额的 38.5%；对塞浦路斯投资吸引力最大的是俄罗斯房地产业、贸易、金融和建筑业，分别占塞浦路斯对俄罗斯投资总额的 26.9%、25.8%、7.7%和 6.8%。此外，法国在俄罗斯商业和公共餐饮业，德国在俄罗斯通信业的投资也有所涉及。而荷兰的投资主要投向于俄罗斯燃料能源、矿产开发领域；美国对俄罗斯的投资也主要集中在黑色金属、能源及矿业开采等部门。

从服务业外资的存量上看，截至 2009 年底，俄罗斯服务业累计利用外资约达 1 435 亿美元，约占积累总量的 50%，其主要吸引外资的服务部门有批发零售贸易、汽车摩托车与家用电器维修（20.6%）、不动产交易租赁服务（13.0%）和交通运输与通信业（10.5%）（见图3-7）。

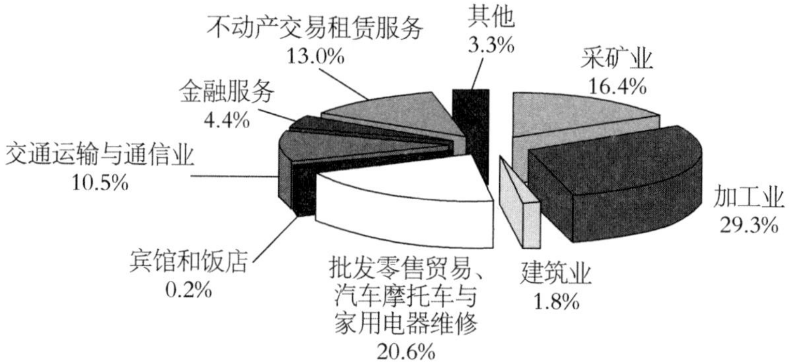

图 3-7 截至 2009 年年底俄罗斯国际投资存量的部门结构

从流量上看，俄罗斯每年吸引外资最多的服务部门主要集中在批发零售贸易、汽车摩托车与家用电器维修和不动产交易租赁服务部门，但近几年来也有了新的变化（详见表3-10）。交通运输与通信业利用外资的规模呈明显上升趋势（除 2008 年受国际金融危机影响外），2003 年所吸引的外资额只有 11.14 亿美元，占当年外资流入总量比重的

① 中华人民共和国驻俄罗斯联邦大使馆经济商务参赞处. 2009 年俄利用外资和对外投资情况［EB/OL］.（2010－04－09）. http://ru.mofcom.gov.cn/aarticle/ztdy/201004/20100406860988.html.

3.8%；2009年吸收额达到137.49亿美元，所占比重增至16.8%。建筑业利用外资的规模从2003年的1.01亿美元（占当年利用外资总额的0.3%），增长到2008年的33.87亿美元（占当年利用外资总额的3.3%），5年间增长了32.53倍之多，且呈逐年递增发展趋势，但2009年俄罗斯建筑业利用外资规模下降较多，降至10.12亿美元。宾馆和饭店业在俄罗斯服务业外资利用总额中所占比重一直很小，最高不过0.2%。金融服务的外资利用规模尚未形成稳定扩大的趋势，呈波动起伏的发展状态。且与CEEC国家相比，俄罗斯银行业的外资渗透力较低。而这正是俄罗斯银行体系还较为脆弱的原因之一。目前，俄罗斯银行业总资产只占GDP的45%，仅相当于德国银行的12%；银行存贷款也只占GDP的7%，远远低于德国和捷克将近50%的水平；自有资本低于俄罗斯中央银行标准的银行达650家，其中112家银行自有资本低于50万欧元。“如果没有国家和大股东的潜在支持，俄罗斯的银行业非常脆弱”①。在此背景下，适当地增加俄罗斯银行业的外资利用规模，有助于缩短俄罗斯银行体系的完善时间，增强投资者的信心，进而有利于加速国内资本形成，更快地实现经济现代化的目标。俄罗斯中央银行网站2011年4月25日公布的数据资料显示，2010年俄罗斯金融保险服务业在吸引外资方面的发展很快，全年外资流入额为517.43亿美元，占当年流入总额的36.9%；净投资额为77.82亿美元，占当年净投资总额的18.9%。

3.2.3.3 转轨国家服务业利用外资面临的挑战

转轨国家在经济转型过程中，外资对改造传统产业和落后的技术与管理、促进经济增长发挥了十分重要的作用。就服务领域而言，外资不仅帮助转轨国家填补了一些国内服务的空白，提高了服务提供的质量，还推动了服务多样化的发展进程，提升了服务贸易的国际竞争力。但是，不容置疑，与服务有关的外国投资在增强转轨国家服务经济活力的同时，也不可避免地带来了诸如外资依赖、税收减少等问题。

---

① 李中海．普京八年：俄罗斯复兴之路（2000—2008）（经济卷）［M］．第1版．北京：经济管理出版社，2008：214.

表 3-10　　2003—2009 年俄罗斯服务业利用外资情况表

年份	建筑业		批发零售贸易、汽车摩托车与家用电器维修		宾馆和饭店		交通运输与通信业		金融服务		不动产交易租赁服务	
	百万美元	%	百万美元	%	百万美元	%	百万美元	%	百万美元	%	百万美元	%
2003	101	0.3	10 527	35.5	23	0.1	1 114	3.8	781	2.6	4 583	15.4
2005	228	0.4	20 461	38.2	52	0.1	3 840	7.2	1 813	3.4	2 602	4.9
2006	713	1.3	13 089	23.7	32	0.1	5 297	9.6	4 698	8.5	5 998	10.9
2007	2 911	2.4	47 310	39.1	59	0.0	6 703	5.5	450	3.7	8 414	7.0
2008	3 387	3.3	23 909	23.0	188	0.2	4 861	4.7	4 977	4.8	15 378	14.8
2009	1 012	1.2	22 792	27.8	140	0.2	13 749	16.8	2 658	3.3	7 937	9.7

注："%"表示流入该部门的外商投资占当年总投资的百分比。

资料来源　李卢霞 . FDI、制度变迁与经济增长——一个基于转型经济国家的研究［D］. 上海：复旦大学，2009.

佚名 . 俄罗斯服务业利用外资情况［EB/OL］．（2011-07-30）. http：//www. gks. ru/bgd/regl/b10_ 12/Isswww. exe/stg/d02/24-09. htm.

众所周知，外国资本之所以流向东道国，是因为能从东道国获得更大的利润回报。因此，外国资本流向的服务部门基本都是利润率高或投资成本回收快的行业。例如，流入俄罗斯服务业的外资主要集中在回收成本快的商业和公共餐饮业领域。而流入 CEEC 国家服务领域的外国资本则倾向于利润率较高的金融、电信等部门。但是，引入外资，尤其让其参与广泛的私有化，也就意味着将很大一部分资产拱手让给外国人。例如，CEEC 国家为了加入欧盟，过早地开放了金融市场。诚然，开放引入了竞争，加快了其银行业私有化的进程，也确实改变了整个金融市场效率低下的情况，为其经济转型和经济增长起到了不可忽视的融资"通道"作用。但是，据统计①，截至 2005 年，外资银行平均占据中东

① 中华人民共和国驻捷克共和国大使馆经济商务参赞处 . 外资银行占据中东欧国家73%的金融市场份额［EB/OL］．（2005-05-10）. http：//cz. mofcom. gov. cn/aarticle/jmxw/200505/20050500087835. html.

欧国家73%的金融市场份额，其中最高的斯洛伐克是95%，克罗地亚是91%，捷克是84%，保加利亚是80%，匈牙利是76%，波罗的海国家是69%，波兰是65%，罗马尼亚是57%，斯洛文尼亚是38%。进入中东欧市场最大的5家外资银行分别是KBC、Erste Bank、奥地利信贷银行、联合信贷银行和赖发森银行等。与此情况相类似，在CEEC国家的电信服务市场上居主导地位的运营商乃至他们的竞争对手也大多是外国子公司。如捷克的移动电话通讯业务也已基本由外国投资者支配；匈牙利90%以上的保险公司都已贴上“外籍”标签，在全国15家最大的保险公司中，有14家为外资所控制①。外国所有权在CEEC国家的金融、保险、电信领域高度集中的情况，无疑大大减弱了这些国家对上述行业的控制力度，最终降低了国家对宏观经济的调控力度。2008年年底爆发的全球金融危机，大量外资纷纷撤离CEEC国家，导致其经济陷入困境。经常账户赤字增加，本币贬值，股市急剧缩水，国内经济增速下降，失业率大幅增加，实体经济面临衰退。匈牙利、波兰等CEEC国家最终在欧盟、IMF和世界银行相继出资救助的情况下，经济才得以逐渐恢复。这一情况正是CEEC国家大量引进外资以及过早地开放金融市场，导致对国内宏观经济的调控力度减弱，从而进一步依赖外资、出现对外资依赖过度弊端的最好佐证。而就中国和俄罗斯来说，银行业外资渗透率较低、国内竞争较小，正是两国金融业效率不高、金融服务水平欠佳和国际竞争力不强的原因之一。当然，有关中俄金融服务市场的具体情况，两国还存在差异。此外，转轨国家为了吸引外资进入服务领域投资，所给予的优惠待遇从某种程度上说，将意味着国家税收的减少。而且，囿于资本投资国的偏好，东道国在技术引进方面受辖于投资国。另外，由于不利的贸易条件和利润汇回等问题，还可能造成东道国的国际收支出现赤字的情况。

综上所述，如何在条件未成熟时开放相关服务领域，如何看待服务业外资利用、避免外资依赖、防范外资抽逃等问题，都是各转轨国家在

① 景维民，孙秋鹏．俄罗斯与东欧国家的私有化评析［J］．南开经济研究，2001（2）：40-45.

经济转型实践中必须面对的问题。

3.3 经济转轨国家服务贸易竞争力分析

3.3.1 服务贸易竞争力指标的选择

用来测度贸易竞争力的指标很多，如市场占有率指数、可比净出口指数、显性比较优势指数和出口增长优势指数①等。但是，运用较多的是可比净出口指数和显性比较优势指数。

可比净出口指数（Index of Normalized Balance Trade，NBT）又称贸易竞争力指数（Trade Competitive Index）或净出口率指数（Net Exports Index），是指一国净出口额占对外贸易总额的比重。用该指数衡量服务贸易的竞争力，就被定义为一国服务贸易净出口额与服务贸易总额的比值。其计算公式为：

$$NBT_{ij} = (X_{ij} - M_{ij}) / (X_{ij} + M_{ij})$$

其中，NBT_{ij}表示 j 国 i 服务的可比净出口指数；X_{ij}为 j 国 i 服务的出口额；M_{ij}为 j 国 i 服务的进口额。NBT_{ij}的取值范围为 [-1，1]。很显然，当 $NBT_{ij}=1$ 时，表明 j 国 i 服务只有出口而没有进口，即 j 国 i 服务处于极强的优势状态；反之，当 $NBT_{ij} = -1$ 时，j 国 i 服务处于完全劣势状态；而当 $NBT_{ij}=0$ 时，表明 j 国 i 服务与国际水平相当，处于中性优势状态。所以说，NBT_{ij}值越接近于 1，说明 j 国 i 服务的竞争力越强；反之，则越小。

显性比较优势指数（Revealed Comparative Advantage，RCA）是巴拉萨（Balassa）于 1965 年提出来的。最初用来衡量一个国家某种商品或某个产业在国际市场中相对于别国的比较优势。其计算公式为：

$$RCA_{ij} = (X_{ij} / \sum_i X_{ij}) / (\sum_j X_{ij} / \sum_j \sum_i X_{ij})$$

① 出口增长优势指数用一国某产业或产品的出口增长率与该国整体出口增长率的差值来表示，它反映了一国该产业或产品出口增长的相对优势。相对于国家整体出口而言，该指标值越大说明该产业或产品的出口增长越快，对出口的贡献率则越大。

将该指数应用于服务贸易领域，RCA_{ij}就表示j国i服务的显性比较优势。其中，X_{ij}为j国i服务的出口额；$\sum_i X_{ij}$为j国所有服务的出口额；$\sum_j X_{ij}$为世界i服务的出口额，也就是世界各国i服务的出口额之和；$\sum_j \sum_i X_{ij}$为世界所有服务的出口总额。一般地，若RCA大于1，说明该国该种服务在全球市场上相对于别国处于比较优势的地位；反之，则处于比较劣势的地位。具体来说，当$RCA > 2.5$时，则表明j国i服务部门具有极强的国际竞争力；当$1.25 < RCA < 2.5$时，表示具有很强的国际竞争力；当$0.8 < RCA < 1.25$时，具有较强的国际竞争力；若$RCA < 0.8$，则表明其国际竞争力较弱。从另一个角度来说，若RCA指数在一段时期内上升，则表明该种服务在这一时期的比较优势有所加强或比较劣势有所减少；反之，则说明该种服务的比较优势降低或比较劣势程度加深。

NBT与RCA指数虽然是国际上用来测量竞争力大小的常用指标，但二者却都存在明显的缺陷。NBT指数仅仅包含一个国家的进出口因素，并未考虑世界市场的规模因素，从而不能准确反映一国在世界市场的影响力。而RCA指数尽管包含了世界市场规模因素并剔除了国家总量波动的影响，但它仅从出口方面来衡量一国的比较优势，未考虑到进口的影响。1988年，由沃尔拉斯（Vollrath）设计的改进后的显性比较优势指数——显性竞争指数（Competitive Advantage，CA），不仅克服了NBT与RCA指数的上述缺陷，还综合了二指数的长处，可以更真实地反映一国某种商品或服务或某种产业的竞争优势。其计算公式为：

$$CA = RCA - (M_{ij}/M_j) / (M_{iw}/M_w)$$

其中，M_{ij}表示j国i类商品或服务的进口额；M_j表示j国全部商品或服务的进口额；M_{iw}表示世界i类商品或服务的进口额；M_w表示全世界商品或服务的进口额。CA指数值越大，说明j国i类商品或服务竞争优势越明显；反之，则竞争力越弱。

从理论上讲，用CA指数衡量一国服务贸易的竞争力显然比用NBT和RCA指数都要理想。但是，考虑到数据的完整性与可得性，笔者将在下面的分析中，次优地选择以 NBT 指数为主、CA 指数作有益补充的指标形式，定量地考察转轨国家服务贸易的竞争力情况。

3.3.2 转轨国家服务贸易的国际竞争力分析

运用 CA 和 NBT 指数定量分析 1994—2010 年转轨国家服务贸易的国际竞争力，将得到的指标值绘制成直观图（如图 3-8—图3-11）。从图中，我们可以清楚地看到各转轨国家服务贸易竞争力的状况及其变动趋势。

由 CEEC 国家服务贸易的 CA 指数变化趋势图（如图 3-8 所示）可知，克罗地亚服务贸易的竞争优势最为明显，处于遥遥领先地位，且在考察期内呈上升趋势；罗马尼亚的 CA 指数值总体较低，但也处于缓慢波动上升中；保加利亚的该指数值尽管变动幅度不大，但总体呈上升态势；立陶宛 CA 指数经历了先上升后下降的变动过程；爱沙尼亚则呈波浪起伏式的发展状态。除这些国家外，其他 CEEC 国家的服务贸易 CA 指数均表现出不同程度下滑的变动趋势。尤其是拉脱维亚，CA 指数的起点相对较高，虽然目前拉脱维亚该指数值仍位于 CEEC 国家前列，但其下降幅度却最大。另外，斯洛伐克的 CA 指数值也自 2007 年起连年下降，直到 2010 年降至 CEEC 国家的最末位次。从 NBT 指数来看，CEEC 国家服务贸易 NBT 指数的变动趋势（如图 3-9 所示）与 CA 指数的变化情况基本吻合。也就是说，就 CEEC 国家而言，无论采用 CA 指数还是 NBT 指数衡量其服务贸易的国际竞争力，两指数值的变动曲线在 1994—2010 年的大部分年份基本都位于 x 轴的上方，这说明 CEEC 各国均在国际服务贸易竞争中具有较强的国际竞争力。但是，除了克罗地亚、罗马尼亚和保加利亚等个别国家以外，其他 CEEC 国家服务贸易的竞争力却都不同程度地表现出不断弱化的发展趋势。其中以斯洛伐克自 2009 年起服务贸易 CA 和 NBT 指数双双为负值的情况最为典型。实际上，CEEC 国家服务贸易竞争力的分析结论，对所有转轨国家都具有一定程度的警示作用：经济转型是一个需要长期经历的过程，即使在转型过程中某些领域已经发展到较具竞争力的地位，但也不能掉以轻心，应该在立足本国实际情况的基础上，不断地进行开拓、创新，以使优势地位得到长久地保持并加强。

CIS国家和中国服务贸易CA与NBT指数值（如图3-10和图3-11)的状况远不及CEEC国家理想。从总体上看，这两项指数值的变动趋势线大部分位于x轴上方（CA>0且NBT>0）的国家仅有白俄罗斯、格鲁吉亚和乌克兰。并且，在该组别中，服务贸易CA指数平均值大于0的国家要多于NBT平均指数值大于0的国家，也就是说，有些国家出现了CA>0而NBT<0的奇怪现象。这一情况实质上是一国服务贸易竞争力处于“假优”状态的反映。符合服务贸易竞争力“假优”的国家有亚美尼亚、摩尔多瓦和吉尔吉斯斯坦（其在考察期内相当多的年份甚至是绝大多数的年份都处于这样的状态中）。仔细分析后发现，亚、摩、吉三国的服务贸易出口虽然在总出口中所占的比重较大，但其进口规模更是庞大，无论是商品贸易还是服务贸易，三国都是贸易逆差国（三国服务贸易差额情况见图3-2，商品贸易差额情况见图3-12)。基于此，从国际竞争力与国家出口能力正相关的角度判定，亚美尼亚、摩尔多瓦和吉尔吉斯斯坦三国的竞争力不强，综合国力相对较弱，三国的经济转型尚有相当长的路要走。在CIS国家和中国组别中，服务贸易CA指数和NBT指数值均小于0的国家有：中国、俄罗斯、阿塞拜疆、哈萨克斯坦和塔吉克斯坦（除个别年份外，塔国两指标值均为负数)，说明这些国家的服务贸易竞争力很弱。特别是两个最大的经济转轨国家中国和俄罗斯，长期以来一直处于国际服务贸易的竞争劣势地位。具体来说，1994—2010年间中国服务贸易的CA与NBT两项指标变动趋势平稳，表明十几年来中国服务贸易国际竞争力的进步较小；俄罗斯CA指数和NBT指数均表明，其服务贸易经历了劣势程度先加深再缩小的过程。总之，从总体上看，CIS国家和中国的服务贸易国际竞争力较弱，且与CEEC国家相比，处于相对劣势的地位。实际上，这一结论也是CIS国家和中国综合经济发展水平总体上滞后于CEEC国家的真实反映。

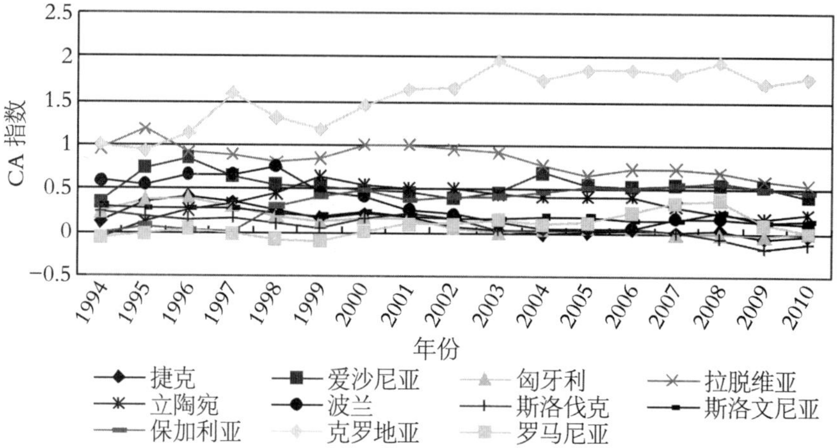

图 3-8 1994—2010 年 CEEC 国家服务贸易 CA 指数变化趋势图

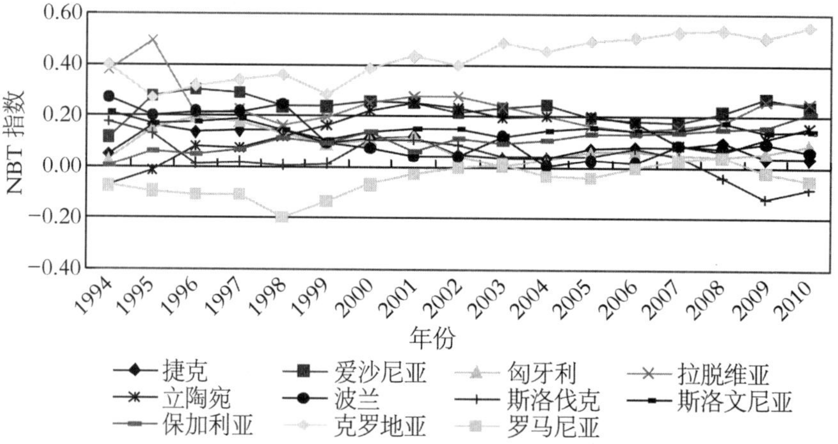

图 3-9 1994—2010 年 CEEC 国家服务贸易 NBT 指数变化趋势图

3.3.3 个案分析：中国和俄罗斯服务贸易各部门的竞争力

由上文分析可知，从总体上看，中国和俄罗斯的服务贸易一直处于国际竞争的劣势地位。下面将对中国和俄罗斯服务贸易各部门的竞争力情况进行详细分析。

3.3.3.1 中国服务贸易各部门发展的竞争力分析

一国服务贸易的发展绩效与其各服务贸易部门的竞争力状况休戚相关。因此，研究后者有助于理清前者出现表象的原因。运用 NBT 指数

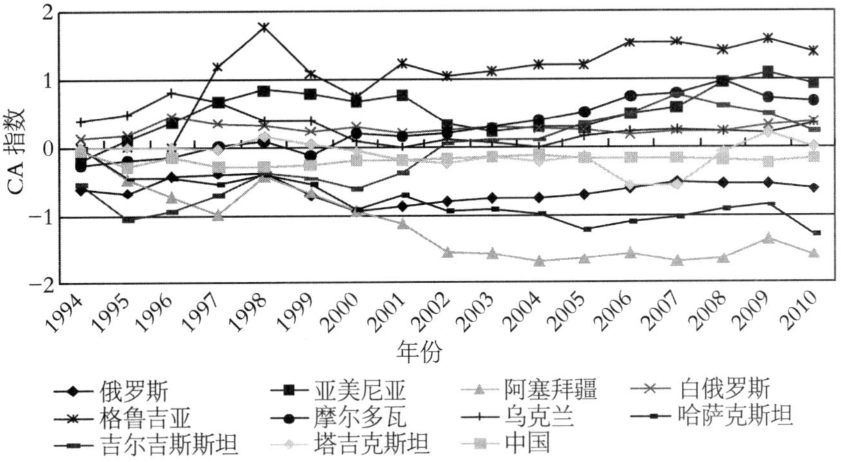

图 3-10 1994—2010 年 CIS 国家和中国服务贸易 CA 指数变化趋势图

注：由于阿塞拜疆、格鲁吉亚、哈萨克斯坦和吉尔吉斯斯坦国家在考察期内的个别年份数据统计不足，因此相应年份服务贸易 CA 指数按“0”处理，在图中显示为沿 X 轴的直线。

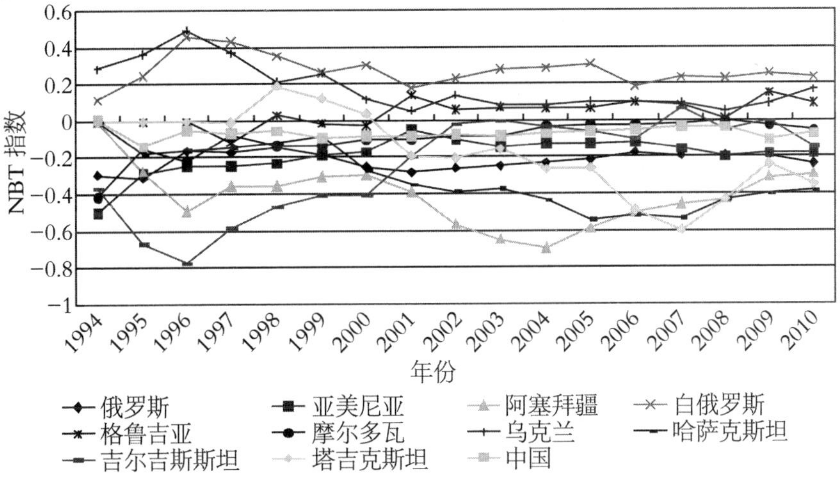

图 3-11 1994—2010 年 CIS 国家和中国服务贸易 NBT 指数变化趋势图

注：由于阿塞拜疆、格鲁吉亚、哈萨克斯坦和吉尔吉斯斯坦国家在考察期内的个别年份数据统计不足，因此相应年份服务贸易 CA 指数按“0”处理，在图中显示为沿 X 轴的直线。

对中国各服务贸易部门的国际竞争力进行分析，得到的结果详见表 3-11。由于受版面限制，笔者仅在表中列出了中国部分年份服务贸易各

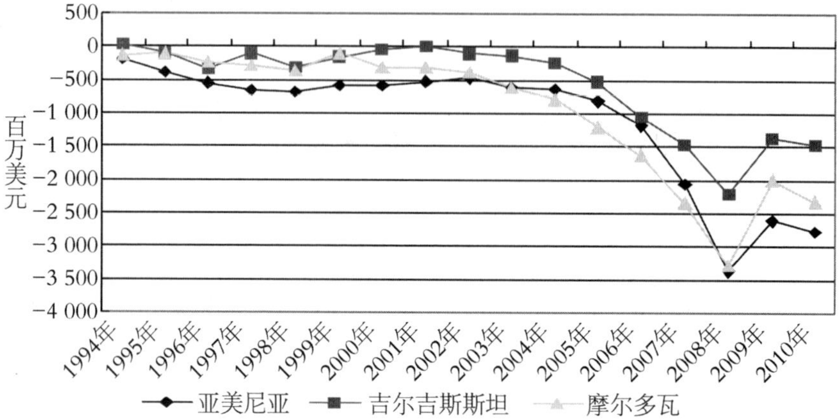

图 3-12 1994—2010 年亚美尼亚、吉尔吉斯斯坦和摩尔多瓦商品贸易差额变化趋势图

部门的 NBT 指数值。但从中我们也可以清楚地看到，从大体上看，旅游、其他商业服务、计算机和信息、通信和建筑服务部门对中国服务贸易竞争力具有正的影响效应，而运输、金融、保险、个人文化和娱乐、专利和特许使用费等服务部门对其负面效应较大。具体来说，近年来在国家对高科技领域的大力支持下，计算机和信息服务部门的竞争力得到一定程度的加强，特别是 2006 年以后呈现稳定增长的趋势，其 2010 年的 NBT 指数值达到了历史最高水平（0.51）。但是，该支持政策没能使保险、金融、专利和特许使用费、个人、文化和娱乐等服务部门的竞争力充分得到提高，这在很大程度上影响了中国服务贸易的整体国际竞争力。旅游服务部门的 NBT 指数值改变了曾经除了其他商业服务以外唯一保持一路“飘红”的局面，连续在 2009 和 2010 两年出现负值。造成这样结果的可能原因有三：其一，受金融危机所致的全球经济低迷的影响，中国入境旅游不景气；其二，中国经济的高速发展使得越来越多的人偏好出境旅游；其三，中国旅游业的发展不够完善。旅游业属劳动密集型行业，对于中国这样一个人口大国而言，积极发展旅游业对吸纳更多的就业人口具有重要作用，同时也是其发展服务经济的一个重要方向。为此，中国应该进一步加强旅游业的发展，在市场营销、人性化管理、配套建设、特色旅游产品等方面多下工夫，大力挖掘中国入境旅游的潜力。另外，在国际现代商业物流业蓬勃发展的背景下，中国运输服务贸易的竞争力较弱，且十几年来改善不明显。基于此，中国亟须加强

表3-11　　　　**中国服务贸易各部门NBT指数值**

年份	1994	2000	2002	2004	2006	2007	2008	2009	2010
总体	0.01	-0.08	-0.08	-0.07	-0.05	-0.03	-0.04	-0.10	-0.06
运输	-0.42	-0.48	-0.41	-0.34	-0.24	-0.16	-0.13	-0.33	-0.30
旅游	0.41	0.11	0.14	0.15	0.17	0.11	0.06	-0.05	-0.09
其他服务	0.05	-0.09	-0.12	-0.07	-0.06	-0.03	-0.03	-0.02	0.10
通信	0.66	0.70	0.08	-0.03	-0.02	0.04	0.02	0.00	0.04
建筑	N	-0.25	0.13	0.05	0.15	0.30	0.41	0.23	0.48
保险	-0.05	-0.92	-0.88	-0.88	-0.88	-0.84	-0.80	-0.75	-0.80
金融	N	-0.11	-0.28	-0.19	-0.72	-0.41	-0.28	-0.25	-0.02
计算机和信息	N	0.15	-0.28	0.13	0.26	0.33	0.33	0.34	0.51
专利和特许使用费	N	-0.88	-0.92	-0.90	-0.94	-0.92	-0.90	-0.93	-0.88
其他商业服务	0.07	0.05	0.13	0.18	0.17	0.14	0.09	0.14	0.28
个人、文化和娱乐服务	N	-0.54	-0.53	-0.62	0.06	0.35	0.24	-0.48	-0.50
政府服务	-0.32	0.24	-0.10	-0.17	0.07	-0.22	-0.16	0.06	-0.09

注：“N”表示因统计数据缺失，而没有相应的指标计算值。

运输服务的国际竞争力。

综上，尽管中国自改革开放以来服务经济取得了巨大成就，服务贸易发展迅速，但从各服务部门的竞争力来看，中国依然在自然资源禀赋丰富的行业具有竞争优势，而知识、信息和技术密集型服务部门的竞争劣势较大。对于像中国这样的大国来说，能够在当今世界知识、信息和服务经济快速发展的大潮中壮大相应服务部门的竞争力，不仅十分必要而且具有重要的战略意义。因此，中国应该努力打造适合其服务贸易发展的、良好的竞争与商业运行环境，以促进服务业产业结构升级，提高服务贸易竞争力。而从这个意义上说，中国经济体制的改革还远未完成，仍有相当长的路要走。

3.3.3.2　俄罗斯服务贸易各部门发展的竞争力分析

俄罗斯重生产轻服务的传统致其服务经济的发展起步晚，服务贸易总体竞争力不高。但是，俄罗斯凭借从苏联继承下来的雄厚经济基础和巨大的人才库资源，即使经历了转型震荡，其服务贸易也获得了一定的发展。详细分析俄罗斯服务贸易各部门的竞争力，有助于找到差距与不足，从而明确今后的努力方向。

俄罗斯服务贸易各部门 NBT 指数的计算结果表明（见表 3-12），只有运输业的 NBT 指数值在考察期内全部大于 0，显现出相对较强的比较优势，其他服务部门的竞争力则较弱。这一分析结论在一定程度上解释了俄罗斯服务贸易长期处于逆差状态，且逆差额呈不断扩大之势的原因。

表 3-12 **俄罗斯服务贸易各部门 NBT 指数值**

年份	1994	2000	2002	2004	2006	2007	2008	2009	2010
总体	-0.29	-0.26	-0.27	-0.24	-0.18	-0.19	-0.19	-0.19	-0.25
运输	0.12	0.21	0.32	0.33	0.20	0.12	0.07	0.13	0.11
旅游	-0.49	-0.44	-0.46	-0.47	-0.41	-0.38	-0.34	-0.38	-0.49
其他服务	-0.42	-0.32	-0.41	-0.32	-0.20	-0.21	-0.23	-0.22	-0.26
通信	0.22	0.14	-0.04	-0.19	-0.07	-0.01	-0.11	-0.17	-0.22
建筑	-0.88	-0.41	-0.44	-0.32	-0.20	-0.30	-0.31	-0.15	-0.32
保险	N	-0.85	-0.62	-0.65	-0.31	-0.38	-0.32	-0.36	-0.38
金融	-0.16	0.47	-0.25	-0.44	-0.21	-0.11	-0.22	-0.18	-0.24
计算机和信息	N	-0.78	-0.62	-0.11	0.02	0.07	0.07	-0.05	-0.16
专利和特许使用费	-0.74	0.14	-0.39	-0.66	-0.74	-0.75	-0.82	-0.79	-0.78
其他商业服务	-0.30	-0.32	-0.39	-0.19	-0.09	-0.09	-0.10	-0.10	-0.11
个人、文化和娱乐服务	N	N	-0.47	-0.31	-0.40	-0.44	-0.37	-0.40	-0.36
政府服务	N	N	-0.60	-0.79	-0.63	-0.65	-0.51	-0.67	-0.60

注：“N” 表示因统计数据缺失，而没有相应的指标计算值。

具体来说，俄罗斯服务贸易 NBT 指数唯一持续正值的运输服务部门，近几年却出现了优势减弱的势头。保险服务部门的竞争力自 2000 年以后有所增强，目前其 NBT 指数虽仍为负值，但已基本稳定在-0.35 左右的水平。俄罗斯运输服务的优势地位之所以能够得到保持以及保险服务的 NBT 指数能在负值的基础上逐步提高，主要原因是受益于俄罗斯国内以燃料——原料为主的经济发展模式对其相关服务部门的带动。就计算机和信息服务部门而言，随着普京上台后国家对IT领域发展的重视，该部门的服务贸易竞争力不断提高，其NBT指数值从2005年的-0.07提高到2006年的0.02，但受全球金融危机的影响，2009和2010年又分别降至-0.05和-0.16。俄罗斯旅游服务的NBT指数值始终（1994—2010年）为负，且变化不大。这说明，一方面俄罗斯对隶属于传统型服务的旅游业开发不足，尚处于初始阶段；另一方面也表明了俄罗斯旅游服务部门的经济增收和就业扩张还存在很大潜力。专利和特许使用费服务部门的NBT指数值非常小，并有下降趋势，这一结果不仅反映了专利和特许等先进技术是导致俄罗斯在世界服务贸易市场竞争中处于劣势地位的重要原因，还体现了俄罗斯经济发展所需的专利和特许服务主要依靠国外市场来满足的现状。另外，俄罗斯个人、文化和娱乐服务的NBT指数值也较低，且十几年来变化不大。这说明，随着俄罗斯经济的发展，国民对精神方面的需求日益增长，但当前国内现有的文化休闲服务项目无法满足人们的需求。

总之，与对俄罗斯服务贸易结构分析的结果一致，俄罗斯服务贸易的整体竞争力和各服务部门的竞争力都很弱。十几年来（1994—2010年），俄罗斯服务贸易发展较为缓慢。从长远来看，俄罗斯服务贸易整体水平较低和国际竞争力弱的发展现状，制约了其货物贸易的进一步发展，不利于宏观经济的稳定与发展。但是，考虑到经济全球化背景下的国际分工格局，俄罗斯目前以燃料——原料为主的经济结构在短时间内很难改变。所以，俄罗斯应该将资源、原料作为其经济增长主要拉动力的同时，不断完善服务制度改革，促进服务业与服务贸易的发展，积极发挥国内教育资源优势与人力资本效应，留住人才，使科学技术与服务业和服务贸易实现充分地耦合，从而更好地为货物生产及货物贸易服务。

3.3.4 经济转轨国家服务贸易竞争力的滞后与潜力——基于GCI和KEI指数世界排名的分析

在具体分析了转轨国家服务贸易竞争力状况之后，有必要更深一步考察其服务贸易发展的潜在优势，即探究各转轨国家是否具备进一步提高服务贸易竞争力的潜力。在下面的研究中，利用世界经济论坛在《全球竞争力报告 2010—2011》[①] 中公布的全球竞争力指数（Global Competitiveness Index，GCI）和世界银行发布的知识经济指数（Knowledge Economy Index，KEI），根据转轨国家的两指数世界排名，试图分析其提高服务贸易竞争力的潜力与方向。

全球竞争力指数（GCI）是在已知国家微观与宏观经济竞争力的基础上，得出的全面衡量一国竞争力的高度综合性指数。该指数涵盖了考量一国竞争力的基本要求、效率促进及创新和复杂因素总共 3 类分项的 12 个细项指标[②]，并在《全球竞争力报告》中一一列出每类分项及其细项的具体得分和排名。其中，制度环境和技术准备细项指标的含义有必要做以详细介绍。制度环境（Institutions[③]），决定着个人、企业和政府在法律与行政框架内，通过相互作用在经济中创造收入和财富的能力。制度环境的质量高低无疑对一国的竞争力与经济增长具有重要影响。实际上，制度环境的作用已经远远超过法律，因为它体现着政府对待市场、自由化等的态度以及政府自身的效率。技术准备（Technological Readiness）指标是用来衡量一国应用现有技术提高产业生产率的敏捷程度，尤其强调充分发挥信息通信技术（ICT）在日常活动和生产过程中提高效率与竞争力的能力。因此，技术准备指标值的大小对于判断一国服务贸易的发展潜力具有十分重要的作用。需要注意的是，在实践中，GCI 指数的 12 个细项并非各自独立，而是彼此相互作用、相互增强的，一项弱都会牵动其他，进而产生消极影响。本书选取全球竞争力指数（GCI）中与服务贸易发展相关的细项指标及其排名，并据此找出转轨国家服务贸易发展的优势和不足，以期诠释其服务贸易乃至整体经济发展的潜力所在。

---

① WORLD ECONOMIC FORUM. The Global Competitiveness Report（2010—2011）［R］. Geneva：Switzerland，2010.

② “基本要求”分项包括制度环境（Institutions）、基础设施、宏观经济环境和保健与基础教育 4 个细项；“效率促进因素”由高等教育和培训、商品市场效率、劳动力市场效率、金融市场发展、技术准备（Technological readiness）和市场规模 6 个指标支撑；“创新和成熟度因素”从商业成熟度和创新两方面考察。

③ Institutions 一词更多地被学者们译为“制度”或“体制”，本书中采用 GCI 中的“Institutions”这一指标更强调在某一制度或体制下产生的效应，因此将其译为“制度环境”。

知识经济指数（KEI）值的计算是基于一国或地区在经济激励制度和体制、教育和人力资源、创新体系以及信息通信技术（ICT）4个方面的标准化得分。它将环境因素考虑在内，是用来衡量一国环境是否有利于知识被有效地用于经济发展的综合性指数。该指数值的大小代表了一个国家或地区向知识经济发展的整体水平。从这个意义上说，KEI指数值的世界排名有助于从总体上把握一国当前服务贸易尤其是知识、信息或技术密集型服务贸易的国际竞争力状况。而将该指标排名与GCI指标及其细项的排名相结合，可以从中找出一国在服务贸易发展及其竞争力方面与别国的差距与不足，从而使其明确今后提高服务贸易竞争力需要改进和努力的方向。

表3-13中详细列出了各转轨国家KEI和GCI及其细项的指数排名。从表中我们可以看到，在CEEC国家中，无论作为KEI衡量指标之一的创新体系变量是否进行了加权计算，所得到的爱沙尼亚KEI指数值都稳居排名榜首；而罗马尼亚的该指数值则位列最后，但其名次也高于CIS国家和中国组别中KEI指数排名的最高国——乌克兰。CEEC国家的KEI排名绝对领先于CIS国家和中国的结果说明，CEEC国家向知识经济发展的整体水平完全高于CIS国家和中国。事实上，这一结论也是对CEEC国家基本都为经济发达国家，其经济发展水平总体高于CIS国家和中国这一客观实际的真实反映。因此，对于CIS国家与中国来说，知识经济是其经济发展的绝对弱项，提高知识经济发展水平对服务贸易竞争能力乃至国家整体经济实力的提升都大有裨益，同时，也是其今后经济发展努力的方向与落脚点。当然，就这一经济发展战略目标的提出，应当充分结合各国经济发展的实际情况，有计划、有步骤地开展和实施。

GCI是衡量一个国家经济整体竞争力的复合式指标。与KEI排名相比，各转轨国家的GCI排名变化较大。但在CEEC国家中，爱沙尼亚的GCI排名依然名列前茅，克罗地亚位列最后。这符合CEEC国家中只有克罗地亚为非欧盟成员即非发达国家的客观现实。在GCI“基本要求”细项的制度环境指标排名中，CEEC国家的名次总体高于各CIS国家和中国。但该指标排名位居转轨国家首位的爱沙尼亚也仅排在世界第31位，

表 3-13 **各转轨国家的 KEI 与 GCI 指数世界排名**

国家		KEI 排名（145 个国家）		GCI 排名（139 个国家）	GCI 细项指标排名					
					基本要求		效率促进因素			创新和成熟度因素
		加权	未加权		制度环境	宏观经济环境	高等教育和培训	金融市场发展	技术准备	创新
CEEC国家	捷克	28	28	36	72	48	24	48	32	27
	爱沙尼亚	21	26	33	31	19	22	45	24	37
	匈牙利	27	27	52	79	69	34	68	37	41
	拉脱维亚	32	36	70	75	84	35	86	51	77
	立陶宛	31	33	47	60	71	25	89	33	51
	波兰	37	31	39	54	61	26	32	47	54
	斯洛伐克	36	35	60	89	32	53	37	34	85
	斯洛文尼亚	25	30	45	50	34	21	77	35	34
	保加利亚	43	39	71	114	42	67	91	48	92
	克罗地亚	40	38	77	86	51	56	88	39	70
	罗马尼亚	47	42	67	81	78	54	81	58	87
CIS国家	亚美尼亚	56	64	98	97	99	91	110	108	116
	阿塞拜疆	97	99	57	71	13	77	71	70	61
	白俄罗斯	73	74	—	—	—	—	—	—	—
	格鲁吉亚	69	72	93	69	130	90	108	98	125
	摩尔多瓦	71	75	94	102	90	78	103	89	129
	俄罗斯	60	50	63	81	79	50	125	69	57
	乌克兰	51	44	89	134	132	46	119	83	63
	哈萨克斯坦	72	65	72	91	26	65	117	82	101
	吉尔吉斯斯坦	84	87	121	131	119	86	111	119	139
	塔吉克斯坦	106	110	116	77	131	105	127	120	103
	中国	81	63	27	49	4	60	57	78	26

注：KEI 指数项下的"加权"与"未加权"是指作为 KEI 衡量指标之一的创新体系变量是否按照人口进行了加权计算；"—"表示 GCI 未将白俄罗斯列入排名中。

这说明各转轨国家虽然在多年的经济转轨中在有关市场经济体制环境的建设方面取得了巨大进步，但是仍然需要继续提高制度环境的质量水平。而完善制度环境质量的建设工作不仅体现在政府对正式规则的构建要做到与时俱进，还应该重视对非正式规则的影响与渗透。这不仅涉及要学习并吸收先进国家的知识、技术和管理理念等，更要充分发挥并不断增强自身文化的影响力与渗透力。此外，另一个重点关注的 GCI 细项指数——技术准备指数排名表明，CEEC 国家的该项排名绝对领先于各 CIS 国家和中国。这一结论与其 KEI 的排名结果相同。笔者认为，CIS 国家和中国技术准备指标排名的落后，充分说明了其服务贸易、知识经济乃至整体经济实力不强的根源所在，即对现有技术的应用不足，未能充分发挥 ICT 在日常经济活动和生产过程中提高效率与竞争力的能力。因此，尽管中国和某些 CIS 国家在包括创新指数在内的 GCI 个别细项指标排名高于某些 CEEC 国家，甚至出现了中国的 GCI 综合排名位居所有考察转轨国家榜首的情况，但是，如何将 CIS 国家和中国目前拥有的科技和创新能力充分、有效地应用于提高其日常经济活动和生产过程的效率与竞争力方面，是所有 CIS 国家和中国值得深入思考的问题，同时也是需要切实改进的地方。

下面仅以中国和俄罗斯为例，详述其是否具备发展服务贸易的潜在优势，以及在具备的前提下如何将潜力最大限度地发挥出来。

根据全球竞争力指数（GCI）和知识经济指数（KEI）的世界排名发现：中国的 GCI 综合指数及其制度环境、宏观经济环境和创新 3 个细项的名次都列在世界前 50 名的榜单中，且这 4 项指标的排名均居转轨国家榜首；而 KEI 指数和高等教育和培训、金融市场发展和技术准备 4 个指标的排名相对靠后，尤其是 KEI（按人口进行加权后的指数值）和技术准备两指标的排名分别为 81 和 78 名。这说明中国的宏观经济和制度环境稳定，具有一定的开发新产品和新技术的创新能力，但是其金融市场的发展有待进一步完善，对高等教育和培训的支持有待进一步加强，尤其是将现有的知识和技术有效地应用于提高日常经济活动和生产过程效率及竞争力的能力亟待提升。这一分析结果表明中国具备发展服务贸易的外在条件（宏观经济和制度环境稳定），但是对于发展服务经济尤其是现代服务经济的最关键因素——知识资本和人力资本，相对薄弱。据此可以得出结论：虽然中国自经济转轨以来服务贸易发展迅速、规模不断扩大，但是目前仍处于高速低效的发展阶段，中国以传统型服务贸易为主的贸易结构还将持续很长时间。因此，当前中国政府应在继续保持稳定的宏观经济和制度环境的条件下，不断完善金融市场的发展，使其充分发挥促进服务贸易和国民经济发展的资金“通道”作用；同时通过对高校教材和教法的改革，有效地改善人才培养与激励机制，进而提高全民的文化修养及素质，以创造一个良好的、有益于知识和技术传播的人力资源基础，从而切实地提升知识和技术在日常生活及生产过程中的应用能力。不容置疑，这些方面能力的改进，将会有效地提高中国服务经济的发展水平，促进服务贸易结构的升级，最终推动中国服务贸易国际竞争力的提高。

俄罗斯在全球竞争力指数（GCI）和知识经济指数（KEI）的世界排名中，KEI 指数和 GCI 指数项下的高等教育和培训以及创新两个细项指标排名相对靠前（但其名次也都排在世界 50 ~ 60 名，详见表 3-13），而 GCI 综合指数及其项下的宏观经济环境、制度环境和金融市场发展 3 细项排名均靠后，尤其是金融市场发展指标，其名次位于 139 个考察国家的第 125 位。这一结果说明：俄罗斯具有一定的高等教育和人力资本基础（这是发展服务业特别是现代服务业的最关键要素），具备发展服务贸易的潜在优势。而众所周知，俄罗斯拥有世界上先进的人才库，曾在基础科学研究、航空航天、核能及生物技术等方面都取得过举世瞩目的成就，但自 1991 年苏联解体以来人才流失现象严重，直接致其科研实力下降。相应地，经济发展潜力也被削弱。但是俄罗斯目前依然是世界上屈指可数的科技强国，其科技水平仍居世界前列，尤其是在军事和基础研究方面独具优势。因此，只要俄罗斯政府能够有效地防止人才流失，将人力资本优势充分发挥出来，并做好将部分军事和基础研究技术应用到日常经济和生产过程中的转化工作，完全有可能提高其服务贸易的竞争力，实现在该领域的赶超战略。基于此，当前俄罗斯政府应当充分做好人才“回流”与激励工作，调动其积极性；加强重视服务业与服务贸易的发展；尤其注重金融市场的建设，健全金融体系；与此同时，完善制度环境、稳定宏观经济，为加快俄罗斯服务业与服务贸易的发展，优化服务贸易结构，提供一个宽松、良好的商业运行环境。

3.4 本章小结

本章的主要内容是考察经济转轨国家服务贸易体制转换的特点及其自经济转型以来服务贸易的发展状况。在计划经济体制下，转轨国家的服务业在国民经济中长期处于被忽视、被压抑的状态，服务部门几乎零发展，更不要说服务贸易的发展。由于转轨国家服务贸易转型的初始条件相当薄弱，再加上服务具有与商品截然不同的特殊属性以及服务业对外开放又往往涉及一些敏感领域，转轨国家以市场为导向的服务部门转型并非简单地开放服务市场，它肩负着双重任务：一方面需要对现有服务部门进行调整使之现代化；另一方面，需要建立以前计划经济时代不曾拥有的新的服务部门。市场改革引致国内体制和规制的革新，并调整各个行业使之适应技术现代化和组织规制的变迁。因此，从这个意义上说，转轨国家服务部门转型是由其以市场为定位的自上而下的改革促成的。而在服务转型的过程中诱发了转轨国家服务提供能力的大大增强。同时，多边或区域经济组织成为推进转轨国家服务贸易体制转换、促进服务贸易发展的重要外部力量。就转轨国家经济转型以来服务贸易的发展状况来说，笔者从服务贸易总量和结构、服务业的外资引入以及服务贸易竞争力等方面进行考察的结果是：自经济转型以来尤其是2000年以后，转轨国家服务贸易额获得了大幅提高，其国内某些服务部门也从无到有并呈现出欣欣向荣的景象，但各国服务贸易额占世界的比重依然很小，而且，CEEC国家多为服务贸易出口国，中国和多数CIS国家则为服务贸易进口国；就服务贸易结构变动状况而言，所考察的转轨国家均未在大体上呈现显著的变化，其中除乌克兰、塔吉克斯坦和中国外，CIS和中国组别中其他国家的服务贸易结构变动缓慢，与世界服务贸易发展的差距均在拉大；与CEEC国家相比，CIS国家和中国的服务贸易竞争力较弱，尤其是俄罗斯的服务贸易整体竞争力和各服务部门竞争力都很小，这将制约其服务贸易的进一步发展，但俄罗斯拥有雄厚的高等教育基础和巨大的人才库，具备提升服务贸易竞争力的潜在优势；就服务业外资引入状况而言，目前转轨国家服务领域对外资的吸引力已超过制造业，且与 CIS 国家和中国相比，流入 CEEC 国家的国际资本向服务业倾斜的趋势更加明显。实际上，从某种程度上说，转轨国家利用外资的过程就是其国内进行私有化的过程（中国除外）。尽管外资在转轨国家经济转型过程中以及在促进经济增长中发挥着重要作用，但是，与服务有关的外资在增强转轨国家服务经济活力的同时，也不可避免地带来了诸如依赖外资、税收减少等问题。从外资利用的整体情况来看，转轨国家应该把握好外资利用的“度”，以消除外资利用过度与利用不足产生的消极影响。

第4章　经济转轨国家服务贸易与经济增长

自亚当·斯密开始，理论界就存在对经济增长内在动因的争议。早期的经济学家们强调资本（K）积累的重要性，以最早建立现代经济增长模型的哈罗德（Harrod，1939）和多马（Domer，1947）为代表。1956年，索洛（Solow）在哈、多二人所作的开创性研究基础之上，将经济增长的关注焦点扩展到资本（K）、劳动（L）和技术（或知识）（A）要素，并以AL乘积（AL通常被称为有效劳动）的形式在模型中引入技术进步因素。自此，技术进步或创新成了探索经济增长原因的研究者们集中关注的问题之一。同时，在1960年代，学者们开始从内生变量的角度解释经济增长的过程，强调能够增加“人力资本”的教育和技能培训等“软因素”对经济增长的重要影响，并普遍认为发展技术、组织与技能知识“软件”，能够确保发展资本、劳动“硬件”变得更有效率。其中以罗默（Romer，1990）和卢卡斯（Lucas，1988）等人建立的人力资本模型和知识积累模型影响最大。他们认为，经济增长无须外在的“增长发动机”，单靠人力资本积累或包括“干中学”在内的知识积累就能导致人均收入的持续增长。然而，在现实经济中，除了资本、劳动力、技术进步、人力资本积累和知识资本积累外，自然资源、人口规模、贸易、金融、一国的经济发展阶段以及协调成本即规则或制度因素等，都是影响经济增长的重要因素。

在当今世界，经济服务化趋势日益凸显，服务贸易规模也正在迅速扩张。而从本质上看，服务贸易的发展源于经济增长过程中收入水平提高引致的服务业加快增长。那么，反过来，服务贸易是否会对经济增长起到促进作用？对此问题的研究，理论界存在截然不同的看法。

Markusen（1989）认为，一国的服务贸易进口可以使国内相关产业获得显著的利益，而这是最终消费品进口所无法替代的，尤其是脱胎于制造业的生产者服务贸易进口，极大地促进了相关产业部门全要素生产率的提高，且这种效率提高不仅仅简单地促成了 GDP 扩张，还实现了经济的发展，是一种高级形态的经济增长。Francois（1990）研究的观点与 Markusen 基本一致。Mary Amiti 和 Jozef Konings（2007）通过实证分析了 1991—2001 年印度尼西亚降低中间投入品关税水平对制造业生产率的影响，研究结果证实了 Markusen 和 Francois 的结论。Sherman Robinson（2002）的分析表明：发展中国家从发达国家进口新兴服务时获得的信息和技术，可以引起全要素生产率（TFT）的提高，从而产生大于发达国家的经济增长推动效应。与上述服务贸易进口促进经济增长的观点不一致，Burgess 对标准 H-O 模型进行简单修正后认为，“服务技术的出口未必会损坏服务出口国的比较优势。相反，由于服务作为中间产品参与国际贸易，服务贸易自由化可能会损坏服务进口国的利益”①。而且，“Li et al.（2003）基于 82 个国家的面板数据实证分析了服务贸易进口对一国经济增长的动态影响，研究结果显示，服务贸易进口对发达国家的经济增长具有积极的促进作用，而对发展中国家的经济增长却产生了明显的负面效应”②。Muendler（2004）的实证研究也表明，生产者服务品进口对下游制造业的生产效率推动作用不大。

近年来，中国学者对服务贸易与经济增长问题的研究也日渐增多，

---

① 陈宪，程大中．国际服务贸易——原理·政策·产业［M］．上海：立信会计出版社，2003.

② 唐保庆，杨继军，陈志和．服务贸易对经济增长的影响研究综述［J］．经济学动态，2010（11）：135-138.

主要集中在实证研究方面，但所得结论也差异迥然。陈滑、潘卫华（2004）的实证研究结果显示，服务贸易出口对中国宏观经济发展的带动作用显著，而服务贸易进口的贡献作用则很微小。花卉（2009）利用中国1985—2007年的数据进行实证研究表明：服务贸易出口长期对经济增长产生促进作用，而长期服务贸易进口对国民经济具有一定的抑制作用——服务贸易出口每增加1%，将推动经济增长0.85%；长期服务贸易进口每增加1%，将使经济增长减少0.19%。而危旭芳、郑志国（2004）、潘菁（2004）等人的研究结果则认为服务贸易与经济增长呈正相关关系，且服务进口对国民经济的促进作用大于服务出口。孔令丞、马忠旺（2009）的计量分析结果显示：中国“入世”前服务贸易进口比出口对经济增长的带动作用大得多，但是中国“入世”后服务贸易对经济的带动作用发生了逆转；尽管如此，从长期来看，无疑会带来中国产业竞争力的提高。

综上可以看出，国内外学者就服务贸易与经济增长之间关系的研究尚未形成一致结论。而对转轨国家服务贸易与经济增长问题的研究更显不足，所著文献也寥寥无几。

本章首先就转轨国家服务贸易体制转换与服务贸易增长的关系进行实证分析；然后依据贸易流向，从服务贸易出口和进口两方面来阐述服务贸易驱动经济增长的作用机理，并利用转轨国家的数据，实证检验转轨国家自经济转型以来服务贸易发展对经济增长的作用。一方面，为服务贸易驱动经济增长的理论分析提供经验上的支撑；另一方面，有助于各转轨国家政府准确定位服务贸易的角色功能，并据此作出正确的发展服务贸易的政策选择。

4.1 经济转轨国家服务贸易体制转换与服务贸易增长

德国学者柯武刚和史漫飞认为：制度是由人制定的关于人类相互交往的规则。它抑制着可能出现的、机会主义的和怪僻的个人行为，使人们的行为更可预见并由此促进着劳动分工和财富创造。制度要有效能，总是隐含着某种对违规的惩罚[①]。制度减少着人类活动的协调成本，对经济增长发挥着关键作用。对此，当代理论界已达成共识。而转轨国家走上制度变迁和市场化改革之路，主要是由于内、外因的共同驱动。从内因看，高度集中的计划经济体制弊端日益暴露，即便匈牙利、波兰、俄罗斯等国家在转轨前屡次进行了经济改革，但也都收效甚微，计划经济体制造成的经济效率低下、缺乏活力已经成为束缚原计划经济国家经济发展的桎梏。从外因看，一方面，经济全球化以势不可挡之势席卷全球，转轨国家不得不直面这一潮流，而选择置身其外、退徙三舍，就意味着选择“被边缘化”；另一方面，第二次世界大战后起步于几乎同样低收入水平的国家，经过不同体制下 40 多年（从第二次世界大战结束后到 20 世纪 80 年代末）的发展，居民的生活水平差异迥然。比如，1988 年西德成为收入水平最高的国家之一，而同期东德的平均收入大概只达到西德同胞的 40%；20 世纪 50 年代初韩国在一个比朝鲜更落后的工业基础上起步，并且必须面对着一个完全被战争摧毁了的国家，但是有关资料显示，20 世纪 90 年代中期韩国人在物质上至少比北方同胞富裕 10 倍[②]。毋庸置疑，制度或者规则[③]的不同是造成经济绩效差异巨大的关键因素。由此，内、外双重因素的共同作用使转轨国家认识到，唯有进行体制转换或制度变革、走市场经济道路，才能打破僵化的计划经济体制桎梏，才能融入经济全球化的浪潮，实现与世界经济的接轨。

就服务部门而言，规则对服务部门的影响远比制造业大。服务部门的很大一部分与推动交易活动和组织人际交往有关。现代经济的商务活动大量涉及组织和协调供求双方的决策。规则所起的协调作用在对促进劳动和知识分工方面十分必要，而我们的生活水平又恰恰是以这种分工为基础的。因此，从理论上来说，转轨国家以市场经济为导向的制度变迁或体制转换，必然会为服务贸易带来积极影响。与计划经济体制相比较，市场经济放松了经济管制，允许生产资料在市场的引导下进行自由

① 柯武刚，史漫飞．制度经济学：社会秩序与公共政策［M］．北京：商务印书馆，2003.

② 柯武刚，史漫飞．制度经济学：社会秩序与公共政策［M］．北京：商务印书馆，2003.

③ 本文中“制度”与“规则”同义，可互换使用。

配置，从而使服务部门首先获得补偿性的增长，服务贸易绝对总量的增加。随后，在制度变迁的过程中及其以后，受市场经济背景下竞争机制与市场机制的影响，服务部门本身的内部发展规律开始发挥作用，服务业的相对总量上升乃至出现内部结构升级，进而促使服务贸易的相对总量增加，甚至呈现内部结构优化的局面。下面将采用计量分析的方法，定量分析由经济转型引致的转轨国家服务贸易体制转换对服务贸易增长的影响效应。

4.1.1 转轨国家服务贸易体制转换对服务贸易增长影响的 Panel Data 模型分析

（1）理论模型和数据介绍

基于数据的可获性与完整性，我们选择前文定义的 CEEC 国家中捷克、爱沙尼亚、匈牙利、立陶宛、拉脱维亚、波兰、斯洛伐克、斯洛文尼亚、保加利亚、克罗地亚和罗马尼亚 11 国，以及 CIS 国家中的俄罗斯、亚美尼亚、阿塞拜疆、白俄罗斯、格鲁吉亚、摩尔多瓦、乌克兰、哈萨克斯坦、吉尔吉斯斯坦和塔吉克斯坦 10 国，共计 21 个国家。采用 Panel Data 模型，定量分析这 21 个经济转轨国家各自实施的与服务贸易相关的体制转换因素对其服务贸易增长所产生的效应，且截面个体的时间跨度均为 13 年（1998—2010 年[①]）。其中，各国的服务贸易额数据来源于 UNCTAD 官方网站在线数据库；制度变革因素采用 EBRD（European Bank for Reconstruction and Development）发布的《转型经济报告》（1998—2010 年）中的转型指数。该指数涵盖了大规模私有化、小规模私有化、治理和企业重组、价格自由化、贸易和外汇体系、竞争政策、银行改革和利率市场化、证券市场和非银行金融机构、总体基础实施改革总共 9 个细项指标。转型指数值变动范围从 1 到 4^+，1 代表与高度集中的计划经济相比几乎没有任何变化的标准，4^+代表已经达到了

① 选取截面个体的时间跨度为 1998—2010 年，主要基于如下两个考虑原因：其一，20 世纪 90 年代初，CEEC 和 CIS 国家普遍实施的“休克疗法”使原有的计划经济体制及其运行机制在“一夜之间”被砸碎，而新的市场经济体制及运行机制却迟迟没有建立起来，从而出现了“既无市场也无计划”的制度真空现象。制度缺位导致国家宏观经济出现持续的衰退及严重的通货膨胀，这一时期促进国家经济改革和发展所需的制度供给作用微乎其微。其二，根据笔者检索到的《转型经济报告》，其所属时间范围是 1998—2010 年。

工业化市场经济的标准。该指数得分允许进行跨国家、跨部门的比较，“+”或“-”代表0.33，如3^+可计为3.33，而3^-则表示2.67。笔者选择转型指数中与服务贸易相关的贸易和外汇体系、竞争政策、银行改革和利率市场化、证券市场和非银行金融机构、总体基础实施改革共5个细项指标，将其得分进行简单加总平均，作为21个样本国家在经济转型过程中与服务贸易相关的制度变革指标值。需要指出的是，自2008年起，《转型经济报告》中不再列有捷克的转型指标，但是为了保持模型数据的连贯性，笔者根据捷克2005—2007年该指标值未发生变化的情况，粗略推测2008—2010年捷克的转型指标值也应该与2005—2007年的数值一致。

下面应用 Eviews 6.0 统计软件，选择 Panel Data 计量模型定量衡量转轨国家经济转型对服务贸易增长的影响效应。并定义 ST 表示服务贸易进出口总额，REG 代表与服务贸易相关的制度变革指标。同时，将服务贸易总额的计价单位定为亿美元。尽管如此，ST 与 REG 在数值上的差距依然很大。基于此，在计量分析时，对 ST 变量取自然对数，即用 LnST 表示，一方面起到减弱数值差距过大的作用，另一方面以消除异方差的影响。所建立的 Panel Data 计量模型为：

$$LnST_{i,t}=\alpha_i+\beta_i REG_{i,t}+\varepsilon_{i,t}$$

其中，i 表示截面个体中的第 i 成员，t 表示截面个体的观测时期。

（2）Panel Data 模型的协整检验

通过前面的分析我们知道，从理论上讲，转轨国家以市场经济为导向的制度变迁或体制转换会对服务贸易增长产生积极影响。但是实践中，转型是否真的降低了服务部门的协调成本、润滑了服务交易摩擦呢？下面我们将采用 Panel Data 模型协整检验的方法对转轨国家经济转型与服务贸易增长的长期均衡关系进行实证检验。

应用 Eviews 6.0 统计软件，首先使用 IPS 法（Im-Pesaran-Shin）、Fisher-ADF 法和 Fisher-PP 法三种 Panel Data 模型单位根检验的方法，对变量 LnST 和 REG 进行平稳性检验。检验结果见表 4-1。

表 4-1　　变量 LnST 和 REG 的 Panel Data 单位根检验结果

变量	IPS 检验	结论	Fisher-ADF 检验	结论	Fisher-PP 检验	结论
LnST	3.46183	不平稳	13.9142	不平稳	7.08740	不平稳
REG	-1.96905	不平稳	65.3989	不平稳	54.1912	不平稳
DLnST	-6.25662*	平稳	110.106*	平稳	126.703*	平稳
DREG	-12.7596*	平稳	198.768*	平稳	190.481*	平稳

注：* 表示在 1% 水平上显著；D 表示一阶差分。

从表 4-1 中可以看出，上述三种方法对变量 LnST 和 REG 水平值的检验均存在单位根，即都是非平稳序列。但是，经过一阶差分后，三种检验方法均表明，两变量序列在 1% 显著性水平上不存在单位根，都是平稳的。故变量 LnST 和 REG 都是一阶单整 I（1）序列，满足变量之间协整关系的前提条件。

在符合协整分析的前提条件之后，下面仍然应用 Eviews 6.0 统计软件，选择 Kao 检验和 Johansen 面板协整检验两种方法，对变量 LnST 和 REG 之间的协整关系进行检验。在使用两种方法进行协整检验的过程中，滞后阶数均由 Eviews 软件基于观测值的大小自动计算获得。检验结果见表 4-2。

表 4-2　　Kao 检验和 Johansen 面板协整检验结果

Kao 面板协整检验结果			
剩余方差	HAC 方差	ADF 统计量 T 值	P 值
0.037075	0.057964	-2.915913	0.0018
Johansen 面板协整检验结果			
H_0	Fisher 联合迹统计量（p 值）	Fisher 联合λ-max 统计量（p 值）	
0 个协整向量	257.9（0.0000）	212.6（0.0000）	
至少 1 个协整向量	51.90（0.1407）	51.90（0.1407）	

由表 4-2 可知，Kao 检验和 Johansen 面板协整检验的结果均表明，在 1% 的显著性水平下，LnST 和 REG 存在协整关系，即反映了两变量之间存在长期稳定的均衡关系。据此可以判定，21 个转轨国家的经济转型与服务贸易之间存在长期稳定的影响关系。

综上，协整检验结果表明，变量 LnST 和 REG 之间存在长期稳定的关系，即说明了在实践中转轨国家以市场经济为导向的制度变迁或体制转换，真的降低了服务部门的协调成本、润滑了服务交易摩擦，亦即对服务贸易增长产生了积极影响。这一结论强有力地支撑了上文的理论阐述。那么，就单个国家而言，这种积极影响的程度是多少？促进作用又有多大？下面将对此问题进行实证分析。

（3）模型设定形式的检验

在对 Panel Data 模型进行估计时，使用的样本数据包含了个体、指标、时间 3 个方向上的信息。如果模型形式设定不正确，估计结果将与所要模拟的经济现实偏离甚远。因此，建立 Panel Data 模型的第一步便是对模型设定形式进行检验，即检验被解释变量 $y_{i,t}$ 的参数 $\boldsymbol{\alpha}_i$ 和 $\boldsymbol{\beta}_i$ 是否对所有个体截面都是一样的，以避免模型设定偏差，进而改进参数估计的有效性。

Panel Data 模型分为 3 种类型：无个体影响的不变系数模型、变截距模型和含有个体影响的变系数模型。

无个体影响的不变系数模型，假设在个体成员上既无个体影响也没有结构变化。其单方程回归形式为：

$y_i=\alpha+\beta x_i+\mu_i$，$i=1$，2，3，…，$N$

变截距模型，假设在个体成员上存在个体影响而无结构变化，并且个体影响可以用截距项的差别来说明。其单方程回归形式为：

$y_i=\alpha_i+\beta x_i+\mu_i$，$i=1$，2，3，…，$N$

含有个体影响的变系数模型，假设在个体成员上既存在个体影响，又存在结构变化，即在允许个体影响由变化的截距项来说明的同时，还允许系数向量依个体成员的不同而变化，用以说明个体成员之间的结构变化。其单方程回归形式为：

$y_i=\alpha_i+\beta_i x_i+\mu_i$，$i=1$，2，3，…，$N$

对 Panel Data 模型设定形式进行检验，即检验样本数据究竟符合上面哪种模型形式。本文的 Panel Data 模型采用的是国别数据，尽管都是转型经济国家，但它们之间的经济发展水平、产业结构、服务贸易结构等方面均存在很大差距，特别是 CEEC 中很多国家已经步入发达国家行列。因此，从经验上判定，该 Panel Data 模型面板数据的截面个体成员既有个体影响又存在结构变化，其适用的模型形式应该是可以体现结构变化的含有个体影响的变系数模型。但是，本着严谨、科学的研究态度，笔者首先采用惯用的协方差分析检验法对模型的设定形式进行检验，之后再利用经过形式检验的模型得出计量结果。Panel Data 模型设定形式的协方差检验主要检验如下两个假设：

H_1：$\beta_1=\beta_2=\cdots\cdots=\beta_N$

H_2：$\alpha_1=\alpha_2=\cdots\cdots=\alpha_N$

$\beta_1=\beta_2=\cdots\cdots=\beta_N$

是否接受假设 H_1、H_2，是通过检验 F 统计量来确定的。在假设 H_2 下检验统计量 F_2 服从相应自由度下的 F 分布，即：

$$F_2=\frac{(S_3-S_1)/[(N-1)(k+1)]}{S_1/[NT-N(k+1)]}\sim F[(N-1)(k+1),\ N(T-k-1)]$$

其中，S_1，S_2 和 S_3 分别为变系数模型、变截距模型和不变系数模型的残差平方和（适用于下面统计量 F_1 的计算公式中）。若计算所得到的统计量 F_2 的值不小于给定置信度下的相应临界值，则拒绝假设 H_2，继续检验 H_1。反之，则认为样本数据符合不变系数模型。

在假设 H_1 下检验统计量 F_1 也服从相应自由度下的 F 分布，即：

$$F_1=\frac{(S_2-S_1)/[(N-1)k]}{S_1/[NT-N(k+1)]}\sim F[(N-1)k,\ N(T-k-1)]$$

若计算所得到的统计量 F_1 的值不小于给定置信度下的相应临界值，则拒绝假设 H_1，用变系数模型拟合样本；反之，则认为样本数据符合变截距模型。

在建立的 Panel Data 模型中，面板数据的截面个体成员数 $N=21$，观测期数 t=13，解释变量的个数 k=1。运用 Eviews 6.0 软件得到三种形式的残差平方和分别是：$S_1=32.97889$；$S_2=41.38892$；$S_3=41.38892$。按照上述 F 统计量计算公式算得：$F_2=1.47269733$，$F_1=2.94539466$。在 Eviews 6.0 中输入函数运算命令得出，F_2 和 F_1 统计量在相应自由度（5% 置信度水平）下的 F 临界值分别为：$F^2(0.95,\ 40,\ 231)=1.44696353986$，$F^1(0.95,\ 20,\ 231)=1.61620557712$。因为 $F_2=1.47269733>F^2=1.44696353986$，所以拒绝假设 H_2；又因为 $F_1=2.94539466>F^1=1.61620557712$，所以拒绝假设 H_1。因此，检验结果表明，笔者应该采用变系数模型拟合样本，即建立的 Panel Data 模型形式应为：

$$LnST_{i,t}=\alpha_i+\beta_i REG_{i,t}+\varepsilon_{i,t}$$

其中，i 表示截面个体中的第 i 成员，t 表示截面个体的观测时期。

另外，由于笔者的研究仅限于转型经济国家，对其进行的实证研究也仅限于考察所采集到的样本截面个体成员。因此，最终建立的 Panel Data 模型是固定效应（Fixed）的变系数模型。

（4）Panel Data 模型分析结果

考察 21 个经济转型国家 1998—2010 年间与服务贸易相关的制度变革对服务贸易增长产生的效应情况，依据所设立的固定效应变系数 Panel Data 模型形式，笔者运用 Eviews 6.0 统计软件采用两阶段最小二乘法（TSLS）对模型进行估计，得到的结果见表 4-3。

表 4-3 **转轨国家经济转型与服务贸易增长 Panel Data 模型估计结果**

国家	相关系数 β_i	P 值	固定效应 α_i
捷克	4.103037*	0.0000	1.739459
爱沙尼亚	2.767983*	0.0000	4.780156
匈牙利	8.463390*	0.0000	-15.7594
立陶宛	3.528727*	0.0000	2.894957
拉脱维亚	4.793506*	0.0034	-1.5207
波兰	4.890688*	0.0087	-0.7789
斯洛伐克	3.323187*	0.0000	4.434589
斯洛文尼亚	20.50340	0.1410	-51.224
保加利亚	2.390756*	0.0000	7.681522
克罗地亚	2.249128*	0.0000	8.390443
罗马尼亚	2.863813*	0.0000	6.776259
俄罗斯	1.981836*	0.0000	12.27349
亚美尼亚	4.001998*	0.0000	2.272839
阿塞拜疆	7.449654*	0.0000	-3.04302
白俄罗斯	6.412809**	0.0161	2.819984
格鲁吉亚	7.791426*	0.0013	-6.68599
摩尔多瓦	6.366590*	0.0000	-4.0164
乌克兰	2.362870*	0.0000	9.871736
哈萨克斯坦	4.909483*	0.0000	2.360475
吉尔吉斯斯坦	-1.21210	0.8624	15.67386
塔吉克斯坦	6.065231*	0.0000	1.058642

注：“*”和“**”分别表示在 1% 和 5% 的水平上显著。

其中，由模型估计结果的 $R^2=0.997222$ 可知，模型拟合情况较好；DW 统计量的值为 1.650567，虽然仍属经验分析的 1.5 ~ 2.5 区间范围内，但稍显偏低。DW 值略显偏低表明模型的残差项存在轻微自相关，这可能是由于在经济系统中除了与服务贸易相关的制度因素外，还有其他因素影响服务贸易的增长，这些其他因素造成了残差的自相关。但是，我们假定残差中的其他因素与服务贸易相关的制度变革因素无关，那么模型估计的结果依然有效，可以用来解释现实的经济关系。而且，Metka Stare 和 Andreja Jaklič（2006）的实证研究结果也表明：在若干影响中东欧国家服务贸易出口的因素中，制度变革因素的相关回归系数最大，即制度变革是影响中东欧国家服务贸易出口的最重要因素。基于上述原因，我们认为模型估计的结果是真实、有效的。

在所设立的模型中，我们所关注的是 21 个截面个体成员的 β 系数。从表 4-3 中可以知道，除了斯洛文尼亚和吉尔吉斯斯坦两国以外，其他 19 个国家的 β 系数全部通过了 1% 或 5% 显著性水平的检验（其中只有白俄罗斯的 β 系数显著性水平为 5%），且系数均为正。这说明对这 19 个经济转型国家而言，其国内进行的相关服务贸易的制度变革与其服务贸易增长之间存在着显著的正向相关关系，即捷克、爱沙尼亚、匈牙利、俄罗斯等 19 个转轨国家在 1998—2010 年间实施的与服务贸易相关的制度变革对其服务贸易增长具有明显的促进作用。其中，β 系数最大的是匈牙利，为 8.463390，这说明匈牙利进行的与服务贸易相关的制度变革对匈牙利服务贸易增长的拉动作用最为明显，其与服务贸易相关的制度变革因素指数值每增加一个单位，将拉动匈牙利服务贸易进出口额增长 8.46%。β 系数值较高的另外五个国家依次是格鲁吉亚、阿塞拜疆、白俄罗斯、摩尔多瓦和塔吉克斯坦，其 β 系数值分别为 7.791426、7.449654、6.412809、6.366590 和 6.065231，且这五个国家全部属于 CIS 国家范畴。特别指出的是，在 19 个经济转型国家中俄罗斯的 β 系数值最小，为 1.981836。此外，相比 CIS 国家，除匈牙利外，CEEC 国家的 β 系数值较为均衡，基本都在 3 ~ 4 之间，而 CIS 国家的 β 系数值变化范围则较大。这说明，CEEC 的 11 个国家中有 10 国为欧盟成员国，即被列为发达国家行列，其经济体制经过二十多年的转型，已经较为符合市场经济体制的标准，与服务贸易相关的规则（制度）也较为健全，国内服务行业发展水平较高，服务贸易额相对稳定。所以，其国内进一步完善与服务贸易相关的制度对其服务贸易增长的拉动效果不是十分明显。而就 CIS 国家而言，经济发展水平和人均收入水平尚且不高的客观经济现实，决定了其国内进行的与服务贸易相关的制度变革对服务贸易补偿性增长的效应尚未穷尽。因此，从整体上看，CIS 国家实施的与服务贸易相关的制度变革对其服务贸易增长的拉动作用更为显著。但是，俄罗斯的 β 系数值在 19 个经济转型国家中最小，亦即在 19 个经济转型国家中，俄罗斯实施的与服务贸易相关的制度变革对其服务贸易增长的拉动作用最小，究其原因，可能是：其一，俄罗斯目前的经济增长仍属于恢复性增长。资料显示，在苏联解体后的头 6 个年头里，俄罗斯国内生产总值缩减了 40%，工业产量缩减了 50%，总投资的下降不少于 70%。[①] 如今，俄罗斯经济结构仍以资源——能源（尤其是油气）为主，服务经济发展落后。其二，俄罗斯虽然已经认识到原料型发展模式的局限性以及隐藏的风险，但对服务贸易发展的重视仍然不够。迄今为止，俄罗斯尚未明确提出促进服务贸易发展的方略。俄罗斯总理普京在 2011 年 5 月 26 日的一个商业论坛讲话中曾表示，“即使在目前的价格高位上，原材料商品出口也不能成为俄罗斯经济增长的‘发动机’。原料型经济不仅使俄罗斯在全球劳动分工中处于低端位置，而且造成俄罗斯人力资本发展无法迈上新的台阶”[②]。尽管俄罗斯已经认识到经济结构不合理问题的严重性，但是对于解决方案以及今后经济的发展重点还不够具体、明确。其三，俄罗斯国内所实施的与服务贸易相关的法令，执行效率不高，计划经济体制遗留下来的思维方式仍然影响着人们的观念和行为方式。换言之，市场经济体制的真正形成，或者说制度变迁或体制转换的真正完成，并不是一朝一夕的功夫，它需要经过长期地、不断地培育。但是，从另一个角度来看，模型中俄罗斯 β 系数值偏低的结果也表明，如果俄罗斯能够克服上述因素的

---

① 柯武刚，史漫飞．制度经济学：社会秩序与公共政策［M］．北京：商务印书馆，2003.

② 聂如平．俄罗斯中亚东欧经贸动态［J］．俄罗斯中亚东欧市场，2011（8）：55-64.

影响，加大对服务部门的改革力度，努力提升国内服务行业发展的竞争力，将会充分地发挥服务制度变革对服务贸易增长拉动效应的潜力。

另外，在模型估计结果中，斯洛文尼亚和吉尔吉斯斯坦两个截面个体的β系数不显著，说明样本数据未能证实两国所实施的与服务贸易相关的制度变革对其服务贸易增长产生了有效的促进作用。对此结论的可能解释如下：斯洛文尼亚所实施的以市场经济为导向的与服务贸易相关的制度变革并未真正落实到实处，很多服务部门呈现 X-无效率[①]状态。据斯通社报道：2003 年至 2010 年期间，斯洛文尼亚在制药、通信和建筑服务领域的垄断局面日益扩大，极度缺乏公平竞争；在通信和法律服务领域，政府机构特别是一些公共服务机构，总是将本来可以由现有公务员完成的工作外包给其他单位或个人。而且，斯洛文尼亚目前的腐败现状已经远远超过公众的想象，斯洛文尼亚正面临着前所未有的腐败危机。报道还称，斯洛文尼亚的腐败问题已经发展成为体制问题，是一种“国家腐败”。对吉尔吉斯斯坦来说，虽然轻工业具有重要意义，但其国民生产总值的 47% 集中在农业部门。需要指出的是，吉尔吉斯斯坦针对本国国情，在制定 2000—2010 年发展战略时，将发展旅游业列为今后经济工作的重点方向。尽管在样本观测时期内，吉尔吉斯斯坦服务贸易增长很快，从 1998 年的 2.38 亿美元增长到 2010 年的 18.61 亿美元。但是，一些不可抗力的因素影响了吉尔吉斯斯坦相关服务政策的落实。在样本数据观测期内，吉尔吉斯斯坦发生了数次大规模的社会动乱，造成了严重的社会、经济危机。同时，哈萨克斯坦、乌兹别克斯坦等邻国长时间关闭与吉尔吉斯斯坦的边境，也影响了吉尔吉斯斯坦服务贸易自由化的进程以及大规模服务交易的开展。综上所述，这些因素可能是导致样本数据未能证实斯洛文尼亚和吉尔吉斯斯坦两国所实施的与服务贸易相关的制度变革对其服务贸易增长产生有效促进作用的原因。

---

① X-无效率是指垄断企业在不存在市场竞争约束的状况下，放松对内部的管理和技术创新，从而导致生产和经营的低效率。

4.1.2 主要结论

本节研究了转轨国家经济转型对服务贸易增长的影响效应，所建立的 Panel Data 模型对样本数据拟合情况较好，能够得到真实、有效的计量结果。模型估计结果显示：捷克、爱沙尼亚、匈牙利、俄罗斯等 19 个转轨国家，其国内实行的相关服务贸易制度变革与其服务贸易增长之间存在显著的正向相关关系。即：这 19 个经济转型国家在 1998—2010 年间实施的与服务贸易相关的制度变革对其服务贸易增长具有明显的促进作用。其中，促进效果最明显的国家是匈牙利，最不明显的国家是俄罗斯。样本数据未能证实斯洛文尼亚和吉尔吉斯斯坦两国实施的与服务贸易相关的制度变革对其服务贸易增长具有促进作用。究其原因，主要是因为其内部服务政策执行不力，很多服务部门呈现 X-无效率状态，或者是由国内政局不稳定等因素造成的。总之，实证研究结果表明，转轨国家以市场为导向的经济转型促进了服务贸易的发展。这一分析结论也有力地支撑了上文就制度因素对服务贸易具有重要作用的理论分析。基于此，经济转轨国家应当继续深化改革，不断完善市场经济体制，为本国服务业发展提供一个良好的制度环境，进而提高服务贸易竞争力，促进服务贸易进一步发展。尤其是对于像俄罗斯这样一个依赖油气等能源经济支撑国民经济发展的国家来说，积极发展服务经济以转变经济增长方式，无疑是其实现经济可持续发展的重要途径。

4.2 经济转轨国家服务贸易出口与经济增长

贸易历来被视为经济增长的发动机，尤其将出口看作是驱动经济增长的三驾马车之一。作为新兴的贸易方式，服务贸易的蓬勃发展可对经济增长起到促进作用。我国学者温思美、庄丽娟、贺梅英①(2008) 在提出“服务出口促进经济增长”假说的基础上，基于发达经济体、发展中经济体以及美国和中国的数据，采用协整检验方法进

① 温思美，庄丽娟，贺梅英．对服务出口促进经济增长假说的进一步检验 [J]．山西财经大学学报，2008 (5)：26-31.

行实证验证。检验结果表明：服务出口能够促进经济增长，且是具有普遍意义的经济增长规律。而且实践也表明，无论服务出口还是进口，服务贸易的快速发展必定会创造出新的经济增长点，为经济增长注入活力；服务出口如同商品出口一样，是直接拉动经济增长的重要引擎，亦是驱动经济增长的强劲动力。下面首先阐述服务出口驱动经济增长的机理与途径，然后以转轨国家为例实证检验其服务出口对经济增长的影响效应。

4.2.1 服务贸易出口与经济增长关系的作用机理分析

除了以最终消费为目的的服务出口可直接拉动经济增长外，服务出口主要通过技术进步、资本积累以及制度完善与创新等途径，提高资源配置效率和服务出口部门的生产率，从而间接地促进经济规模扩张，拉动经济增长。

4.2.1.1 服务贸易出口的技术进步效应

服务出口不仅可直接赚取外汇收入，还能在出口过程中获得由国际技术扩散带来的外溢收益，进而促进服务部门技术进步，并有可能激发出技术创新的能量。首先，随着服务出口的不断扩张，与别国进行交流、合作的机会增多，学到先进知识、技术和经营理念的几率就越大。其次，服务出口后，服务企业会得到国外消费者对服务产品质量、性能的反馈信息，有助于企业更了解国外客户需求，进而为企业改进服务产品质量、性能等而学习世界先进技术或进行创新指明了方向。第三，一般而言，服务出口企业多通过参加贸易交易会或博览会的形式对新的服务产品进行推介或演示，这样很容易得到其他企业有关新服务产品的相关信息。通过对外溢技术的学习、模仿和创新，有利于企业以较低的成本开发出与之相类似或技术含量更高的服务产品。第四，服务出口企业面对国际激烈的市场竞争，为了能够占有一席之地并长期的生存其中，必须不断加大研发力度、改进或创新服务技术，以降低成本、提高服务产品质量，满足国外客户不断变化的、日益提高的服务需求，进而提升服务出口竞争力。第五，对于技术服务出口而言，技术可多次转让的特征，赋予了国际技术服务贸易的乘数功能，即输出一项技术可以带来数倍于该技术的其他技术或数倍于输出技术价值的收益。从理论上来说，一国技术服务贸易盈利倍数的高低与其拥有的转让次数有密切关系，转让次数越多，收益就越大。但在现实中，由于国际间同等技术的不均匀分布，每个技术服务贸易国的技术服务贸易倍数会呈下降趋势，而使大多数技术服务贸易出口国存在技术服务贸易的所谓“相对得失”问题。对拥有技术较多的国家来说，只要用少量的技术就可以换回全部的国外技术，而始终有一项技术不输出，就会保持技术上的领先地位。此外，某些技术服务的出口还能带动相关商品的出口，从而为本国产品占领国际市场创造良好条件。[①] 第六，目前生产者服务贸易在服务贸易中占有相当大的比重。转轨国家大多采用承接服务外包的方式进行生产者服务出口。外包服务的知识、信息、资本或技术密集型属性，往往使服务发包国为了得到符合要求的、高质低价的服务产品，向服务承接商（出口商）提供国外相关服务品的市场需求信息，甚至愿意通过帮助培训员工、给予相关的服务技术和信息援助等方式，承担鼓励或资助那些具有预期成本竞争优势供应商的部分初始创业成本。这种技术上的帮助使服务出口商获得了免费的技术溢出收益，有利于实现其国内产业结构优化、提高生产效率及专业化分工水平。另外，服务出口国所承接的知识、资本、技术或信息密集型服务，具有固定成本较高而边际成本相对较低的特点。也就是说，符合规模报酬递增的条件。所以，随着承接服务外包规模的不断扩张，其规模经济效益将愈发明显，技术进步的集聚与溢出收益也随之显现。

综上所述，服务出口会为出口国带来技术学习、创新的积极性，获得技术互助的外溢收益，以及由服务技术出口和承接服务外包业务产生的技术进步乘数效应与集聚效应。这些都有助于提高服务生产率和资源配置效率、降低服务成本，进而优化国内经济结构，促进经济增长，并使国际分工朝着纵深方向发展。

4.2.1.2　服务贸易出口的资本积累效应

内生增长理论将资本区分为物质资本和人力资本。基于此分类，下

① 陈宪，程大中．国际服务贸易——原理·政策·产业［M］．上海：立信会计出版社，2003.

面从物质资本与人力资本两方面来论述服务贸易出口的资本积累效应。

(1) 服务贸易出口的物质资本积累效应

以早期亚当·斯密和大卫·李嘉图为代表的古典经济增长理论者们就十分重视资本要素在一国经济增长中的作用。之后，以索洛等为代表的新古典经济增长理论也将物质资本存量的多寡与资本形成速度的快慢视为影响经济增长的重要因素。物质资本作为投资的结果，它所积累的存量不仅代表着当期的生产力，而且还是决定未来潜在生产能力的主要因素。服务贸易出口可以增加一国的物质资本积累。服务贸易出口有助于摆脱外汇瓶颈的束缚，提高进口稀缺要素密集型资本品的能力，进而改变一国的要素禀赋比率，即节约了本国稀缺要素的投入使用量。服务贸易出口还能加快出口国资本积累的速度。服务出口可引致在具有比较优势的资源领域进行投资，进而提高一国的资源配置效率，加速服务出口国资本形成与资本深化的进程。与此同时，服务出口拓展了出口国的服务市场空间，有利于服务生产者实现规模报酬递增。也就是说，服务市场越大，服务生产者的规模收益就越多，资本积累也就变得相对容易。此外，服务出口贸易还可以提高服务出口国的劳动力就业水平，促进劳动者收入增加，进而提高投资与资本积累增加的可能性。

(2) 服务贸易出口的人力资本积累效应

内生增长理论将人力资本要素引入经济增长模型，认为知识和专业化人力资本积累是经济长期增长的原动力。作为一种特殊的生产要素，人力资本不仅具有物质生产要素的投入功能，而且还能够减弱或消除在经济增长过程中由物质生产要素边际收益递减规律产生的消极影响。正如科林·克拉克所说，知识是唯一不遵守收益递减规律的生产工具。作为知识、技术的最重要载体，人力资本在知识和技术的传播、应用与创新中发挥着不可或缺的、举足轻重的作用。此外，人力资本具有在积累过程中的自我反馈功能，即增加人力资本投资可以产生自身收益递增的效应。并且，人力资本投资的增加还可以提高资本、劳动等其他生产要素的效率。由此可见，高效的人力资本是推动经济增长的关键因素之一。但值得注意的是，只有当人力资本存量达到一定水平后，才能显著地促进经济增长，也就是说，人力资本对经济增长的促进作用具有“门槛效应”。一般认为，正规教育、非正规的教育培训以及干中学是获得人力资本的主要渠道。对于一个贸易开放的经济来说，从非正规教育培训和干中学中获得的人力资本积累效应比从正规教育途径中得到的更大。Taylor（2001）在马来西亚人力资本对经济增长的贡献研究中也证实了上述结论。服务业尤其是生产者服务业，具有知识、技术密集的属性。开展服务贸易必然对人力资本积累起到积极的促进作用。就服务出口而言，伴随着服务出口的不断扩大，服务产品供应部门尤其是知识、技术密集型服务部门（如生产者服务部门）对人力资本的需求增多。为此，需要在实践中培养出更多的与之相关的人力资本来满足需求。而这将促进一国人力资本的加速积累。以中国为例，随着软件外包行业的蓬勃发展，目前中国已培养出一大批高素质的软件开发人员。另外，服务出口还有利于深化出口国的国际分工，促进出口国相关服务部门专业化水平的提高，进而加速人力资本的积累进程。从自然人流动的角度来看，服务出口意味着国内服务提供者到国外提供服务。由于服务的特殊性以及人力资本的自我反馈机制，服务出口不仅可以提高服务提供者自身的人力资本水平，还能扩散到同事等其他人力资源身上，继而提高一国的人力资本存量。比如，国内专家、学者到国外进行讲学或提供医疗服务，通过与外国高水平专家、学者进行交流或一起工作，不仅学到了新知识和新经验，这些专家、学者回国后还会将所学通过有意识地传播或无意识地外溢，扩散到更多的人力资源身上，最终提高整个国家的人力资本存量水平。

4.2.1.3 服务贸易出口促进经济增长的其他效应分析

除了技术进步和资本积累效应外，服务出口还可以通过促进出口国制度完善与创新、发挥规模经济效应、提高就业水平及进行对外投资等途径，带动一国经济持续、健康地向前发展。

首先，服务出口可以促进承接国的制度完善与创新。制度对降低社会协调成本、充分发挥国家的潜在创新能力具有积极作用。制度是一国经济增长的关键因素之一。作为服务出口最重要的贸易方式，服务外包在承接国的经济制度完善与创新中发挥着十分重要的推动作用。从宏观层面上看，激烈的市场竞争要求服务外包承接国不仅仅拥有坚实的技术基础和高素质的人力资本，还需要提供适宜的商务环境和规则。服务外包的发展，促使承接国不断完善国内法律规章、产权制度、金融市场制度、服务准则等相关管理规则。一方面是与世界规则同步，避免摩擦；另一方面为承接服务外包提供良好的制度环境，以润滑交易成本，提升承接竞争力。实际上，承接服务外包就意味着开放服务市场。而无论这种开放是出于主动应对还是迫于外部压力，都不得不提高市场准入水平，完善或革新国内相关制度，同时提高监督、管理与调控的能力。因此，服务外包的发展必然促进承接国为之改善制度环境或进行制度创新。从微观层面上看，服务外包使承接商在与发包商的业务交往中，了解了发包商先进的企业文化和经营管理经验，有利于承接企业结合自身的情况进行借鉴学习，甚至开展制度改革和创新，以降低协调成本、提高组织效率，进而带动经济增长。但同时，也必须看到，在承接商与发包商不断交流的过程中，会无意识地受到发包商所在国文化、伦理道德等方面的影响，尤其是在承接国经济发展较为落后的情况下，更易受到发包国文化、思想和行为规范的洗礼，继而逐渐发生制度演变。当然，制度演变不是一朝一夕就能完成，更不可能一蹴而就。但也必须清楚，这种制度演变“有可能以有利于经济增长或不利于经济增长的方式发生变化”①。

其次，服务出口有利于企业发挥规模经济效应。服务出口扩张引致市场空间扩大，进而导致需求空间增加，因此有利于出口企业扩大生产规模，获得规模经济递增收益。当规模经济效应企业所生产的服务品作为下游制造企业的一种中间投入品时，还会产生促进该下游制造企业货物产品出口的效应。例如，由财会管理外包扩张产生的规模经济效应，降低了国内某下游制造企业的生产成本，这将有利于该企业货物产品的出口。

再次，服务出口有利于提高就业水平。服务业能够有效地增加劳动力的就业机会。与资本密集型制造业相比，服务业不仅开展成本很低，

① 刘易斯．经济增长理论［M］．周师铭，沈丙杰，沈伯根，译．北京：商务印书馆，1999：196.

并且“每美元的投资可以创造100倍的就业机会……印度软件产业协会（Nasscom）指出，IT产业的每个新工人可以创造7个间接性工作，从大楼管理员到保安”[①]。因此，服务出口可在直接改善国际收支的同时，起到促进国内就业的作用。

最后，服务业对外直接投资可在一定程度上促进母国经济增长。欠发达国家中实力较强的服务企业，通过海外兼并或购买，不仅达到迅速扩大企业规模的目的，而且还提高了海外子公司的技术水平和管理层次。相应地，海外子公司也会很快将先进的技术和管理经验反馈给母公司，提高了企业整体的经营效率，进而有利于促进母国的经济增长。

综上所述，服务贸易出口对拉动一国经济增长大有裨益。下面将从实证角度分析转轨国家服务贸易出口与其经济增长的关系。一方面对上述理论分析进行实证检验，另一方面衡量转轨国家服务贸易对经济增长的驱动程度。

4.2.2 经济转轨国家服务贸易出口对经济增长影响的实证检验

（1）理论模型与数据介绍

同样是基于数据的可得性与完整性，文中选择CEEC国家中捷克、爱沙尼亚、匈牙利、立陶宛、拉脱维亚、波兰、斯洛伐克、斯洛文尼亚、保加利亚、克罗地亚和罗马尼亚11国，以及CIS国家中的俄罗斯、亚美尼亚、阿塞拜疆、白俄罗斯、格鲁吉亚、摩尔多瓦、乌克兰、哈萨克斯坦、吉尔吉斯斯坦和塔吉克斯坦10国，共计21个国家的跨国面板数据，运用Panel Data模型实证检验这21个经济转轨国家服务贸易出口对经济增长的影响。所选取的截面个体时间跨度为13年[②]（1998—2010年），主要基于以下两个方面的原因：其一，转轨国家的服务贸易统计制度不够完善，UNCTAD直到1997年才列有格鲁吉亚、塔吉克斯

① 何娜．国际外包竞争日趋炽烈［J］．国外社会科学文摘，2006（5）：42-43.

② 运用Panel Data模型进行实证检验，根据需要在模型中引入滞后项，调整后的时间跨度变为12年，即从1999—2010年。

坦等国关于服务贸易进出口额的统计数据；其二，转轨国家尤其是实行“激进式”转型模式的转轨国家，在转型之初非但没有产生如预期那样的经济快速增长，反而经历了经济增长减缓甚至衰退的时期，并于1997年受到东南亚金融危机的影响，致其国内经济直到1999年后才恢复了增长。因此，本文着重研究在大部分转轨国家全面恢复经济增长的过程中，其服务进出口贸易所发挥的作用，以及其对拉动经济增长的贡献度。

文中应用Eviews 6.0统计软件，选择Panel Data计量模型定量衡量转轨国家服务贸易出口对经济增长的影响。并定义GDP表示国内生产总值，SEX表示服务贸易出口额。其中，各国GDP数据来源于世界银行官方网站在线数据库；SEX数据来源于UNCTAD官方网站在线数据库。在计量分析过程中，对上述两变量取自然对数，即分别用LnGDP和LnSEX表示。对变量取自然对数，不仅不会影响变量之间的关系，而且还可以起到消除异方差影响的作用，同时也便于用弹性概念对变量的经济意义进行解释。在现实经济中，除了服务贸易出口外，还有很多影响经济增长的因素。因此，只含有一个解释变量即待检变量的Panel Data模型方程，既有悖于经济常识，又不可避免地影响方程的拟合精确度。基于此考虑，将因变量的滞后一期作为解释变量引入回归方程，以消除这种不利影响。所建立的Panel Data计量模型为：

$$LnGDP_{i,t}=\alpha_i+\beta_i LnSEX_{i,t}+\gamma_i LnGDP_{i,t}(-1)+\varepsilon_{i,t}$$

其中，i表示截面个体中的第i成员，t表示截面个体的观测时期。

需要提醒的是，将因变量的滞后一期作为解释变量引入回归方程，会使滞后期项（*LnGDP*（-1））与随机误差项（ϖ）产生序列相关。此时使用最小二乘法（OLS）进行估计，所得的估计量不仅是有偏离的，而且还是非一致的。因此，为了消除序列相关，采用两阶段最小二乘估计法（TSLS），引入EBRD（European Bank for Reconstruction and Development）《转型经济报告》（1998—2010年）中的转型指数，作为工具变量。转型指数变量满足工具变量的选用要求——既与因变量滞后期项高度相关，又与随机误差项不相关。

（2） Panel Data 模型的单位根及协整检验

为检验时间序列的平稳性，首先对所选取的数据进行单位根检验。应用 Eviews 6.0 统计软件，使用 LLC （Levin，Lin 和 Chut）、IPS （Im-Pesaran-Shin）、Fisher-ADF 和 Fisher-PP 四种检验单位根的方法，对变量 LnGDP 和 LnSEX 进行平稳性检验。检验结果见表 4-4。

表 4-4　**变量 LnGDP 和 LnSEX 的 Panel Data 单位根检验结果**

变量	LnGDP	LnSEX	DLnGDP	D LnSEX
LLC 检验	-0.88661	-1.08690	-10.3629	-11.8812
结论	不平稳	不平稳	平稳	平稳
IPS 检验	4.2068	4.12287	-6.85512*	-7.95408*
结论	不平稳	不平稳	平稳	平稳
Fisher-ADF 检验	10.6369	9.96359	119.787*	132.634*
结论	不平稳	不平稳	平稳	平稳
Fisher-PP 检验	5.29658	5.62707	108.156*	143.840*
结论	不平稳	不平稳	平稳	平稳

注：* 表示在 1% 水平上显著；D 表示一阶差分。

由表 4-4 可知，上述四种方法对变量 LnGDP 和 LnSEX 的水平值检验均存在单位根，即都是非平稳序列。但是，经过一阶差分后，四种检验方法均表明，两变量序列在 1% 显著性水平上不存在单位根，都是平稳的。故变量 LnGDP 和 LnSEX 都是一阶单整 I（1）序列，满足变量之间协整关系的前提条件。

从前述的理论分析中可知，服务贸易出口对经济增长具有促进作用。但是，在实践中，转轨国家的服务贸易出口与其经济增长之间是否存在长期的均衡关系？就此问题，借助 Eviews 6.0 软件，采用 Kao 检验和 Johansen 面板协整检验两种方法，对变量 LnGDP 和 LnSEX 之间的协整关系进行检验。在使用两种方法进行协整检验的过程中，滞后阶数均由 Eviews 软件基于观测值的大小自动计算获得。检验结果见表 4-5。

表 4-5 **Kao 检验和 Johansen 面板协整检验结果**

Kao 面板协整检验结果			
剩余方差	HAC 方差	ADF 统计量 T 值	P 值
0.012477	0.013711	-3.915572	0.0000

Johansen 面板协整检验结果		
H_0	Fisher 联合迹统计量（p 值）	Fisher 联合λ-max 统计量（p 值）
0 个协整向量	174.7（0.0000）	175.6（0.0000）
至少 1 个协整向量	43.15（0.4218）	43.15（0.4218）

从表 4-5 中可以看出，Kao 检验与 Johansen 面板协整检验结果均表明，在 1% 的显著性水平下，LnGDP 和 LnSEX 存在协整关系。据此可以判定，基于对 21 个转轨国家的样本数据进行的协整检验表明了其服务贸易出口与经济增长之间存在长期稳定的影响关系。这一结论对以上阐述的理论分析提供了有力的经验支撑。

综上所述，协整检验结果表明了变量 LnGDP 和 LnSEX 之间存在长期的稳定关系，即说明在实践中转轨国家服务贸易出口与其经济增长之间存在某种均衡关系。那么，这种关系发挥积极作用还是消极作用呢？对此，文中对模型设定形式检验之后，将进行实证分析。

（3）模型设定形式的检验

基于 Panel Data 模型在建模时对其设定形式检验的重要性，同时考虑到转型经济国家之间经济发展水平、产业结构、服务贸易结构等方面均存在较大差距，该模型的适用形式应该是既可体现结构变化又含有个体影响的变系数模型。但笔者本着科学严谨的研究态度，仍然采用惯用的协方差分析检验法对模型设定形式进行检验。待检验的假设与以上相同：

H_1：$\beta_1=\beta_2=\cdots=\beta_N$

H_2： $\alpha_1=\alpha_2=\cdots=\alpha_N$

$\beta_1=\beta_2=\cdots=\beta_N$

面板数据的截面个体成员数 N=21，由于在自变量中引入了因变量的滞后期项，其观测期数为 t=12，解释变量的个数 k=2。运用 Eviews 6.0 软件得到 Panel Data 模型的变系数模型、变截距模型和不变系数模型三种形式的残差平方和分别为：S_1= 1.282466；S_2= 3.169475；S_3= 3.169475。在 H_2（H_1）假设下检验统计量 F_2（F_1）服从相应自由度下的 F 分布，即：

$$F_2=\frac{(S_3-S_1)/[(N-1)(k+1)]}{S_1/[NT-N(k+1)]}\sim F[(N-1)(k+1),N(T-k-1)]$$

$$F_1=\frac{(S_2-S_1)/[(N-1)k]}{S_1/[NT-N(k+1)]}\sim F[(N-1)k,N(T-k-1)]$$

根据公式计算得：F_2=4.85559048，F_1=6.952322732。在 Eviews 6.0 中输入函数运算命令得出，F_2和 F_1统计量在相应自由度（5%置信度水平）下的 F 临界值分别为：F^2（0.95，60，378）= 1.35420768932，F^1（0.95，40，378）= 1.42647799721。因为 F_2= 4.85559048，F^2=1.35420768932，$F_2>F^2$，所以拒绝假设 H_2；又因为 F_1=6.952322732，F^1= 1.42647799721，$F_1>F^1$，所以拒绝假设 H_1。因此，检验结果表明，应该采用变系数模型拟合样本，即建立的 Panel Data 模型形式为：

$$LnGDP_{i,t}=\alpha_i+\beta_i LnSEX_{i,t}+\gamma_i LnGDP_{i,t}(-1)+\varepsilon_{i,t}$$

其中，i 表示截面个体中的第 i 成员，t 表示截面个体的观测时期。

另外，由于笔者的研究仅限于转轨国家，对其进行的实证研究也仅限于考察所采集到的样本截面个体成员。因此，最终建立的 Panel Data 模型是固定效应（Fixed）的变系数模型。

（4）Panel Data 模型的分析结果

考察 21 个经济转型国家在 1999—2010 年间服务贸易出口对其经济增长的影响情况，依据所设立的固定效应变系数 Panel Data 模型方程形式，运用 Eviews 6.0 统计软件采用两阶段最小二乘法（TSLS）对模型进行估计，得到的结果详见表 4-6。

表 4-6　**转轨国家服务贸易出口对经济增长影响的 Panel Data 模型估计结果**

国家	相关系数 β_i	P 值	γ_i	固定效应 α_i
捷克	5.645719*	0.0056	4.494305	8.128631
爱沙尼亚	1.422398	0.5773	0.264493***	-2.027657
匈牙利	1.539543*	0.0000	-0.71334	2.57904
立陶宛	0.809953*	0.0067	-0.118828	-0.030742
拉脱维亚	1.485164*	0.0000	0.477237*	0.230424
波兰	0.727283*	0.0000	0.078876	1.927936
斯洛伐克	0.64089*	0.0000	0.306286***	-0.32871
斯洛文尼亚	0.719925*	0.0000	0.027648	1.654105
保加利亚	0.664398*	0.0000	0.330147**	-1.235004
克罗地亚	0.586103*	0.0000	0.386191*	-1.340128
罗马尼亚	0.810625*	0.0000	0.057934	1.311908
俄罗斯	1.504438*	0.0000	0.285474*	-0.501774
亚美尼亚	0.827745*	0.0000	0.263794**	-1.16083
阿塞拜疆	0.498302*	0.0000	0.639513**	-2.248237
白俄罗斯	0.689225	0.5153	0.365368***	-1.317092
格鲁吉亚	0.605502*	0.0007	0.295933	-0.327137
摩尔多瓦	0.747097*	0.0001	0.237019*	-0.89487
乌克兰	1.227548*	0.0000	-0.191233	-0.311286
哈萨克斯坦	1.543421*	0.0000	-0.114678	-2.425609
吉尔吉斯斯坦	0.373691*	0.0006	0.28521***	0.961036
塔吉克斯坦	0.700188*	0.0000	0.591281**	-2.644003

注："*"、"**"和"***"分别表示在1%、5%和10%的水平上显著。

在设立的模型中，我们更关注21个截面个体成员的 β 系数。由表4-6可知，除爱沙尼亚和白俄罗斯外，其余19个国家的 β 系数全部通过了1%水平的显著性检验，且系数均为正值。这表明21个转轨国家中有超过90%的国家服务贸易出口与其经济增长之间存在显著的正相关关系，即捷克、匈牙利、俄罗斯等 19 个转轨国家在观测期内（1999—2010 年）服务贸易出口对其经济增长产生了明显的促进作用。这一实证结果无疑为以上的理论分析提供了强有力的经验支撑。而实际上，即使未通过检验的爱沙尼亚和白俄罗斯，两国的 β 系数符号也为正。

在模型估计结果中，β 系数最大的是捷克，为 5.645719，这说明捷克服务贸易出口对国内经济增长的拉动作用十分显著。实际上，捷克在中央计划结束之后就十分重视服务领域的发展。目前，捷克已经发展成中东欧地区服务外包的佼佼者，在 IT 和生物研发服务外包方面较具优势。位列捷克之后的弹性系数值较高的国家依次是哈萨克斯坦、匈牙利、俄罗斯和乌克兰，其 β 系数值分别为 1.543421、1.539543、1.504438 和 1.227548。众所周知，俄罗斯是实行计划经济体制时间最长的国家，其国内经济结构至今仍以资源——能源为主。笔者的实证研究结果可使俄罗斯更加清醒地看到，服务出口对其经济增长的重要拉动作用，进而帮助其摆脱以油气为主的原料型发展模式的束缚，提供一条新的路径。

另外，在模型估计结果中，爱沙尼亚和白俄罗斯两个截面个体的 β 系数不显著，说明样本数据未能证实两国服务出口与其经济增长之间存在显著的相关关系。但两国 β 系数的符号都为正。对此结论的可能解释是：以商业存在形式的服务业跨国公司，常常作为服务出口的替代而未包含在服务贸易统计中，服务贸易统计数据低估，可能是造成此种计量结果的主要原因。另外，在第 3 章的分析中，白俄罗斯虽然是 CIS 国家中仅有的两个服务贸易顺差国之一，但其服务贸易额占总贸易额的平均比重值在 CIS 国家和中国组别中却最低。这也可能是造成其服务贸易出口对经济增长拉动效果不显著的原因之一。但不管怎样，就可获得的数据样本而言，上述计量检验结果仍然对理论判断具有一定的支持力度。

4.2.3 主要结论

通过以上对服务出口驱动经济增长机理与途径的分析，可以得出结论，服务贸易出口对拉动一国经济增长大有裨益。除了以最终消费为目的的服务出口可直接拉动经济增长外，服务出口主要通过技术进步、资本积累以及制度完善与创新等途径，间接地促进经济规模的扩张，提高资源配置效率，进而拉动经济增长。在以转轨国家为例实证检验其服务出口对经济增长的影响效应中，笔者运用 Eviews 6.0 统计软件，通过建立 Panel Data 模型，得到模型的估计结果表明：捷克、匈牙利、俄罗斯等 19 个转轨国家在观测期内（1999—2010 年）服务贸易出口对其经济增长产生了明显的促进作用。这一实证检验结果较好地支撑了服务出口驱动经济增长的理论分析。模型结果显示，捷克的 β 系数最大，即捷克服务出口对经济增长的促进效果最明显。该结论与捷克在中央计划结束之后就十分重视服务领域尤其是服务外包的发展有很大关系。排在捷克之后、促进效果同样较为明显的国家依次为哈萨克斯坦、匈牙利、俄罗斯和乌克兰。对俄罗斯的实证研究结果，有助于俄罗斯政府准确定位服务贸易在其国民经济增长中的角色和地位，从而为俄罗斯发展服务贸易以摆脱原料型发展模式的束缚，提供了理论依据。样本数据未能证实爱沙尼亚和白俄罗斯两国服务出口与其经济增长之间的显著相关关系。但两国 β 系数的符号也为正。这可能是因为服务贸易统计中未包含服务业跨国公司贸易的数据。但尽管如此，就可获得的数据样本而言，该计量检验结果仍然对理论判断具有一定的意义。

4.3 经济转轨国家服务贸易进口与经济增长

4.3.1 服务贸易进口与经济增长关系的作用机理分析

从总需求的角度来看，服务进口特别是最终消费服务的进口，具有压缩一国经济总需求、对经济增长施加一定消极影响的作用。但是，基于服务尤其是生产者服务在生产过程中含有大量知识、技术等投入要素的特性，一国在某些经济发展阶段可以从服务进口中获得比服务出口更多的推动经济增长的积极效应。服务进口主要通过技术外溢、资本积累、促进货物贸易出口、扩大有效需求等渠道直接或间接地促进进口国经济的增长。另外，基于 GATS 对服务贸易模式的四种分类——跨境提供、境外消费、商业存在和自然人移动，商业存在服务贸易模式是跨国公司以“商业存在”的形式到东道国境内提供服务。显然，服务贸易商业存在模式会对东道国服务企业产生一定的“挤出效应”。这与从总需求角度来看服务进口对经济增长具有一定反作用的含义相同。因此，本文也将服务贸易商业存在模式作为论述服务贸易进口驱动经济增长作用机理的主要内容之一。

4.3.1.1 服务贸易进口的技术进步效应

在美国经济学家H·B钱纳里等人提出的“两缺口”理论模型的基础上，“三缺口”模型指出技术落后是制约发展中国家经济发展的又一缺口。如果发展中国家仅靠自身的国内资源弥补该缺口，要么无法修复这一硬伤，要么修复成本极高。而直接从国外引进技术，无疑成为发展中国家加快技术发展步伐的最快捷、最有效的方式。服务贸易进口为技术引进提供了便利条件，它几乎涵盖了技术引进的所有领域，可对加快一国经济增长产生诸多直接和间接的技术进步效应。

（1）直接效应

第一，技术进口。国际技术服务贸易是服务贸易的核心内容之一，其交易对象主要有4大类：享有工业产权的技术、当受版权或著作权保护的技术、无工业产权的技术（主要指技术秘密）和技术服务。交易类型主要为：许可贸易，许可方转让的不是其拥有的商标权或专有技术本身，而是使用权的转让，较为典型的是特许专营方式；合作生产，就是外国投资者以工业产权或专有技术作为合资或合作经营投资的一部分，将技术资本化，如含有专利商标和专有技术转让的合作经营与合资经营方式；技术咨询和技术服务。[①] 显然，无论交易哪种技术、采用何种交易类型，进口技术服务可以直接提高服务进口国和进口企业的技术存量水平。与此同时，企业进行技术整合时的技术外溢效应还会对企业的经营理念、管理方法和组织方式等“软件”产生积极影响。从这一意义上说，技术服务的进口，从技术水平和管理方式与理念两方面，共同奠定了提高企业技术创新能力和形成创新机制的基础。因此可以说，

① 庄丽娟．国际服务贸易与经济增长的理论和实证研究［M］．北京：中国经济出版社，2007.

技术服务进口，在宏观上提高了一国的技术存量水平，在微观上为服务进口企业带来了生产效率提高和创新能力增强的技术进步效应。

第二，服务进口。服务品进口的技术进步效应与商品进口的原理相同。一国所进口的服务产品基本都是知识、技术含量相对较高的产品，服务进口商在“消费”服务品的过程中，会不自觉地学习、模仿国外的新技术以及国外企业进行分销或经销的理念与模式，使企业以较低的成本学到先进的服务技术，有助于企业技术人员拓展思路、激发技术创新灵感，以致开发出具有竞争性的、差异化的服务产品。企业获得的外溢技术收益，对于增强企业竞争力大有裨益。此外，特别值得一提的是生产者服务品的进口。作为许多制造部门的重要中间投入要素，生产者服务与生产过程的联系非常紧密。生产者服务进口可以间接地改变进口国的相对要素禀赋比率，提高下游制造业部门的生产经营效率，进而提高相关商品的国际竞争力。同时，由于生产者服务多以知识、资本、技术密集型服务为主，生产者服务的进口更易于服务进口国获得技术外溢收益，提高国内经济分工水平，从而更好、更快地推动本国经济增长。

第三，人员流动。从服务进口角度来讲人员流动的技术进步效应，主要是通过高技术人才间的交流与合作实现的。高技术人才直接面对面的交流，使技术以较高的传播效率，能够迅速地跨越技术传播的空间效应，激发专业技术人才的创造性思维和灵感，进而产生创新性成果。比如聘请国外技术专家到国内参与短期技术攻关研究，国外医疗专家受聘到国内进行短期工作等。这些高层次人才间的流动与高技术水平的合作，都有利于提高一国的技术存量水平和技术研发能力。但是在现实中，囿于世界各国对自然人流动的管制，目前以自然人移动方式产生的技术溢出还十分有限。相信伴随经济全球化的日益深化，世界多边服务贸易体系将会不断完善，由人员流动产生的技术溢出效应也必将随之逐步扩大。

（2）间接效应

间接效应是从商业存在角度来谈服务贸易的技术进步效应。服务提供者采用商业存在即服务业FDI的形式为东道国提供服务，并使东道国间接地获得了技术外溢的收益。主要通过以下两个途径来实现：

第一，联结服务链产生的技术外溢。跨国公司（MNC）作为商业存在的主要形式，在东道国技术传播和扩散中起到了联结上、下游服务链的结点作用。在服务生产链中，跨国公司通过在东道国设立子公司与当地企业发生联系，对东道国相关的上、下游产业产生了影响。为了降低成本，跨国公司一般都倾向选择具有预期成本竞争优势的当地供应商向其提供所需要的原材料、服务设施或各种有形展示的硬件商品，并愿意通过资助、培养相关人才等方式承担企业部分初始成本，帮助供应商开展多样化经营。在此过程中，企业获得了不需要支付额外费用的技术外溢收益。鉴于生产者服务业与下游制造业具有较强的关联性，MNC子公司提供的服务作为一种中间投入品，对东道国相关制造行业的发展起到了推动作用。东道国所使用的 MNC 子公司提供的服务，一般都是知识、资本或技术密集型服务。而且，由于服务业 MNC 子公司从母公司中剥离出低技术水平服务的可能性较小，服务业 MNC 子公司向东道国提供的服务十分接近母公司的技术水平。这不仅提高了东道国下游制造业的生产效率，多数服务业技术不以物质投资为依附的特点还使跨国公司高水平的技术在东道国得以迅速传播。Arnold、Javorcik 和 Mattoo①（2006）利用捷克 1998—2003 年公司层面的数据，实证研究发现：涵盖商业存在、私有化及竞争水平等因素的捷克服务部门的自由化改革对依赖服务投入的下游制造业生产率的提高具有明显的推动作用。Mary Amiti 和 Jozef Konings②（2007）利用印度尼西亚 1991—2001 年的数据进行实证研究的结果也表明，生产者服务贸易自由化与东道国下游制造业生产率的提高具有显著的正相关关系。

第二，示范—模仿与竞争产生的技术外溢。一般而言，与东道国当地企业相比，服务型跨国公司在组织方式、经营理念、管理技术及企业文化等软技术方面存在优势。跨国公司进入东道国市场后利用先进的技术和管理技能，向东道国消费者和企业提供东道国所没有的或比当地供

① ARNOLD J, JAVORCIK B S, MATTOO A. The Productivity Effects of Services Liberalization: Evidence from the Czech Republic [R]. World Bank, April 25, 2006.

② MARY AMITI, JOZEF KONINGS. Trade Liberalization, Intermediate Inputs and Productivity: Evidence from Indonesia [J]. American Economic Review, 2007, 97 (5): 1611-1638.

应商更好、更便宜的服务，从而对当地企业形成了示范——模仿与竞争的双重效应。一方面，当地企业通过观察和模仿学习跨国公司高效率的生产经营模式，同时在干中学（Learning by Doing）中不断总结经验并进行适应性改进，有利于企业改善技术软环境和提高生产效率。而且，由于服务的特点使跨国公司所提供的服务所有权优势无法摆脱人力资源而完全物化在技术和设备上，因而还会产生示范——模仿的间接效应。在实践中，跨国公司为了更好地融入当地市场，一般都倾向于施行本土化战略，包括通过各种途径培训当地雇员。当具备一定技能的员工或管理人员流动到东道国其他企业或进行自主创业时，他们所积累的跨国公司先进的服务生产技术和经营管理经验就会对本土企业的其他员工产生示范——模仿效应，从而也使他们获得了免费的技术外溢收益。另一方面，跨国公司进入东道国市场后，加剧了当地服务市场的竞争，对当地服务企业产生了竞争效应。特别是电信、交通运输等自然垄断行业，MNC 子公司进入东道国市场后打破了原有的垄断格局，降低了国内服务价格，提高了服务质量。而当地服务企业要想保持一定的市场份额，必须加大服务研发的力度，加快服务技术创新的速度，进而提高资源配置效率，提升企业的国际竞争力。

4.3.1.2　服务贸易进口的资本积累效应

与服务贸易出口的资本积累效应分析方法相同，笔者仍从物质资本和人力资本两方面来阐述服务贸易进口的资本积累效应。

（1）服务进口的物质资本积累效应

服务进口可以加速进口国物质资本积累的进程，对一国物质资本积累具有积极的促进作用。服务进口可以跨越“供给瓶颈”，实现要素资源的优化配置。一般来说，一国所进口的要么是相对国内价格较为低廉的服务产品，要么是国内稀缺要素密集型的产品。因此，服务进口节约了进口国的资金投入，节省了稀缺要素资源的投入量，有助于提高一国物质资本积累存量，促进经济增长。而且，生产者服务贸易的进口还可以提高下游制造业的生产效率，进而加速制造业资本的积累，推动一国经济增长。另外，从长期来看，一国对知识、技术密集型服务品的进口，可以形成“示范——模仿——创新”效应，使服务进口国有可能实现服务贸易结构的优化与升级，继而由服务进口国转变为出口国，并最终将服务贸易发展成为推动一国经济持续增长的长久动力。此外，服务贸易商业存在是跨国公司通过FDI、合资、兼并等方式，将外国资本转化成以商业实体为存在形式的物质资本，并以此在东道国境内提供服务。从一定程度上说，只要存在投资就是变相地增加东道国的资本积累。例如，外资银行进入东道国市场，既是东道国金融市场开放、吸引大量外资的结果，同时也意味着在东道国开辟了有利于外国资本流入的便利通道。但反过来也可以说，这条通道便利了外资成为东道国资本积累源源不断的资金来源。从这个意义上讲，服务贸易商业存在有利于东道国资本积累的形成与深化，对东道国经济增长具有直接的促进作用。

(2) 服务进口的人力资本积累效应

与服务出口相比，服务进口对一国人力资本的积累效应更为显著。由于科学技术的迅猛发展，服务的可贸易性空前增强。服务贸易突破了时空界限，包含知识、技术、信息和文化内容的服务越来越成为服务贸易的主要内容。从某种意义上说，进口服务的目的就是为了消费服务。对知识、技术等密集型服务的进口，即是对这类服务进行消费。由此在服务消费过程中便有意识或无意识地提高了服务消费者的人力资本存量水平。Pugno (2002、2005) 在研究服务消费对人力资本与经济增长的影响时，将这种影响分为“有意识效应”(Intentional Effects) 和“无意识效应”(Unintentional Effects) 两类，即把有关影响“内生化”。并指出，如果从人力资本形成和积累的角度看，消费者服务 (至少是某些消费者服务如文化娱乐服务、教育服务、健康服务等) 对于消费主体的作用，就如同生产者服务对于生产过程的作用；虽然对有形商品的消费也有助于人力资本的形成，但对服务的消费则是人力资本形成的最有效的途径 (Pugno, 2002、2005)[①]。从服务贸易进口对人力资本积累的作用途径来看，主要通过以下几条渠道来实现：①“跨境提供”渠道。即采用“跨境提供”的方式进口服务，如国内人力资源通过在线咨询、在线数据、在线教育与培训等服务消费，提高服务进口国的人力

① 程大中，汪蕊．服务消费偏好、人力资本积累与“服务业之谜”破解：Pugno 模型拓展及基于中国的数值模拟 [J]．世界经济，2006 (10)：49-58.

资本存量；②“境外消费”渠道。教育开放使国内人力资源到国外进修、学术访问及求学的人数逐渐增多。这不仅有益于自身人力资本的积累，学成归国后在有意识或无意识的情况下进行的知识和技术外溢，还有利于提高服务进口国整体人力资本的存量水平。③“自然人流动”渠道。国外专家、学者以自然人移动的方式到国内讲学、提供医疗服务或进行短期工作，既可以直接增加该国人力资本存量，又能通过知识与技术的溢出效应，促进一国人力资本积累存量的提高。④“商业存在”渠道。由于跨国公司从母国转移人才的成本高昂，东道国还为此设置了诸多限制，而一般而言，东道国都具有廉价的人力成本优势。因此，跨国公司普遍在东道国施行人才本地化策略。从本质上讲，跨国公司的人才本地化过程，就是东道国人力资本的形成与积累过程。为了保持雇佣关系的相对稳定性，跨国公司会根据企业内员工的不同层次，提供形式多样的教育和培训，并佐以与部分母国专家一起工作的方式，提高当地雇员的专业化技能水平。另外，跨国公司人才本地化战略的实施，不仅有助于国内企业认识到人力资本的重要性，激发国内企业为争夺本地人才、防止高级雇员外流而建立、完善人力资本激励机制，同时加大对人力资源培训的投资。而且，随着开放经济下熟练劳动力市场竞争的日益激烈，跨国公司对高级雇员给予的高薪酬待遇，将会激发东道国人力资源为了提升自身人力资本水平而进行积极主动的学习，从而有助于提高东道国人力资源的整体知识、素质和技能水平，扩大人力资本的存量规模。

4.3.1.3 服务贸易进口促进经济增长的其他效应分析

除了技术进步和资本积累外，服务进口还能产生促进货物贸易出口、扩大有效需求、增加投资和影响就业等效应。

首先，服务进口尤其是生产者服务进口，能够起到扩大货物贸易出口的作用。有关服务贸易与货物贸易的关系问题，不少学者已从实证分析的角度证明了二者的高度相关性。1989 年加拿大 Waterloo 大学的 James R. Melvin 指出，要素服务出口的国家必然在货物贸易上存在逆差。对此，我国学者谢康、李赞[①]（2000）对 89 个国家和地区的货物

① 谢康，李赞. 货物贸易与服务贸易互补性的实证分析——兼论中美贸易不平衡的实质 [J]. 国际贸易问题，2000（9）：47-52.

贸易与服务贸易进出口的1 283组数据（1980—1995）进行分析，证实了Melvin的结论。周燕、郑甘澍[①]（2007）对世界主要国家货物贸易与服务贸易的数据分析后认为：从总量上看，服务贸易和货物贸易的发展呈互补性，即服务贸易出口较多的国家基本上也是货物贸易出口较多的国家；从差额上看，服务贸易和货物贸易存在着替代性，即一方的赤字与另一方的黑字并存。因此，从这个意义上说，一国服务贸易进口和货物贸易出口之间存在互补关系，即服务贸易进口会促进货物贸易出口。特别是当一国进口自身提供能力较差且价格相对昂贵的物流、保险、专业服务等生产者服务时，更能促进该国投资软环境的改善，降低下游制造业部门获取生产者服务的成本，并刺激该国深化专业化分工水平、提高生产效率、扩大生产规模，进而推动货物贸易的出口扩张，带动经济迅速增长。此外，Grossman和Rossi-Hansberg[②]（2006）也认为中间品贸易进口会降低公司成本，并因此扩大生产规模，进而产生一种积极的规模经济效应。尤其对于垄断竞争性的生产者服务市场而言，这种由成本降低所致的规模经济效应更为明显。进口作为中间投入品的生产者服务，能够大大降低最终产品（货物产品）部门的生产成本，从而产生规模经济效应，并在增强下游制造业出口竞争力的同时，带动出口扩张，推动经济快速增长。

其次，服务进口有利于扩大国内有效需求。产出增量是衡量一国经济增长的重要指标。而一国产出量的增加主要来源于有效需求的增加。服务进口有利于刺激国内有效需求扩张，进而起到促进经济增长的作用。特别是对于发展中国家和经济转型国家来说，服务进口有利于国内服务消费者享受到价格更加低廉的或以往国内未曾提供过的服务，一方面满足了消费者对服务多样化的需求，另一方面达到提高消费者消费水平的目的。有效需求增加将促进国内产出增加。由服务进口形成的竞争效应，将迫使国内同类服务提供者为了留住现有消费者并尽可能吸引更多的消费者而努力学习，加强研发能力，以提高生产效率，降低生产成

---

① 周燕，郑甘澍．货物贸易与服务贸易：总量互补与差额替代关系［J］．亚太经济，2007（2）：93-96.

② GROSSMAN G，ROSSI HANSBERG E. Trading Tasks：a simple theory of off-shoring［R］. National Bureau of Economic Research，Working Paper，No. 12721，2006.

本，进而为消费者提供高质多样的服务。这一行为在提高国内消费者福利水平的同时，也刺激了国内产出和经济的增长。

再次，服务贸易进口的就业效应。服务贸易进口对就业的拉动，主要是通过进口生产者服务来实现的。与消费者服务不同，生产者服务作为一种生产其他产品或服务的中间投入，不能直接用来供消费者消费。由于大部分生产者服务都将人力资本和知识资本作为其生产的主要投入要素，其产出中必然包含了大量的知识资本与人力资本服务。因此，进口生产者服务有助于扩大知识、技术密集型最终产品的生产，推动生产的专业化发展水平，提高劳动生产率及其他要素生产率，进而产生规模扩大效应，提高劳动力就业水平。然而，从进口过程的实质来看，进口就意味着部分地替代了国内提供商的生产，产生了就业“替代效应”。也就是说，进口生产者服务也会弱化国内同类生产者服务部门对劳动力的需求。所以，从理论上讲，一国的生产者服务进口是否起到了促进劳动就业的作用，将取决于“替代”与“促进”效应二者的综合。但是，一些实证研究表明，服务进口发挥着促进劳动就业的作用。例如，蒙英华、黄宁[①]（2009）基于中国1982—2007年的时间序列数据，运用格兰杰检验、协整技术及误差修正模型方法，实证分析了生产者服务进口对中国制造业和服务业劳动力市场的影响效应。研究结果表明：从长期来看，中国生产者服务进口总体上促进了服务业的劳动力就业——生产者服务进口每增加1%，服务业就业就相应地增加0.24%。再如，我国学者李伍荣、高静[②]（2004）认为，由于服务业就业弹性高，服务贸易层次多、范围广、就业点多，以及服务贸易自由化的必然趋势，发展服务贸易是中国吸纳就业的新途径。

最后，以商业存在模式开展的服务贸易有利于改善东道国的投资环境，进而产生投资规模扩大与质量提高的马太效应。投资的增加是一国经济增长的又一重要来源。在一个开放的经济条件下，随着以跨国公司为载体的服务贸易商业存在模式在东道国的发展，技术外溢与扩散效应

---

① 蒙英华，黄宁．生产者服务进口对中国就业效应的实证研究［J］．上海立信会计学院学报，2010（2）：179-187.

② 李伍荣，高静．发展服务贸易：吸纳就业的新途径．［J］．当代财经，2004（1）：105-108.

将使东道国的投资软环境得到不断改善，进而呈现出投资环境与投资规模和质量互动相促的发展局面，即会产生投资的“马太效应”。因此，服务贸易商业存在模式对东道国进一步吸引外资具有积极的促进作用。

综上所述，服务贸易进口，尤其是生产者服务进口以及服务贸易商业存在，可以产生促进一国经济增长的积极效应。这些形式主要通过技术外溢、资本积累、促进货物贸易出口、扩大有效需求、增加投资和影响就业等渠道直接或间接地推动经济增长。

4.3.2 经济转轨国家服务贸易进口对经济增长影响的实证检验

（1）理论模型与数据介绍

与转轨国家服务贸易出口对经济增长影响的实证分析一样，这部分研究仍使用 Panel Data 模型方法，选择的截面个体成员、个体时间跨度、面板数据来源也与以上相同。定义 SIM 表示服务贸易出口额，其自然对数形式为 LnSIM。对 SIM 取自然对数的目的也是在不影响变量之间关系的基础上，起到消除异方差影响同时便于用弹性概念解释变量经济含义的作用。GDP 与 SIM 的单位均为百万美元。就转轨国家服务贸易进口对经济增长影响的研究，所建立的 Panel Data 计量模型方程为：

$$LnGDP_{i,t}=\phi_i+\theta_i LnSIM_{i,t}+\lambda_i LnGDP_{i,t}(-1)+\varpi_{i,t}$$

其中，i 表示截面个体中的第 i 成员，t 表示截面个体的观测时期。

同样，为了避免在回归方程中引入因变量的滞后一期作为解释变量所产生序列相关的问题，笔者在计量分析过程中拟采用两阶段最小二乘估计法（TSLS）（采用两阶段最小二乘估计法还能消除由序列相关导致的 OLS 估计量出现偏误甚至非一致性的问题。），同时按照工具变量的选用要求——既与因变量滞后期项高度相关，又与随机误差项不相关，将使用 EBRD（European Bank for Reconstruction and Development）《转型经济报告》（1998—2010 年）公布的转型指数作为工具变量。

（2）Panel Data 模型的单位根及协整检验

使用样本数据分析之前，首先应当检验所选时间序列的平稳性。笔者应用 Eviews 6.0 统计软件，使用 LLC（Levin，Lin 和 Chut）、IPS

(Im-Pesaran-Shin)、Fisher-ADF 和 Fisher-PP 四种检验单位根的方法，对变量 LnGDP 和 LnSIM 进行平稳性检验。检验结果见表 4-7。

表 4-7　**变量 LnGDP 和 LnSIM 的 Panel Data 单位根检验结果**

变量	LnGDP	LnSIM	DLnGDP	D LnSIM
LLC 检验	-0.88661	-2.12705	-10.3629*	-8.47712*
P 值	0.1876	0.0167	0.0000	0.0000
IPS 检验	4.2068	3.21219	-6.85512*	-5.45277*
P 值	1.0000	0.9993	0.0000	0.0000
Fisher-ADF 检验	10.6369	16.2395	119.787*	100.035*
P 值	1.0000	0.9999	0.0000	0.0000
Fisher-PP 检验	5.29658	9.56142	108.156*	121.960*
P 值	1.0000	1.0000	0.0000	0.0000

注：* 表示在 1% 水平上显著；D 表示一阶差分。

同样，从表 4-7 中可知，上述四种方法对变量 LnGDP 和 LnSIM 的水平值检验均存在单位根，即都是非平稳序列。但是，经过一阶差分后，四种检验方法均表明，两变量序列在 1% 显著性水平上不存在单位根，都是平稳的。故变量 LnGDP 和 LnSIM 都是一阶单整 I（1）序列，满足变量之间协整关系的前提条件。

这里仍然使用 Eviews 6.0 软件，采用 Kao 检验和 Johansen 面板协整检验两种方法，对变量 LnGDP 和 LnSIM 之间的协整关系进行检验。在使用两种方法进行协整检验的过程中，滞后阶数均由 Eviews 软件基于观测值的大小自动计算而得。检验结果见表 4-8。

表 4-8　**Kao 检验和 Johansen 面板协整检验结果**

Kao 面板协整检验结果			
剩余方差	HAC 方差	ADF 统计量 T 值	P 值
0.015322	0.022337	-5.731416	0.0000

Johansen 面板协整检验结果		
H_0	Fisher 联合迹统计量（p 值）	Fisher 联合λ-max 统计量（p 值）
0 个协整向量	187.4（0.0000）	195.5（0.0000）
至少 1 个协整向量	40.15（0.5526）	40.15（0.5526）

由表 4-8 可知，Kao 检验与 Johansen 面板协整检验的结果均表面了 LnGDP 和 LnSIM 在 1% 的显著性水平下存在协整关系。因此，基于 21 个转轨国家样本数据进行的协整检验结果，证明了这些国家的服务贸易进口与其经济增长之间存在长期稳定的影响关系。这一判定结论同样也从经验上为上文进行的理论分析提供了有力的支撑。但是，这种长期的均衡关系对转轨国家经济增长发挥何种作用，下面仍首先检验模型的设定形式，之后进行实证分析。

（3）模型设定形式的检验

与转轨国家服务贸易出口对经济增长影响的实证分析一样，笔者基于谨慎的考虑，仍对模型的设定形式进行协方差检验。检验方法不再赘述。

经计算得到的 F 统计量分别为：$F_2 = 4.273916061$，$F_1 = 6.119470724$。F_2和 F_1统计量在相应自由度（5% 置信度水平）下的 F 临界值分别为：$F^2(0.95, 60, 378) = 1.35420768932$，$F^1(0.95, 40, 378) = 1.42647799721$。因为 $F_2 = 4.273916061 > F^2 = 1.35420768932$，所以拒绝假设 H_2；又因为 $F_1 = 6.119470724 > F^1 = 1.42647799721$，所以拒绝假设 H_1。根据协方差检验结果，应该采用变系数模型拟合样本，即建立的 Panel Data 模型形式为：

$$LnGDP_{i,t} = \phi_i + \theta_i LnSIM_{i,t} + \lambda_i LnGDP_{i,t}(-1) + \varpi_{i,t}$$

其中，i 表示截面个体中的第 i 成员，t 表示截面个体的观测时期。

同样，这里的研究仅限于经济转轨国家，对其进行的实证研究也仅限于所采集到样本截面个体成员的考察。因此，最终建立的 Panel Data 模型是固定效应（Fixed）的变系数模型。

（4）Panel Data 模型的分析结果

根据最终建立的 Panel Data 模型固定效应变系数方程形式，笔者运用 Eviews 6.0 统计软件，同时使用两阶段最小二乘法（TSLS），就 21 个经济转型国家（1999—2010 年间）服务贸易进口对其经济增长的影响状况进行实证考察，模型估计的结果详见表 4-9。

表 4-9　　转轨国家服务贸易进口对经济增长影响的 Panel Data 模型估计结果

国家	相关系数 θ_i	P 值	λ_i	固定效应 ϕ_i
捷克	2.293821**	0.0151	-1.353663	3.763091
爱沙尼亚	1.033721*	0.0000	0.031364**	-0.999998
匈牙利	1.052696*	0.0000	-0.258421	2.303925
立陶宛	0.782668*	0.0000	0.00543**	1.796409
拉脱维亚	0.828215*	0.0000	0.101773 *	0.322753
波兰	0.630394*	0.0000	0.229937***	1.267456
斯洛伐克	0.7891*	0.0022	-0.037242	2.408205
斯洛文尼亚	0.830984*	0.0000	-0.087235	2.387254
保加利亚	0.64178*	0.0000	0.419595 *	-1.56621
克罗地亚	0.879404*	0.0000	0.411386 *	-3.149063
罗马尼亚	1.09509*	0.0000	-0.199462	1.98143
俄罗斯	1.289778*	0.0000	-0.017984	-2.261224
亚美尼亚	0.803912*	0.0001	0.238858**	-0.833923
阿塞拜疆	0.321062**	0.0323	0.80524*	-2.755
白俄罗斯	0.713935*	0.0009	0.323353**	-0.499601
格鲁吉亚	0.660567*	0.0001	0.265393**	-0.112811
摩尔多瓦	0.960275*	0.0000	0.118348***	-1.1073
乌克兰	1.00044*	0.0000	-0.020131	0.278253
哈萨克斯坦	0.58608*	0.0000	0.484669*	-1.7222
吉尔吉斯斯坦	0.415745	0.1679	0.34631***	0.375974
塔吉克斯坦	0.255067*	0.0068	0.775931*	-1.877419

注：“*”、“**”和“***”分别表示在1%、5%和10%的水平上显著。

显然，就建立的 Panel Data 模型而言，重点关注的是 21 个截面个体成员的 θ 系数值。如表 4-9 所示，在模型估计的 21 个经济转轨国家中，只有吉尔吉斯斯坦的 θ 弹性系数值没有通过 1%、5%、甚至 10% 水平的显著性检验。换句话说，有超过 95% 的样本截面个体成员通过了显著性检验（其中，通过显著性检验的20个国家中只有捷克和阿塞拜疆的显著性水平为5%，其他18个国家均在1%的水平上显著）。而且，其θ系数值均为正数。这说明21个转轨国家中有20个国家的服务贸易进口对其经济增长产生了积极的促进作用。这一结论强有力地支撑了上文就服务贸易进口有利于一国经济增长的理论论述。在模型的估计结果中，θ系数值最大的依然是捷克，为2.293821；位列其后的5个国家依次是俄罗斯、罗马尼亚、匈牙利、爱沙尼亚和乌克兰，其θ系数值分别为1.289778、1.09509、1.052696、1.033721和1.00044。这一分析结果再次说明了捷克服务贸易在其经济增长中的重要作用，印证了捷克政府在服务领域所取得的改革成效；同样，也为受计划经济体制影响最深的俄罗斯，展示了发展服务贸易带来的益处。

针对模型估计结果不能证明吉尔吉斯斯坦服务进口与其经济增长之间存在显著相关关系的情况（但其θ系数值也为正数），我们认为，这可能是因为吉尔吉斯斯坦境内数次发生大规模的社会动乱，并造成了严重的社会、经济危机，进而导致在用计量方法检验服务进口对经济增长作用的分析中，产生了对吉尔吉斯斯坦极大不利的影响。但是，与服务出口对经济增长作用的分析一样，就可获得的数据样本而言，得出的计量检验结果仍然对服务进口有利于转轨国家经济增长的理论判断具有一定的意义。

4.3.3 主要结论

通过对服务进口与经济增长关系作用机理的分析，服务进口尤其是生产者服务进口以及服务贸易商业存在，可以产生促进一国经济增长的积极效应。这些形式主要通过技术外溢、资本积累、促进货物贸易出口、扩大有效需求、增加投资和影响就业等渠道直接或间接地推动进口国经济增长。在实证检验转轨国家服务进口对经济增长的影响效应中，文中运用Eviews 6.0统计软件，通过建立Panel Data模型，得到模型的估计结果是：21个样本数据中有超过95%的样本截面个体成员通过了显著性检验。也就是说，除吉尔吉斯斯坦外，其余20个转轨国家的服务贸易进口都对其经济增长产生了明显的促进作用。这一计量结果强有力地支撑了服务贸易进口有利于一国经济增长的理论观点。模型结果显示：捷克的 θ 系数值最大；位列其后的5个国家依次是俄罗斯、罗马尼亚、匈牙利、爱沙尼亚和乌克兰。样本数据未能证实吉尔吉斯斯坦服务进口与其经济增长之间存在显著的相关关系。这可能是因为吉尔吉斯斯坦政局不稳导致在用计量方法检验服务进口对经济增长的作用时，产生了对吉尔吉斯斯坦不利的影响。虽如此，计量检验结果仍然是有意义的。

4.4 本章小结

当今世界，经济服务化趋势日益明显，服务贸易规模也正在迅速扩张。经过20~30年的经济转型，经济转轨国家在提供服务的数量和质量上都取得了巨大进步。在本章的研究中，首先就转轨国家服务贸易体制转换与服务贸易增长的关系进行了实证分析；然后，依据贸易流向，从服务贸易出口和进口两方面来阐述服务贸易驱动经济增长的作用机理，并结合转轨国家的数据，实证检验了其自经济转型以来服务贸易发展与其经济增长的关系。计量结果表明：大体上看，转轨国家以市场为导向的制度变革对其服务贸易增长具有明显的促进作用；无论服务进口还是出口，都对转轨国家经济增长产生了一定的拉动作用。这一实证研究结论，有助于各转轨国家政府准确定位服务贸易在其经济增长中的角色功能，同时，也为下面更进一步的研究转轨国家发展服务贸易、提升服务贸易竞争力问题，提供了实证依据。

第5章　经济转轨国家服务外包与服务贸易发展——以捷克、俄罗斯和中国为例

自1963年Frito-Lay公司和Blue Cross & Blue Shield of Rhode Island公司将数据流程服务交由电子资讯系统有限公司（Electronic Data Systems，EDS）提供起，将非核心的服务业务外包出去的管理模式逐步为西方大企业所运用。特别是20世纪90年代中期以来，随着信息技术迅猛发展，市场机制在广度和深度上进一步拓展，以及世界新一轮产业结构调整和升级步伐的加快，国际市场竞争日益激烈。由此，越来越多的企业愈发注重核心业务的发展，而将非核心的业务以外包的形式交由其他公司处理。服务外包顺应了经济全球化和信息技术现代化快速发展的趋势，在世界范围内蓬勃发展，目前已经形成了巨大的市场规模。就经济转轨国家而言，承接国际服务外包对于转变经济发展方式、优化产业结构、促进经济转型具有十分重要的促进作用。知名IT系统项目论证与决策权威机构Gartner于2008年发布的《全球前30位离岸外包目的地》研究报告显示，中东欧作为离岸外包地区正在崛起，捷克、匈牙利、波兰、罗马尼亚、俄罗斯和乌克兰等国都是该地区服务外包的佼佼者。布拉格和布尔诺（捷克）、布达佩斯（匈牙利）、布拉迪斯拉发

(斯洛伐克)、基辅（乌克兰）、卢布尔雅那（斯洛文尼亚）、塔林（爱沙尼亚）、索非亚（保加利亚）、莫斯科和圣彼得堡（俄罗斯）、布加勒斯特（罗马尼亚）、克拉科夫和华沙（波兰）等城市正在迅速成长为新的外包服务目的地①。

但是，与已有的针对中国和印度服务外包的大量研究成果不同，目前在世界范围内有关中东欧地区的服务外包评估与研究文献仍不多见。笔者根据所检索到的资料，选取捷克、俄罗斯和中国作为经济转轨国家的代表，详细阐述三国服务外包的发展状况和发展条件，并在此基础上进行比较分析，进而简要评述转轨国家承接服务外包的利益、风险、发展趋势以及如何进行风险规避。

5.1 经济转轨国家服务外包发展情况分析

5.1.1 捷克服务外包发展状况

5.1.1.1 背景分析——捷克发展服务外包的政策

服务外包从本质上讲就是将价值链上非核心的业务外包出去，以专注发展自身的核心业务，达到降低成本、提高效率、增强企业核心竞争力和对环境应变能力的目的。作为国际分工细化的产物，国际服务外包以无污染、低能耗、节约资源和可实现信息、知识与人力资本的良性互动等特点，被誉为引领社会发展的“绿色引擎”。当前，正值新一轮全球产业布局调整之际——国际产业转移的重心已逐步由制造业转向服务业，捷克政府为了抓住这一大好时机，把积极发展服务外包视为转变经济发展方式、优化经济结构和促进经济转型的重要手段，并为此制定了一系列优惠政策与措施。②

第一，对吸引外资的政策进行逐步调整，将引资重点由原来的制造业转向战略性服务和技术中心。1989 年底东欧剧变后，捷克开始由计

① 贺洁，石俊．中东欧：中国该警惕的 IT 外包对手［N］．中国计算机报，2009-08-24（3）．

② 关于捷克政府发展服务外包的政策资料来源于中华人民共和国驻捷克共和国大使馆经济商务参赞处网站，并经作者整理。

划经济迅速向市场经济过渡。1993 年初捷克和斯洛伐克分家，捷克成为主权国家。但在 1997 年之前，捷克政府没有针对外国直接投资而制定相应的鼓励措施，该阶段捷克企业私有化工作多是以直接出售等方式进行的，即进行所谓的“大私有化”和“小私有化”。这期间，捷克国民经济中私有化程度达到 90%，但因缺乏配套的鼓励外资的措施，未能引起外国投资者的兴趣，捷克本身所具有的优势条件也没有得到充分发挥。1998 年 4 月，捷克政府制定了鼓励外商投资的政策，并在随后几年不断进行补充、发展，旨在进一步提高吸引外资的力度。2000 年 5 月 1 日，捷克《投资鼓励法》正式生效。此后，捷克分别于 2002 年、2004 年和 2007 年对该法进行了修订，主要是采用欧盟国家的支持规则，放宽对外资投资领域的限制，减少对制造业投资项目的税收优惠及资金补贴，加大对技术中心和商业支持服务投资项目的支持力度。捷克最初鼓励服务投资的领域以生物医药、通信技术、设立研发中心、设立企业配套服务及规划中心、软件开发等为主。目前已将鼓励重点转向了战略性服务和技术中心，包括：①客户服务中心：通过电话、传真、电子邮件、互联网提供客户服务的联系中心和技术支持中心；②联合服务中心：把企业各部分的辅助工作，如财务、人事、市场营销、计算机应用等集中到一个中心；③软件开发中心：研发新的软件、新的软件解决方案；④专业解决中心：保证集团下属分公司网络系统的使用，信息系统分包管理，通讯系统分包管理；⑤高科技维修中心：修理办公设备和计算机、电子设备和仪器、无线、电视和联系设备和仪器、医用、光学和计时仪器，以及飞机等；⑥技术中心：高技术中心是高技术产品和技术企业开展革新活动的场所，主要涉及航空和宇航、办公和计算设备、电子和微电子、通讯、机动车辆、工业电力设备等领域，技术中心不进行生产。同时，自 2005 年起，捷克政府对这些先进的非生产性技术投资给予政策补贴，允许企业把研发费用计入成本，以冲减税基。

第二，重视软环境建设。为承接服务外包业务，捷克政府在做好配套设施、咨询等服务的同时，还鼓励本国企业积极参与国际服务外包市场的竞争。在进行优先发展服务领域吸引外资的政策调整的基础上，捷克政府为进一步承接服务外包业务以及吸引外资创造良好的软环境，于

2004—2006年间在吸收外资政策中制定了一系列规划。例如，捷克充实了境内供应商的数据网络，以方便外国投资者查询；做好配套咨询服务；与欧盟和捷克工贸部合作，筹建捷克经济发展论坛，并尽快开展活动等。与此同时，捷克政府还不断增加对相关行业服务设施的投入。为了给服务外包发展提供更好的交流与技术平台，捷克政府支持建立科技园区，并给予建立园区所需资金总额50%的补贴，提供科技园区50%的建设经费，最高可达20万美元。截至目前，捷克已初步建成豪乐秀夫（Holesov）、格卢卡、比尔森（Plzen）、扎德茨、卡丹、克拉德诺等90家经国家认定的园区。其中，豪乐秀夫（Holesov）园区主要吸引轻工业、物流、研发中心、软件开发等企业入园设厂。园区所在地兹林州，与南摩拉维亚州、奥洛穆茨州和摩拉维亚—西里西亚州邻接，有着极为便利的高速公路与铁路网络，是辐射整个中欧地区的重要战略通道。凭借完善的基础设施、丰富的劳动力资源、较低的工资成本及由欧盟结构基金与捷克政府提供的多重优惠政策，该园区已吸引了8位投资商入驻。此外，捷克政府还支持国内软件企业积极开拓国外市场，参与国际服务外包市场的竞争。早在2003年，捷克贸发局局长Tlapa就曾表示，捷克公司有能力以较低的价格提供与西欧国家相当的产品和服务，贸发局将通过积极支持相关企业参加国际展览会并继续组织企业家代表团到国外考察等方式，推动国内软件开发公司开拓国际市场，并树立捷克软件开发业在国际市场的新形象。而实际上，近年来捷克国内的一些软件企业，如Unigorn、Tiny Software、Cleverlance、Grisoft等公司对国际市场的开发也确实非常成功。

第三，采用对企业经营、培训、创新等进行补贴的方式，鼓励在商业支持服务和技术中心方面的投资，优惠政策尤其偏向失业率高的地区。捷克政府提供十分优惠的政策鼓励外商直接投资，符合鼓励资格条件的新成立的公司可享受免征10年所得税的优惠，现有的法人实体也可享受10年的部分减免所得税的优惠措施。捷克政府还通过对经营活动补贴、培训和再就业培训补贴、创新项目补贴等方式给予服务企业以金融支持。经营活动补贴是专门用于支付经营活动成本的补贴，如支付工资，购买材料、能源、货物和其他不能储存的供货以及捷克公司提供的服务。该补贴根据欧盟的规定属于公共补贴，并据此明确了各个地区公共补贴的最高比例。其中，首都布拉格市的最高补贴比例为20%，其他地区为46% ~50%。但是，该补贴受到最高补贴数额的限制，即对项目的补贴总额不能超过该项目规定的最高补贴额。培训和再就业培训补贴最高数额是10万克朗，但对于5年内创造100个以上就业机会的投资者对其补贴额可增至15万克朗。对特别培训的补贴数额是确认成本的35%，对一般培训的补贴数额是确认成本的60%。但在布拉格分别为30%和55%。特别培训是指为获得专门工作知识和技能进行的培训，其培训证书适用于该企业或行业。一般培训是指为获得可在多个企业使用的知识和技能。申请培训和再就业培训补贴一般可连续申请三年，但投资者5年内创造100个以上的就业机会，可连续申请5年。补贴用于以下目的：材料和能源费用、路费、其他服务费、培训者个人费用、培训用财产折旧、被培训者个人费用。创新项目补贴针对在捷克成立2年以上的企业，其可获得支持产品、技术和服务创新基金100万~5 000万克朗，优惠贷款100万~5 000万克朗，但仅针对中小企业。此外，允许企业把研发费用计入成本，以冲抵税基。据悉，自2001年至2009年8月份，捷克共有174家企业（其中中小企业45家）获得鼓励优惠，投资额为6.3亿欧元，创造新就业25 860个。2007年至2011年2月，捷克企业获得经营和创新补贴共计172亿克朗。

此外，从2009年起，捷克对技术中心和商业支持服务业的投资鼓励提出了新的项目框架。目前，该项目框架开始征集第三批投资鼓励项目。捷克政府计划在这批申请中拨付15亿克朗支持在软件开发、国际共享服务中心和高技术维修中心领域的投资。捷克媒体报道，捷克工贸部2011年至少将100亿克朗的企业经营和创新补贴用于企业业务拓展、建立研发中心、知识产权保护等方面。其中，40亿克朗补贴用于建立科技园区、企业孵化器、天使投资等项目，并将侧重支持公司培训中心、软件研发中心、产业集群、出国参展等项目。

捷克政府在服务领域实施鼓励与优惠措施的同时，外汇管理政策也为投资者的权益和自由提供了保障。1995年捷克政府制定了《外汇法》（1995年219号法令），并于同年10月1日正式生效。目前，捷克对于国外资本在捷克境内自由流动的限制仅涉及一些特殊的领域，如民用航空和国有土地的私有化等方面。除此以外，对合法的外资进入捷克和投资利润的汇出都没有限制，国外投资者可用克朗自由兑换外汇，可以在克朗账户或外汇账户上存取款。

综上所述，捷克政府在吸引外资和外汇管理方面采取的一系列举措，为捷克承接服务业国际转移和服务外包的发展起到了积极的促进作用。

5.1.1.2 捷克服务外包的发展状况

服务外包顺应了经济全球化和信息技术现代化快速发展的趋势，目前已在全球形成了巨大的市场规模。为迅速融入该浪潮并赢得一席之地，捷克政府积极在政策上给予支持和引导，将引资重点逐步从传统的制造业转向了基于知识经济的研发与先进服务业。已在吸引服务业跨国投资及服务外包方面取得了初步成效。科尔尼咨询公司（A. T. Kearney）发布的“国际服务外包区域吸引指数（2004）”排名显示，捷克继印度、中国和马来西亚之后，位列第四[①]。捷克已经发展成为中东欧地区服务外包的佼佼者。

（1）IT 服务外包

在 IT 服务外包方面，捷克是中东欧地区最成熟的 IT 市场之一。早在 2001 年 3 月捷克政府推出的当月免税期（Tax-Holiday）优惠政策的奖励下，IBM 公司在布鲁诺建立了首家 IT 服务中心，这是享受到捷克政府优惠的第一个非制造业项目。截至目前，已有多家跨国企业将维修、资讯系统支援、软件中心及客服中心等移至捷克。例如，美国著名的咨询公司埃森哲（Accenture）在捷克开设了软件开发和 IT 服务业务[②]；2005 年 8 月，美国 Computer Associates 公司在捷克首都布拉格投资 4 600 万美元成立了研发中心；同年甲骨文公司（Oracle）以及德国 SAP 软件公司也分别在布拉格设立了售后服务中心；敦豪快运在布拉格建立了 IT 服务中心；西门子和汉莎航空将其数据处理业务移至捷克；

① 李玉红．国际外包的成因及研究效应［M］．北京：经济科学出版社，2010.
② 埃森哲公司是得到捷政府优惠的第二个非制造业项目，该公司将享受长达十年的 50% 公司税减免优惠。

IBM、Philips、Sun Microsystems、Logica、EDS、HP、Dell、Sun Microsystems 和 Symbol Technologies 等企业均在捷克开展了软件开发、IT 服务和客户联系中心等业务。虽然西欧和美国等发达国家仍是捷克承接服务外包业务的主要来源地，但是近年来，一些亚洲国家或地区，如日本、中国和中国台湾等，也倾向于在捷克投资建立服务中心、开展服务业务。例如，日本电视机制造商 Panasonic AVC 网络中心已在捷克建有 140 人的技术中心和 30 人的软件开发中心，公司已将生产线从英国威尔士的加地夫转移到捷克比尔森，现有员工 2 500 人；照相机制造商奥林帕斯已在布拉格设立了服务中心、在北摩拉维亚的普热罗夫（Prerov）设立了欧洲维修中心。中国台湾的富士康公司买下了帕尔杜比采市的 TESLA 设备并投资新的制造台式电脑的中心，再投资计划延伸到新技术维修中心，包括服务器、工作站、台式笔记本和掌上计算机；宏基（Acer）于 2005 年 7 月在捷克第二大城市布尔诺（Brno）设立了维修中心；华硕电脑于 2006 年底在俄斯特拉发市 Hrabova 工业区建立了计算机维修欧洲中心。中国联想集团 2005 年购买了 IBM 股份后，同年 10 月首次在布拉格建立欧洲联络服务中心，并参加了当年的布尔诺国际通信展。另外，中国长虹集团拟在捷克建立年产 100 万 ~ 150 万台的彩电生产线和研发中心，研发机构用于开发适合欧洲消费者需求的高品质产品。项目首期投资 3 000 万美元，总投资预期在 1 亿美元以上。在捷克国家引资政策的引导和外资的推动下，捷克服务外包市场发展蓬勃。截至目前，捷克 IT 业占 GDP 比重、手机普及率等方面均达到了许多西欧国家的水平。IT 产品消费占国内生产总值的比例逐年攀升，已在中东欧国家中位居第一，高于欧盟国家的平均水平。

（2）研发服务外包

在研发服务外包方面，生物研发是捷克服务外包业务较为集中的领域。捷克有着完善的医药和生物技术研究网络。许多世界知名生物制药企业都在捷克建立了生产企业或研发机构。例如，贝克库尔特（BECKMAN COULTER）、箭锋制药集团（ARROW）、百特（BAXTER）、龙沙（LONZA）和爱华克斯（IVAX）等跨国公司通过收购捷克企业或投资建厂等形式在捷克开展了生物产品的生产和研发[①]。此外，在人力资源服务业务领域处于领先地位的布拉格，也开始在研发服务上崭露头角。随着捷克政府将引资重点转向研发和先进服务业[②]，不少地区的引资项目都偏向高附加值领域，研发服务的引资比列悄然提高。例如，原捷克机械制造业较发达的比尔森州，据捷克投资局统计，在过去5年（2003—2008年）中所吸引的研发和高端服务业投资突破10亿克朗。该州还大力推动西波希米亚大学与当地企业开展合作，并鼓励企业积极利用国家支持技术中心和商业服务中心的补贴和其他支持措施，使该州成为研发和高端服务业投资的新热点。其中，仅捷克投资局就促成了17个技术中心和共享服务中心投资项目在比尔森州落户，为当地创造了2 400多个直接就业机会。可以预见，随着国家引资政策向该领域的倾斜，捷克研发服务的提供能力必将进一步增强。

（3）商业流程外包

在商业流程外包方面，捷克在该领域的起步较晚，但是近年来却发展迅速。美国著名的咨询公司埃森哲已在捷克开展了商业流程外包服务。被看作是最具吸引力的外包业务目的地——印度，目前也像美国公司一样将其商业流程外包转到捷克等国。如Progeon公司[③]于2004年在捷克布尔诺（Brno）设立了研发营业中心，现有员工80多人，用16种欧洲语言提供全套服务。Progeon公司为布尔诺及邻近地区数百人提供了大量的就业机会，也为大学毕业生提供了工作机会。新加坡在捷克该领域的投资公司主要是Flextronics、System access和Amtek公司。Flextronics公司保持了设计服务流程，在布尔诺（Brno）雇有30多个工程师；System Access是先进金融软件的供应商，2002年在布拉格建立了服务中心；Amtek公司2000年在皮塞克和布尔诺建立了基地，提供设计和制造缝纫机和电子工程元器件及自动控制服务。

综上可以看出，在政府积极的支持与引导下，捷克服务外包市场发

① 中华人民共和国驻捷克共和国大使馆经济商务参赞处．[EB/OL]．(2005-07020)．http://cz. mofcom. gov. cn/aarticle/ztdy/200507/20050700200579. html.

② 1994年捷克吸引的外国直接投资100%投资于制造业，而到了2008年研究开发与企业支持服务占增加值的63%，制造业占37%。

③ Progeon公司是印度十家最大的第三方商业流程外包企业之一，主业是为全球各行业客户提供端对端商业流程外包服务。

展蓬勃，服务外包成为带动捷克经济发展的积极因素。除2009年受金融危机影响外，进入21世纪以后，捷克服务贸易出口额逐年大幅攀升。但同时也应看到，捷克服务外包市场的发展主要是靠外资推动的，这样的局面难免会对捷克的国家经济安全带来隐患。例如，受全球金融危机及欧元区经济恢复缓慢的影响，2009年捷克服务贸易出口首次下滑，至今服务业仍增长乏力。

5.1.2 俄罗斯服务外包发展状况

5.1.2.1 背景分析——俄罗斯发展服务外包的政策

美国信息产业咨询公司加特纳（Gartner）发布的《全球前30位离岸外包目的地》报告显示，2008年包括俄罗斯在内的“金砖四国”成员成为全球离岸外包产业的领导者。莫斯科和圣彼得堡等城市正在迅速成长为外包服务的目的地。实际上，软件外包是俄罗斯IT服务外包中业绩最突出的业务。2007年，俄罗斯软件外包产值继印、中之后坐上了世界软件外包出口的第三把交椅。俄罗斯软件外包业所取得的成就与国家对信息技术领域的支持密不可分。研究报告称：“俄罗斯政府的主动性促进了俄罗斯基于信息流控制的信息技术外包（ITO）产业的发展。[①]”下面将对俄罗斯政府积极进行信息化建设以有效促进国家承接国际信息技术外包的政策加以简要介绍。

早在俄罗斯转型初期的1992年4月中旬，俄罗斯就在莫斯科举行了关于“俄罗斯信息化与信息市场形成”的全俄科技会议。该会议由俄罗斯科技开发信息资源公司、市场研究所、俄罗斯信息技术与计算机技术协会和俄罗斯科学、高校与技术政策部等22个单位组织发起。但是，俄罗斯正式开始大规模的信息化建设还是始于21世纪初普京上台以后。2001年，俄罗斯颁布了《2010年俄罗斯信息化发展纲要》；2002年1月28日发布了《2002—2010年电子俄罗斯》联邦专项计划；2002年3月20日通过了《2010年和未来俄罗斯科技领域的基本发展政策》；2005年出台了《俄罗斯联邦经济特区法》；同年又制定了《俄罗

---

① 贺洁．梅德韦杰夫计划将俄罗斯人均IT投资涨两倍［EB/OL］．（2009-08-18）．http：//tech.163.com/09/0818/15/5H0SHP5J000915BD.html.

斯信息技术园发展纲要》；2006年批准了旨在切实贯彻实施国家信息化管理领域政策的《2010年前地区信息化构想》。毋庸置疑，一系列关于信息技术政策法规的颁布与实施，是俄罗斯IT服务外包业获得长足发展的关键。概括起来说，这些政策为俄罗斯加紧发展IT产业和服务外包所起到的助力作用，主要体现在以下几个方面：

（1）改善IT基础设施、促进服务市场扩大

俄罗斯在IT领域颁布实施的政策法规为俄罗斯信息技术和信息产业的发展设定了目标。因此，与欧洲其他国家纷纷减少企业开支的迹象相反，近年来，俄罗斯IT支出持续居高不下，政府投入了专项资金以支持信息产业的发展。例如，为了保证“电子俄罗斯”规划的顺利实施，2002—2010年俄罗斯中央和地方政府从预算内和预算外资金中拨出770亿卢布，并佐以政府采购的形式促进国内信息技术企业发展，同时拉动需求。据俄罗斯总统顾问雷伊曼（Leonid Reiman）介绍，俄罗斯未来两年（2010—2011年）将投资50亿美元进行信息化社会建设。2010年，俄罗斯电子信息化方案将产生约24亿美元的开支。与此同时，俄罗斯政府还重视将先进的信息技术在社会经济、文化、政治和居民生活等各领域进行推广和使用：创办了强调俄罗斯历史文化传统精神的俄语因特网；建立并发展了电子商务系统；计划新建一个提供国家服务和市政服务的门户网站，以方便人们免费在线获取所有联邦、地区和市政府的各种服务等。这些措施不仅有效地满足了国家、组织和居民对信息产品及服务的需求，提高了人们的生活质量，还发挥了俄罗斯在信息技术方面的潜力，为带动信息产业发展、保持国家竞争力、承接国际服务外包业务创建了良好的基础设施环境，进而有助于俄罗斯IT服务市场规模的扩大和国家经济、社会、政治、文化各领域的蓬勃发展。

（2）重视信息技术在教育领域的应用和IT人才的培养

俄罗斯十分重视对公众普及信息化教育。2001年发布的《2010年俄罗斯信息化发展纲要》要求，信息化普及至从幼儿园一直到高等教育以及随后各种形式的专家培训和再培训过程中，即实现整个普通教育和专门教育体系的信息化。同时要求发挥人的创造能力，提高业务技能和职业化水平。2001年8月制定的《统一的俄罗斯教育信息化发展计

划（2001—2005年）》明确规定：俄罗斯要在2005年前建立并完善教育系统的信息技术基础设施，使50%的全日制学校和70%的职业学校实现上网，并实现全日制学校计算机拥有率达到每80个人1台的目标，全面提高公众使用信息通信技术和网络技术的能力①。2005年秋，普京总统提出优先发展教育、医疗、住宅和农业的“国家四大优先计划”。其中，教育优先发展计划的“保障俄联邦教育机构访问互联网”方案规定：到2007年俄联邦所有教育机构都要实现接入互联网的目标，且能保持无间断访问，并要求安装网络屏蔽器以禁止访问与教学任务无关的网络资源②。

除了重视在各阶段教育中使用先进的信息技术之外，俄罗斯政府还非常注重IT专业人才的培养。俄罗斯重视培养学生的深层次基础知识。在校学生经常在国际编程竞赛中夺冠。例如，在世界最著名的“计算机协会——国际大学生程序设计大赛（ACM-ICPC）”中，俄罗斯连年获得佳绩，所参赛的12年里（1999—2011年）总共获得6次世界冠军。目前，俄罗斯拥有巨大的人才库和世界顶级的程序员。根据Frost和Sullivan的统计，每千人中研究和开发人员的数量俄罗斯排名世界第一，每百万人中科学家和工程师的人数俄罗斯位列世界第三，并遥遥领先于印度和中国。联合国教科文组织（UNESCO）和德国联邦统计局数据显示，在获得从事IT业所需技术资格的学生比例中，俄罗斯排名世界第一。

（3）积极筹建IT科技园

积极筹建IT科技园是俄罗斯政府对信息技术领域支持的又一体现。印度的班加罗尔是全球IT技术创新发展的典范，建立那样的IT科技园一直是俄罗斯人梦寐以求的愿望。为了学习印度建立信息技术园的经验，2004年俄罗斯总统普京访问印度班加罗尔，同时提出了与印度在信息技术领域进行合作的计划。此次访问之后，普京曾多次提出并强调，应当充分发挥俄罗斯储备的信息技术优势及相关行业人才丰富的优

① 戚文海．信息化：经济转轨国家融入经济全球化的路径选择——以俄罗斯为研究案例［J］．俄罗斯中亚东欧研究，2010（4）：57-66.

② 胡哲明．近期俄罗斯信息化建设概览［J］．国际资料信息，2009（8）：11-13.

势，通过努力发展信息技术来推动国内经济增长、提高经济增长质量、优化产业结构，使国家经济摆脱对资源——能源的过度依赖。在总统普京的倡导下，俄罗斯政府积极推动IT产业的发展，扶持建立旨在形成规模经济、鼓励企业与科学研究机构之间开展协作的IT科技园区，并将IT科技园区项目视为俄罗斯政府发展IT产业的旗舰项目。例如，于2006年确立、2007年开始兴建的Federal Task Force项目就是其中的重点项目之一。近年来，俄罗斯国家投资了近10亿美元进行IT园区的建设，并预计到2011年将雇用7.5万名员工。资料显示，俄罗斯国家财政拨款预计会占IT科技园项目所需资金的20%，很可能超过31.5亿美元。政府的支持是任何产业成功的关键。俄罗斯政府利用一系列优惠政策，积极推动IT工业园区的建设，不断提升对IT产业的定位，并且通过立法提供税收优惠，刺激专营IT产业公司的发展。毋庸置疑，这些措施以及IT科技园建设项目的成功，对于将俄罗斯打造成高端知识型项目的服务外包国以承接高级的国际IT服务外包业务来说，是最有力的推进手段。

除此之外，为了说服政府支持IT行业、为其提供更好的税收和海关法规，1999年9月9日由俄罗斯、白俄罗斯和乌克兰三国处于软件开发领域主导地位的多家公司组成的“Fort-Ross”财团在圣彼得堡成立，2004年5月该财团被俄罗斯国家软件发展协会（NSDA）合并，后更名为“俄罗斯外包软件开发协会（Russoft）”。协会目前由70多家公司组成，拥有超过20 000名高素质的程序员和软件工程师。Russoft是俄罗斯信息和计算机技术协会（APKIT）的成员，代表着俄罗斯IT外包产业的形象，在俄罗斯软件业的影响很大。

5.1.2.2　俄罗斯服务外包的发展状况

俄罗斯服务外包的发展带有体制转型的特点。俄罗斯在传统上重生产轻服务、重物质轻管理、重增长轻节约，迄今，对服务业尤其是新兴服务业的重视程度仍显不足。但是，自转轨以来，俄罗斯服务贸易获得了长足发展。通讯、保险、金融、计算机和信息、专利使用和特许等为代表的“其他服务贸易”（基本为服务外包项目）出口额分别由2000年的3.85亿美元、0.35亿美元、1.00亿美元、0.59亿美元和0.91亿美元，增长到2010年的13.51亿美元、5.80亿美元、10.53亿美元、13.59亿美元和6.25亿美元。其中，涨幅最大的是计算机和信息服务出口，增长了22.03倍。由此可以看出，正是基于国家对信息领域的政策支持，促使俄罗斯IT产业蓬勃发展，计算机和信息服务出口得到了大幅增加。其中，IT服务外包的驱动作用功不可没。

软件外包是俄罗斯IT行业中增长最快的部分。进入21世纪，俄罗斯IT产业以每年超过30%的速度大幅增长，远远高于俄罗斯经济的平均增长速度。2007年俄罗斯软件产业增幅更是高达63%。俄罗斯与其他IT领先国家之间的差距正在逐步缩小。2004年，俄罗斯IT产品产值为100亿美元，其中出口产值为8亿美元；2010年IT产品产值在俄罗斯GDP中所占比例增幅约为2%，其中出口产值达100亿美元，占世界出口份额的7%。《俄罗斯2009年第一季度信息技术报告》称，尽管俄罗斯国内生产总值的增长速度在预测期内将减小，但IT市场的总体规模将从2008年的182亿美元增长到2013年的449亿美元。《2011年俄罗斯IT和外包行业预测》显示，在俄罗斯IT行业中，软件外包是增长最快的部分。另据俄罗斯软件协会（Russoft）统计，2002—2007年，俄罗斯软件出口年复合增长率（CAGR，Compound Annual Growth Rate）约为44.3%；2008年，增长率下降到21%；2010年，增长速度基本恢复到金融危机前（2008年）的水平；并据此估计，在随后的两年，俄罗斯软件出口的增长率将保持在20%左右的水平。具体来说，2002年，俄罗斯软件出口额仅为3.45亿美元；2007年达到21.5亿美元，比上年增长了52%；2010年，出口额增至33亿美元；预计到2012年，俄罗斯软件出口额将达到47.5亿美元，同比增长21%（2002—2012年俄罗斯软件出口情况见图5-1）。俄罗斯信息与通讯部部长雷曼曾指出，俄罗斯软件外包产值已经继印、中之后坐上了世界软件外包出口的第三把交椅。

俄罗斯承接的服务外包业务瞄向高端。《2008年全球服务外包发展报告》公布的全球服务外包承接国三个层次中（优先供应地、第二供应地和供应争取地），俄罗斯被列为第一等级——优先供应地。与印度公司最初提供的廉价服务不同，俄罗斯IT服务外包从一开始就走高端

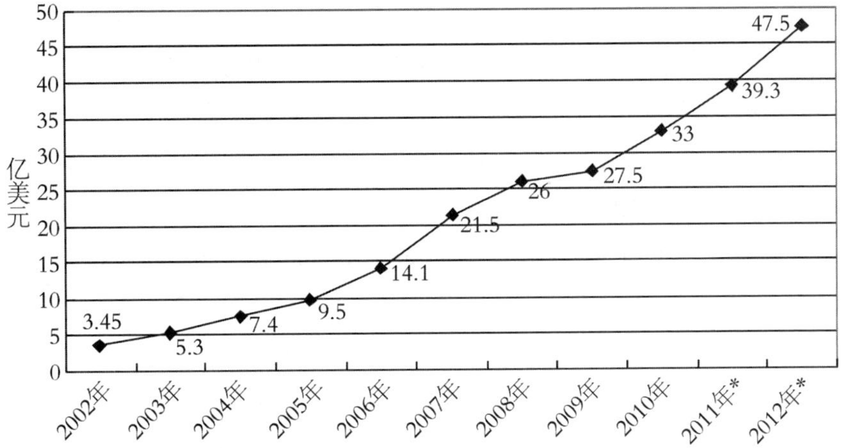

图 5-1　2002—2012 年俄罗斯软件出口总额

注："＊"表示预测值。

路线，专门为客户提供高档软件、装嵌软件产品研发及高端编程工作。1992 年，诺夫软件（Novosoft）与 IBM 的合作，拉开了俄罗斯软件外包市场的序幕。目前，戴尔、波音、微软、德意志银行和英特尔等全球性大企业，都将其部分项目外包给俄罗斯。俄罗斯已有上百家服务外包公司专门为海外企业提供服务。例如，莫斯科的 ITCI、DataArt 和 Luxoft 等。其中，Luxoft 公司为波音公司开发过文件处理系统，还为 Deutsche 银行开发过综合的客户管理软件。Luxoft 总裁曾说："我们提供的质量、服务、安全，这一切在印度是难以达到的。"① 2011 年，俄罗斯共有 9 家服务公司挤入全球 100 强②，它们是 Artezio、Auriga、DataArt、EPAM Systems、Exigen Services、Lanit Tercom、Luxoft、MERA 和 Reksoft 公司。其中，Artezio、Auriga 和 EPAM Systems 公司连续两年（2010 和 2011 年）进入由国际外包专业协会（IAOP）评出的全球外包企业 100 强；Auriga 公司在 Datamonitor 排出的 2010 年世界前 50 名领先的 IT 服务供应商中，位居第 15 名，高于施乐、微软、SAP、富士通和甲骨文的名次（根据 2010 年外包研究黑皮书资料）。此外，Datamonitor 公司发布

① 何娜. 国际外包竞争日趋炽烈［J］. 国外社会科学文摘，2006（5）：42-43.
② 全球 100 强服务企业的选拔标准不是按照公司的规模或营业收入状况，而是更加强调客户服务质量的重要性。

的2011年外包黑皮书研究结果显示，Auriga公司被评为全球头号工程服务项目提供商，其由客户评定的服务提供质量领先于IBM、戴尔、惠普、HCL、Wipro和西门子等公司。基于俄罗斯境内拥有独一无二的专业复合型人才，截至目前，已有多家大型跨国公司在俄罗斯设立了自己的研发中心。其中包括阿尔卡特——朗讯、戴尔、爱立信、谷歌、华为、英特尔、Quest软件、RD-Software、LG Softlab、摩托罗拉、NEC、诺基亚、三星、西门子、SPA、Teleca、T-Systems公司等。尽管受金融危机影响，全球经济至今仍增长乏力，但俄罗斯IT产业的投资前景依然被普遍看好。据悉，半数以上的世界大型公司都与俄罗斯存在软件外包业务联系。微软、思科（与UFG联盟）、Sun Microsystems和其他一些公司已经相继宣布了在俄罗斯投资软件开发产业的计划，拟议的投资金额从1 000万美元到3亿美元不等。近日，全球知名IT公司——IBM公司也计划在俄罗斯创新中心“斯科尔科沃”建立一个研发中心，双方还为此签署了一份谅解备忘录。① Techcrunch报道，俄罗斯的Nginx公司②获得了俄罗斯Runa、德国BV和MSD、迈克尔·戴尔的风投基金，总共融资300多万美元。③ 目前，俄罗斯已跻身于全球前20位服务外包市场主要竞争者的行列，是欧洲最大的IT市场之一，正在挑战印度和中国作为全球首选外包目的地的地位。

俄罗斯承接的服务外包业务不断升级，由直接外包逐渐转向提供成熟的整体解决方案和系统集成。从服务外包公司出口收入的来源看，2008—2010年客户定制软件开发（或称做“离岸编程（Offshore Programming)”）的份额逐年减少，特别是后两年降幅最大，从2009年的72%降到2010年的49%；与之相反，软件解决方案的开发和应用所占的份额却大幅提高，从2009年的11%增至2010年的30%；同时，其他IT服务（IT维护基础设施和IT系统）的比例也有所增加（见图

① 佚名. IBM计划在俄罗斯斯科尔科沃建立研发中心［EB/OL］.（2011-06-20）. http://chinasourcing.mofcom.gov.cn/c/2011-06-20/96264.shtml.

② Nginx公司开发和维护基于UNIX的开源Web和邮件代理服务器，以类BSD许可证的形式发布源代码，因其稳定性、丰富的功能集、示例配置文件和低系统资源的消耗而闻名世界，客户包括TechCrunch、Facebook、Groupon、WordPress和中国的新浪、网易、百度、搜狐、腾讯等。

③ 佚名. 俄服务器软件公司Nginx获300万美元风投［EB/OL］.（2011-10-12）. http://chinasourcing.mofcom.gov.cn/c/2011-10-12/102980.shtml.

5-2)。俄罗斯承接服务外包业务由客户编程逐步向更难工作转变的事实，也从另一个角度证实了以上对俄罗斯服务公司世界排名靠前的阐述。实际上，今天俄罗斯服务公司所取得的世界领先名次是在其转型过程中逐渐获得的。在俄罗斯经济转型的第一个10年（1991—2000年）里，俄罗斯依靠从苏联继承下来的、解决复杂技术难题的非凡能力，来吸引客户将其业务分包给俄罗斯公司。但是，囿于对复杂项目的管理能力和国际标准认证等问题，俄罗斯所承接的任务量非常有限。而自第二个10年开始，俄罗斯就成功地掌握了现代质量管理的标准（CMM/CMMI），并达到了国际质量认证的较高水平（4级和5级），在欧洲公司中居领先地位。在第二个10年末期，在为客户提供最优质服务的世界排名中，俄罗斯公司已经开始在最高位置的占据中崭露头角，其中，以被 Datamonitor 评为2011年世界工程服务项目 NO. 1 提供商的 Auriga 公司为代表。

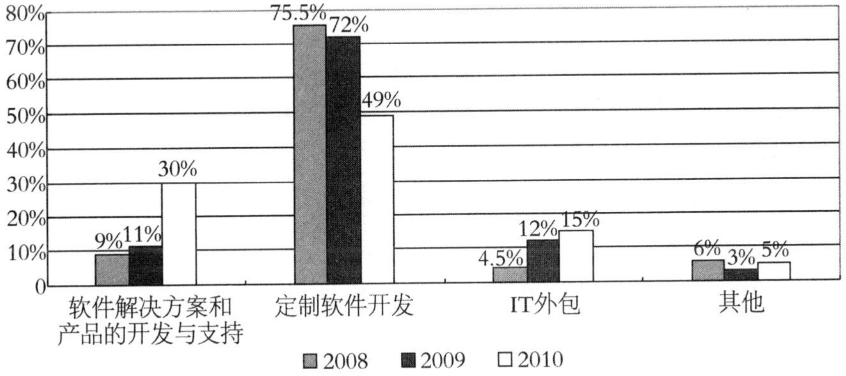

图5-2　2008—2010年俄罗斯服务外包公司出口收入结构

此外，金融、会计与人力资源等非核心业务服务外包，也逐渐在俄罗斯受到欢迎。2010年，俄罗斯金融、会计和人力资源外包市场成熟度进一步提高，但与2009年相比，达成的交易较少，发展速度也降了下来。根据 Expert RA 评级机构的研究，金融危机后经济发展态势趋弱是导致其发展放缓的一个重要原因。然而有迹象表明，伴随着俄罗斯经济发展速度的逐步回升，很多国内企业也逐步恢复了。因此，可以预计，伴随2011年底俄罗斯的成功“入世”，必定会有越来越多的跨国公司将俄罗斯作为发展目标，在未来几年俄罗斯服务外包的“马太效应”将越发凸现，包括金融、会计和人力资源在内的服务外包市场也会紧随世界外包市场的发展趋势，得到进一步发展。

综上所述，自转轨以来，特别是进入 21 世纪以来，俄罗斯服务外包获得了长足进展，尤其是 IT 服务外包出现了俄罗斯式的跳跃。但是，受传统体制的影响，俄罗斯在外包项目的管理效率、交付时间等方面仍与欧美发包商的要求有一定差距，其服务供应商的类型和规模也存在很大差别。例如，在俄罗斯金融、会计和人力资源外包市场上，既有专门的专业化外包公司，也有多样化的审计与咨询公司，还有小型的会计事务所。因此，俄罗斯服务业特别是新兴的服务外包业务，目前仍属于新型业务形式和商业服务形式，尚处于发展阶段。若要将其潜在的优势充分地发挥出来，尤其成为全球软件市场的领跑者，还有相当长的路要走。

5.1.3 中国服务外包发展状况

5.1.3.1 背景分析——中国发展服务外包的政策

中国服务外包发展的起步较晚。但是，自 2006 年以来，政府就十分重视发展服务外包，并将承接国际服务外包视为转变经济增长方式、扩大知识密集型服务产品出口、优化外商投资结构和提高利用外资质量与水平的重要手段。同时认为，服务外包作为现代高端服务业的重要组成部分，具有信息技术承载度高、附加值大、资源消耗低、环境污染少、吸纳就业（特别是大学生就业）能力强和国际化水平高等特点。“十二五”期间，中国政府制定了“十二五”国际服务外包发展规划，这标志着中国已将发展服务外包产业上升到了国家战略层面。

实际上，中国的服务外包是在中央和各级地方政府的积极推动与扶持下发展起来的。2006 年 3 月中国公布实施的《国民经济与社会发展第十一个五年规划纲要》提出“加快转变对外贸易增长方式……建设若干服务业外包基地，有序承接国际服务业转移”的要求。为落实这一战略构想，商务部制定了服务外包的“千百十工程”。其工作目标是：“十一五”期间，在全国建设 10 个具有一定国际竞争力的服务外包基地城市，推动 100 家世界著名跨国公司将其服务外包业务转移到中国，培育1 000家取得国际资质的大中型服务外包企业，创造有利条件，全方位承接国际（离岸）服务外包业务，并不断提升服务价值，实现2010年服务外包出口额在2005年基础上翻两番的目标。围绕“千百十工程”，商务部实施的主要政策措施如下：实施“千百十工程”人才培训计划；支持服务外包企业做强做大；大力开展“中国服务外包基地城市”建设；创建中国服务外包信息公共服务平台；鼓励和支持西部地区发展服务外包业务；完善服务外包知识产权保护体系；积极有效开展服务外包投资促进工作；做好服务外包业务统计工作，该工程已于2007年开始实施。2008年国际金融危机爆发后，中国政府针对工业品外需下滑的形势，又进一步加大了服务外包的政策支持力度，从财政、税收、金融、电信、知识产权保护等方面出台了多项政策，全力支持服务外包产业发展，并着力培养新的增长点。仅以2009年为例：2009年1月15日国务院办公厅下发了《关于促进服务外包产业发展问题的复函》，此后相继出台的一系列配套政策，如《财政部、商务部关于做好2009年度支持承接国际服务外包业务发展资金管理工作的通知》(2009年3月27日)、《人力资源和社会保障部、商务部关于服务外包企业实行特殊工时制度有关问题的通知》（2009年3月29日）、《财政部、国家发展和改革委员会、国家税务总局、科学技术部、商务部关于技术先进型服务企业有关税收政策问题的通知》（2009年4月24日）、《中国人民银行、商务部、银监会等关于金融支持服务外包产业发展的若干意见》（2009年9月7日）等。2010年颁布实施的“十二五”规划纲要提出：要努力扩大文化、中医药、软件和信息服务、商贸流通、金融保险等新兴服务出口，大力发展服务外包；同时选定计划重点培养的七大战略性新兴产业，其中就包含与承接IT服务外包相关的新一代信息技术[①]。截至目前，中国商务部会同工业与信息化部信息产业部和科技部先后认定了上海、西安、大连、深圳、成都、北京、杭州等21个国家服务外包示范城市；建成了11个国家软件产业基地；11个国家

① 新一代信息技术涉及宽带、具有安全性的通信系统、新移动通信、新一代网络、三网融合（电信网、有线电视网、计算机网）、云计算的研究开发、IC、新型控电板、高端软件、高端服务等领域。

软件出口基地；数百个不同层次的软件产业园区和高新技术开发区。其中，批准了江苏苏州工业园区“中国服务外包示范基地”和江苏无锡太湖保护区、江西南昌高新技术产业开发区、黑龙江大庆服务外包产业园区 3 个“中国服务外包示范区”。与此同时，各地方政府也对发展服务外包表现出极大热情，纷纷将承接服务外包作为实现地方产业升级、吸纳就业、提升城市形象的重要契机，并在国家扶持政策的基础上制定了有地方特色的服务外包发展战略。例如，上海 2006 年 8 月出台了《关于促进上海服务外包发展的若干意见》；无锡 2007 年 9 月下发了《无锡市政府关于集聚国际服务外包和软件出口企业“123”计划的政策意见》，并于次月发布了相关的具体实施细则；武汉也颁发了《促进服务外包发展的若干意见》；大连将发展服务外包确立为支柱产业，并为此制定了发展规划，通过税收、融资、土地和人才培养等扶持政策，对服务外包企业实行“官助民营”的特色管理体制，计划以服务外包促进城市建设、国际化和城市品牌的推广；深圳制定了发展服务外包的长期发展战略，拟通过充分利用 CEPA[①] 加强同“深港澳”的联动合作，同时吸引跨国公司的投资升级。另外，2011 年 2 月 11 日，国务院批复了以集中建设中关村为目的的《中关村国家自主创新示范区发展规划纲要（2011—2020 年）》（简称“中关村 10 年发展计划”），该发展计划是国家发改委、科学技术部、财政部及其他相关部门与北京市政府共同研究制定的，预计通过国家发改委正式发布。根据该发展规划，北京政府计划在 2020 年前完成以下任务：示范区内企业的年间总收益提高至 10 万亿元；将示范区培养为主导软件、IT 服务、生物医药、新能源等领域的产业集合体；通过建设世界一流大学和研究所以及具备国际竞争力的企业等，开发成为具有世界影响力的高新技术产业基地。

此外，为提高国内外包企业的接单能力，中国政府为服务外包企业提供政策性贷款和相关服务，并通过给予一定奖励的形式鼓励企业取得国际认证。截至 2008 年，中国已有 43 家软件企业获得 CMM5（含

① CEPA（Closer Economic Partnership Arrangement），即《关于建立更紧密经贸关系的安排》的英文简称。包括中央政府与香港特区政府签署的《内地与香港关于建立更紧密经贸关系的安排》和中央政府与澳门特区政府签署的《内地与澳门关于建立更紧密经贸关系的安排》。

CMMI5）级别评估，近30家企业获得CMM4（含CMMI4）级别评估，300多家软件企业获得CMM3（含CMMI3）级别以上评估，另有2 136家企业获得系统集成资质①。在国家政策的引导下，一些外包行业中介组织和企业联盟也成为推动中国服务外包发展的重要力量。例如，2006年5月，全国第一个区域性软件出口委员会在广东成立；2007年，上海也成立了信息服务外包企业联盟；2007年，由软件与信息服务外包业界众多知名企业联合发起的“中国软件与信息服务外包产业联盟”，在由原信息产业部主办的“China Sourcing 2007中国软件与信息服务外包峰会”上成立。该联盟倡议中国软件与信息服务外包应以统一的公共品牌“China Sourcing”参与国际市场的竞争，提高中国软件与信息服务外包产业的整体实力与国际化水平。除此之外，信息产业部软件与集成电路促进中心和软件与信息服务外包平台等服务外包行业中介组织，也为企业承接国际服务外包起到了积极的促进作用。

值得一提的是，政府职能的转变也为中国加快服务领域的市场化进程、承接国际服务外包业务提供了良好的软环境。目前，中国已经建立了新闻发言人制度，以及时披露和发布信息；开通了由商务部主办、中国国际投资促进会承办的“中国服务外包网”，并通过加大对外宣传力度和加强对外宣传的权威性，以打造“China Sourcing”的良好形象；简化办事程序和手续，将办事公开化、规范化，进一步提高了政府办事效率。毋庸置疑，这些举措都将有利于中国综合环境的改善、为其发展服务外包产业与承接国际服务外包业务提供了良好的外部环境。

尽管中国政府对服务外包工作高度重视，但是由于承接服务外包业务起步晚，在制度建设和法律保障方面还存在很多不足。首先，在知识产权领域，2008年6月5日中国颁布了《国家知识产权战略纲要》，这是中国知识产权保护工作里程碑式的进步。但是，从总体上看，中国有关知识产权保护的问题依然严重。盗版软件、光碟现象十分普遍，国家对违规惩戒的力度不够，知识产权违法成本相对较低。这种情况造成很多服务外包企业不愿投入资金用于维护、升级企业的安全系统或改进加

① 王洛林．全球化：服务外包与中国的政策选择［M］．北京：经济管理出版社，2010.

密技术。而且，大多数中国服务外包员工还存在知识产权保护意识淡薄、对企业的保密协议不能严格遵守等问题，更进一步影响了中国承接服务外包的国际形象。知识产权问题已经成为制约中国承接服务外包尤其是对知识产权要求较高的欧美大型外包项目的主要障碍。其次，服务外包的税收政策不完善。截至目前，中国尚没有专门针对发展服务外包的税收政策①，现行的服务外包税收规定在促进服务外包业的发展上还有不少问题。例如：对服务外包企业的认定存在局限②，不少软件企业不能享受到应得的税收优惠；税收扶持政策大都集中在 ITO 领域，对 BPO 和 KPO 的涉及较少；税率在设计上不利于金融保险和物流服务外包业的发展③等。再次，有关金融服务外包的法律不健全、监管制度不完善。目前中国尚没有专门针对金融服务外包的法律法规，尤其缺乏对个人数据资料的法律保护。在银监会出台的相关文件中虽然有关于金融机构承接国际金融服务外包的相关规定，但在承接国际金融服务外包的监管上尚处空白。金融服务外包相关法律的不健全及其监管制度的滞后，在一定程度上制约了中国对国际金融服务外包的承接。最后，一些地方政府更重视硬件环境的建设，相对忽视人才培养以及对服务和监管体系的营造，乱建园区，重复开发。有些服务外包基地城市本来行业氛围不成熟、市场基础薄弱，但是基于当地政府承接服务外包的热情和参与度较高而进行的盲目招商，甚至给予外国服务外包企业的超国民待遇，这些行为不仅导致了服务外包企业在低层次上的过度（恶性）竞争，扰乱了市场秩序，破坏了行业发展的整体氛围，还造成了资源浪

① 目前，中国对服务外包实行的税收规定来自于财政部、商务部 2008 年 2 月 14 日发布的《关于支持承接国际服务外包业务发展相关财税政策的意见》（财企［2008］32 号）；财政部、国家税务总局、商务部、科技部、国家发改委于 2009 年 4 月出台的《关于技术先进型服务企业有关税收问题的通知》（财税［2009］63 号）和 2010 年 7 月 28 日财政部、国家税务总局、商务部联合印发的《关于示范城市离岸服务外包业务免征营业税的通知》（财税［2010］64 号）等文件。其税收优惠政策主要体现在创办服务外包企业的各种税收减免以及服务外包企业在生产、研发、重组、技术转让等环节享受城镇土地使用税、房产税、企业所得税、营业税等方面的优惠。

② 目前中国存在对服务外包企业认定标准过高、不切实际的问题。例如：对技术先进型服务企业的认定标准实际是高技术企业和离岸服务外包双重条件的叠加。企业一方面要满足高技术企业的要求，同时还要达到 50% 的离岸业务。现在全国只认定了 800 家左右，大多数企业达不到要求。从示范城市的情况来看，离岸业务大概只占 20% ~30%。许多 BPO 企业，如：金融后台服务、数据处理、呼叫中心、人力资源管理等，虽然这类企业目前数量很大，但由于技术先进性、离岸业务标准都达不到要求，即便有一定的规模也享受不到税收优惠政策。还有一些企业虽然拥有发明专利，符合高技术企业标准，但离岸业务标准满足不了，也享受不了优惠政策。

③ 胡绍山．促进服务外包业发展的税收政策研究［J］．中国集团经济，2011，（07）：97-98.

费，不利于服务外包领域资源的有效配置和可持续发展，并抑制了本土服务外包企业的生存发展，致使在此种情况下不可能产生行业的领军企业。

综上所述，中国政府自上而下实行的促进服务外包发展的一系列举措，在很大程度上改善了其服务外包发展的政策环境，但是，仍然存在很多不能适应服务外包快速发展的问题，不少服务外包企业享受不到政府提供的优惠。这说明，中国政府发展服务外包的政策未能做到与时俱进，且针对性还不够强，需要进一步完善。

5.1.3.2　中国服务外包的发展状况

（1）总体状况

中国服务外包的起步虽晚，但是发展很快。如果追溯中国服务外包的历史，可能要回到1985年中国科学院向日本派遣软件研修生和1988年IBM公司向中国转移系统软件的汉化工作。可以说，从1985—2000年的15年时间里，是中国服务外包从无到有、从萌芽走向幼稚的孕育期①。而中国服务外包产业开始形成规模，被政府和社会广泛认知并进入高速成长期，则是2000年之后的事情。尤其是2006年“十一五”规划提出后，中国服务外包进入了井喷式的增长时期。在2000年，即便是中国服务外包行业的先进企业，其规模也不过一、二百人，但是截至目前这些“小企业”已经发展成为工人数过万、营业额超亿美元的领军企业，并陆续在纽交所、纳斯达克、中国香港和国内上市。截至2011年9月，中国服务外包企业共有15 417家，服务外包从业人员286.1万人，其中大学生占70%以上；截至2010年年底，获得各类认证（包括CMMI、CMM、PCMM、ISO2001、SAS70、ISO27001等）的中国服务外包企业共达2 810个（详见表5-1）。2001年中国软件离岸外包市场的规模只有1.8亿美元，2008年增至25.8亿美元，7年间增长了13.3倍；2009年受金融危机的影响，中国服务贸易出口额下降了12.2%，而同年服务外包行业规模反而呈现大幅度增长态势，完成服务外包交易金额138.4亿美元，其中，离岸外包100.9亿美元，同比增长

① 曲玲年．中国服务外包产业如何从幼稚走向成熟［N］．国际商报，2010-05-31（007）．

115.1%。这是中国服务外包产业的一个独特现象，究其原因，可能是金融危机后，跨国公司出于自身经济安全和分散风险的考虑，倾向于将外包业务由欧美向包括中国在内的亚太、中东欧等地区加速转移的结果。2010年，中国承接服务外包协议金额进一步增加，为274.0亿美元，执行金额达198亿美元，同比分别增长37.0%和43.1%，其中承接离岸服务外包合同金额198.3亿美元，执行金额144.5亿美元，同比分别增长34.3%和43.10%。2011年前三季度，中国共签订服务外包合同金额达286.4亿美元，执行金额200.1亿美元，两项均超过2010年全年的水平。其中，承接离岸服务外包合同金额达209.2亿美元，执行金额145.1亿美元，分别同比增长69.8%和65.6%，比去年全年总额分别高10.9亿美元和0.7亿美元，预计2011年中国离岸服务外包总额将超过200亿美元[①]。目前，中国已经成为世界第二大离岸外包目的地国家。根据近日中国社科院发布的2011年服务外包蓝皮书《中国服务外包发展报告（2010—2011年）》预测，10年之后，中国很有可能取代印度成为承接高科技服务最多的国家，排在中国之后的是印度、美国和俄罗斯。尽管中国的服务外包发展迅速，规模扩大也很快，特别是"十一五"规划后更是如火如荼地发展，但是，中国服务外包市场规模占世界市场的份额还十分有限。中国社科院发布的2011年服务外包蓝皮书显示：2006年，中国服务外包产业收入达118亿美元，占全球的比重为1.29%；2010年，这一比重略有上升，达到1.73%左右。与印度相比，中国承接服务外包的规模也相对较小。例如，印度目前已形成年销售收入300亿美元的规模，其中出口230亿美元的服务外包产业，承接全球65%的软件外包市场业务和46%的其他服务外包市场业务[②]。而当前中国外包的市场规模约为100亿美元，仅为印度的1/3，差距十分明显。因此，中国服务外包业的发展还很年轻，尚处于发展和学习期，要实现蓝皮书的预测目标并达到成熟阶段，还须付出极大的努力。

---

① 周小雍.2011年中国服务外包总额预计将超200亿美元［EB/OL］.(2011-10-31).http://chinasourcing.mofcom.gov.cn/c/2011-10-31/104531.shtml.

② 王传言.中国服务外包业腾飞最缺什么［EB/OL］.(2011-08-05).http://chinasourcing.mofcom.gov.cn/c/2011-08-05/99059.shtml.

表 5-1　　2007—2011 年前三季度中国服务外包业发展情况

年份	合同额（亿美元）	服务外包企业数（个）	获得各类认证企业数（个）	就业人数（万人）
2007	31.91	1 731	451	42.7
2008	58.4	3 302	1 192	52.7
2009	168.9	7 100	2 203	130
2010	274.0	12 706	2 810	232.8
2011 年 1—9 月	286.4	15 417	—	286

资料来源　王建．中国服务外包产业回顾与展望［J］．产业观察，2010（2）：66-68.

曲玲年．中国服务外包产业现状与展望［EB/OL］．（2011-06-21）．http：//chinasourcing. mofcom. gov. cn/c/2011-06-21/96340. shtml.

（2）结构状况

现阶段中国服务外包的主要业务仍以软件开发为主。根据商务部发布的《中国软件出口发展报告 2011》，中国软件产业收入规模从 2001 年的 751 亿元扩大到 2010 年的 13 364 亿元，年复合增长率高达 36%；软件行业收入占 GDP 的比重从 2003 年的 1.41% 上升到 2010 年的 3.36%，年占比增幅高达 13%。2011 年 7 月 26 日，工业和信息化部发布的上半年软件业经济运行情况显示：中国软件产业总收入 8 065 亿元，同比增长 29.3%；利润 103 亿元，同比增长 34.9%，软件业在国民经济中的地位不断提升。与此同时，软件外包服务发展也很快。2007 年，中国软件外包服务出口额首次突破 10 亿美元大关；2009 年出口额达到 24 亿美元；2011 年上半年，在全国软件出口增速逐月回落的情况下（3、4、5、6 月出口增速分别为 20.4%、19.7% 和 6.9% 和 9.1%），软件外包服务出口却一枝独秀，实现出口额 22.8 亿美元，同比增长 46.4%。商务部统计显示，2011 年 1—8 月中国共签订服务外包合同 63 473份，合同金额 238.8 亿美元，执行金额 173.8 亿美元，其中，共签订软件出口合同 27 477 份，合同金额 97.8 亿美元，实际执行金额 76.6 亿美元[①]。伴随着软件服务外包规模的持续扩大，金融服务、研发、呼叫中心、会计、财务与人力资源管理、客户服务等部门的服务外

① 佚名．服务贸易尤其是服务外包呈快速发展态势［EB/OL］．（2011-09-26）．http：//chinasourcing. mofcom. gov. cn/c/2011-09-26/102330. shtml.

包规模也日益壮大。现阶段，中国金融外包市场主要集中在 IT 行业。计世资讯（CCW Research）研究显示，2010 年中国金融 IT 外包服务市场规模为 74.57 亿元，同比增长率为 21.03%；2011—2014 年中国金融 IT 外包服务市场的复合增长率将达到 22.91%（如图 5-3 所示）。目前国内众多城市都在积极建设金融后台服务中心，全国已经形成东部、西部、南方、北方、中部五大地域金融后台服务中心的城市竞争格局：东部以上海为代表城市；西部的成都、西安、重庆都有意争夺西部金融中心之位；南方以深圳为代表城市；中部以武汉为代表城市；北方地区以天津为代表。中国呼叫中心（Call Center）行业从 1998 年开始，历经 10 余年的发展，目前也已初具规模并被应用到多个行业和领域，形成了以北京、上海、深圳、广州等城市为中心的呼叫中心外包集中地。

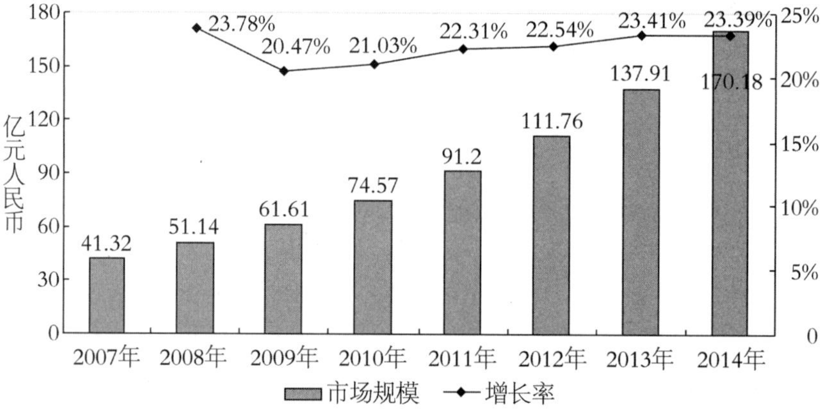

图 5-3 2007—2014 年中国金融 IT 外包服务市场规模及增长率

此外，随着国家服务结构调整步伐的加快，越来越多的企业认识到产业升级的重要性。在承接离岸外包业务方面，逐步由低端服务向价值链高端延伸，产业咨询、解决方案能力、软件与信息系统架构设计、研发服务外包等高附加值、高技术含量的业务比重不断上升。例如，深圳动漫企业通过与深圳、中国香港进行合作，以香港为中转站，将发达国家的动漫产业部分制作环节引入深圳；成都也以承接动漫外包的形式开辟了外包发展的新领域①。2010 年，中国工程研发服务外包（KPO）的

① 杨丹辉．全球化：服务外包与中国的政策选择［M］．北京：经济管理出版社，2010.

合同执行金额达 20.2 亿美元，同比增长 254.2%。与此同时，国内服务外包企业的自主创新能力也逐步增强。为顺应离岸服务买家对服务模式不断创新的需求，近年来中国服务外包企业依靠国内鼓励自主创新的扶持政策，加大了对基础技术研发的投入，组建了高素质的研发团队，大幅提升了自主创新能力。服务外包企业的软件著作权数和申请专利数均大幅增加。截至 2010 年底，全国经认定的技术先进型服务企业约达 800 家。

（3）发包方市场

由于地理位置相邻、文化相近，加之熟练掌握日语、韩语的人才较为丰富，中国承接日韩服务外包具有先天的比较优势，其发包方市场仍以日韩为主。以大连为例，在 2005 年大连突破 100 亿元的软件销售收入中，有 70% ~80% 是销往日本的①。目前，在中国 IT 服务订货市场上，日本占整个市场的 59.2%，是最大的外包订货国家；欧洲和美国占 22%；中国香港占 10.9%。在开拓日本软件服务外包市场方面，中国北京、上海、深圳、大连、杭州等几个主要城市的发展尤为迅速，已经初步形成了对日软件出口开发的骨干企业群。例如，东软对日外包业务占 90%，欧美业务只占 10% 左右；软通动力的日韩业务占 65%，欧美业务只占 35%；大展集团的日本业务占 1/3，是最大的一块，其后依次为北美、欧洲和中国②。对于正在崛起的动漫外包来说，中国也是承接日韩外包的重要目的国。如，大约 90% 的日本动画绘制工作都是采用外包形式的，其中大部分制作工作已转移到北京、上海和杭州等地。

尽管中国承接日韩服务外包具有天然的优势，日韩市场也是中国承接服务外包业务的主要来源地，但是，这样的格局对中国服务外包的长期发展不利。一方面，日韩外包项目一般分解较细，附加值相对较低，如果长期“照单生产、照单抓药”，不利于中国外包产业的升级和发展；另一方面，承接日韩外包的门槛不高，竞争异常激烈，一些企业为了争夺外包合同，不断压低价格，进一步压缩了原本就不很丰厚的利润

① 陈菲．服务外包与服务业发展［M］．北京：经济科学出版社，2009.
② 杨琳．中国金融服务外包现状及前景［EB/OL］．（2010-03-05）．http：//chinasourcing. mofcom. gov. cn/c/2010-03-05/65396. shtml.

空间，扰乱了正常的市场竞争秩序。而与日韩模式不同，欧美企业倾向于把业务整体外包出去，不仅合同金额较大，附加值也较高。随着外包产业的发展，现在已有越来越多的企业认识到产业升级的重要性，开始积极整合资源，提高在欧美市场的投入力度。目前，中国离岸服务外包市场的重心已经不再仅仅倚重于日韩市场，而是日韩和欧美并重，并且有进一步向欧美市场倾斜的趋势。例如，2011 年，在中国领军企业的服务外包业务收入中，22% 来自国内市场，78% 来自国外市场。其中，北美市场占 40%，日本占 28%，欧洲占 9%，其他国别地区占 1%[①]。但是，短期内中国承接服务外包的发包方市场以日韩为主的格局很难改变，中国对欧美外包市场的开发存在一定难度。其一，国内一些企业在承接日韩外包业务过程中已经成为了日韩外包商较为稳定的客户群，双方不仅建立了长期的合同关系，合作也不断深入，正从发包合作逐渐向战略协作过渡；其二，欧美的外包业务模式相对成熟，发包业务范围较广，对接包企业的要求也较高，通常要求接包企业提供整套的解决方案、具备较强的技术和项目管理能力。但是，囿于企业规模、商业能力和知识产权保护等问题，中国承接欧美服务外包的能力还有待加强，欧美国家对向中国发包尤其是将大型综合性项目发包给中国仍存有一定的顾虑。

（4）主要承接地和企业

在国家和各地方政府的大力支持与鼓励下，目前中国已经初步形成了以示范城市为核心的环渤海、长三角和珠三角服务外包产业集群带，同时中西部的成都、西安等示范城市对中西部地区服务外包产业的辐射效应也较为凸显，推动了中西部地区服务外包产业的飞速发展。截止到 2009 年，21 个示范城市服务外包离岸执行金额占全国的 95%，企业家数占 78%，服务外包就业人数占 77%。2010 年，全国共新增服务外包企业 3 756 家，其中有 2 625 家分布在示范城市[②]。不仅如此，多数示范城市还形成了自己的特色产业，同时也积累了经验。按照各自的特

① 佚名. 2011 年领军和成长型企业的离岸业务同比增长 16.3% [EB/OL]. (2011-06-14). http://chinasourcing.mofcom.gov.cn/c/2011-06-14/95943.shtml.

② 佚名. 我国服务外包产业的地位及发展思路 [EB/OL]. (2011-08-02). http://chinasourcing.mofcom.gov.cn/c/2011-08-02/98787-5.shtml.

点，可粗略地将中国外包城市分成四类：第一类是外包战略中心城市，包括北京、上海和广东，以金融服务中心、高端咨询和研究为主；第二类是生产工厂型城市，包括天津、杭州、南京，由于同上海或北京相邻，主要承担基础框架生产的工作，成为国内外包产业的生产工厂；第三类是具有国际地缘优势的外包业务中心，包括大连和深圳；第四类是成本优势外包中心，包括西安、武汉、济南、成都等，主要以二线城市为主①。2011 年 6 月 10 日，在第四届中国国际服务外包合作大会上，由 IDC、Gartner 和中国国际投资促进会联合评审的 2011 年中国服务外包十大领军企业和百强成长型企业榜单正式揭晓。其中，2011 年中国服务外包十大领军企业分别为：药明康德新药开发有限公司、东软集团股份有限公司、浙大网新科技股份有限公司、海辉软件（国际）集团公司、软通动力信息技术（集团）有限公司、文思创新软件技术有限公司、中软国际有限公司、尚华医药研发服务集团、大连华信计算机技术股份有限公司和浪潮集团有限公司。十大领军企业的总营业额达到 18.7 亿美元，比上一年度增长 25.5%，占领军和成长型企业总营业额的 53.3%。其中，服务外包营业额超过 2 亿美元的领军企业由上年度的 2 家增加到 4 家。十大领军企业的离岸业务总额为 14 亿美元，比上一年度增长了 33%，占领军和成长型企业离岸业务总额的 63.3%。从行业划分来看，信息服务业（含电信和动漫）、金融与保险、卫生健康、制造业、政府与教育五大行业最受领军企业关注，占到领军企业所服务市场份额的 95% 以上②。

5.2 捷克、俄罗斯和中国承接服务外包的发展条件：SWOT 分析

对于捷克、俄罗斯和中国来说，承接服务外包不仅能够直接增加服

① 杨琳．中国金融服务外包现状及前景［EB/OL］．（2010-03-05）．http：//chinasourcing. mofcom. gov. cn/c/2010-03-05/65396. shtml.

② 佚名．2011 年中国服务外包十大领军企业名单揭晓［EB/OL］．（2011-06-10）．http：//www. chinanews. com/qxcz/2011/06-10/3103194. shtml.

务贸易出口额，而且有助于促进现代服务业的建立和发展，进而充分发挥服务业对制造业的润滑剂作用，加速制造业发展，优化产业结构，最终实现制造业与服务业的比翼齐飞。因此，有必要深入分析捷、俄、中三国服务外包发展的内、外部环境，充分了解和掌握其发展中的优势（Strengths，S）、劣势（Weaknesses，W）、机会（Opportunities，O）、和威胁（Threats，T），即 SWOT，从而系统、全面地把握三国发展服务外包的基础条件。

SWOT 分析最早是由美国旧金山大学韦里克（H · Weihrich）教授于 20 世纪 80 年代初提出的。它是一种系统的分析方法，即通过找出优势、劣势、机遇与威胁，将这些看似独立的内部资源与外部环境因素相互匹配，然后进行综合分析。但在应用 SWOT 法对捷、俄、中三国承接服务外包发展条件分析之前，有必要先对影响全球服务发包商选择承接地的因素进行考察，以便结合这些因素有的放矢地考量和比较三国承接服务外包的优劣势。

根据 neoIT 咨询机构的创办人兼主席 Atul Vashistha 的观点，选择合适的服务外包承接地应考虑如下因素（详见表 5-2）：①金融吸引力，即成本因素。可粗略地分为人事成本和操作成本两类。在全球服务外包的实践中，人事成本大约占总成本的 40% ~50% 。②服务成熟度。既有的服务外包承接类型和规模是评价外包承接地服务成熟度的主要指标。③人力资本。人力资本是决定服务提供质量的最关键因素。一个受过良好教育的、合格的劳动力资源，它的可扩展性，并在激烈竞争环境中的可持续性是服务发包商考虑这一因素时需要评估的几个关键参项。④基础设施。随着服务全球采购的深化发展以及服务外包承接国间竞争的日益激烈，各承接国有必要将本国的基础设施建设得符合国际标准。⑤风险。毫无疑问，社会稳定、经济安全是保障企业能否实现可持续经营的关键因素。⑥商务环境。了解一个国家的商业文化、社会环境、政府的支持程度等情况，是任何一个企业在国外经营或设立业务之前的必经步骤。

表 5-2 **服务发包商选择承接地时的考虑因素**

区域要素	主要参项
金融吸引力	办公用写字间租金、日常经营成本、公司税、员工薪资、开办公司的成本、税收优惠等
服务成熟度	服务产业规模、现存的主要 ITO 与 BPO 公司、提供多国语言的服务能力、专门的服务行业和重点
人力资本	整体劳动力规模、大学毕业生的数量、人才流失率、受过大学教育的劳动力规模变动性和可持续性、工资的通胀率
基础设施	互联网提供商的数量、个人电脑数量、IT 园区和经济特区的数量、航线连通率、道路基础设施
风险	犯罪率、金融风险、劳动风险、基础设施风险、地缘政治和社会风险
商务环境	政府的支持和优惠、社会环境、生活质量、腐败、开办企业的时间和成本、生活成本

资料来源 ATUL VASHISTHA. Choosing the Right Off-Shoring Destination. ［EB/OL］.（2010-11-21）. http：//www. globalsevicesmedia. com.

5.2.1 内部优势（S）

5.2.1.1 捷克的内部优势

（1）服务成熟度

捷克具有利用外资的丰富经验，现存多家 ITO 与 BPO 公司，服务成熟度较高。自 1993 年独立近 20 年来，捷克的产业国际化程度不断提高，不少产业部门和众多企业已经发展成全球产业链条的重要环节，在与跨国公司合作和竞争的过程中积累了丰富经验。目前已有多家世界知名跨国企业将维修、资讯系统支援、软件中心及客服中心等移至捷克。现在捷克境内提供服务的主要 IT 服务商为：IBM、HP、Telefonica O2、T-Systems、Ness Czech、Siemens IT Services and Solutions、Accenture、Autocont、Unicorn、Oracle 等公司。捷克拥有完善的医药和生物技术研究机构网络。截至 2007 年底，全国共有 308 个生物技术研究实体，其中 47% 在布拉格，22% 在南摩拉维亚地区。大部分研究设施属于捷克学院、大学和卫生部。目前捷克已经形成了以 IT 服务和生物研发服务为主的重点服务外包行业。另外，捷克文化兼容性强，具备提供多国语言的服务能力。捷克的官方语言为捷克语，德语、俄语和英语是主要外语。OCED 的调查结果显示，有近一半的捷克人至少能够讲一种欧洲语言。2004 年印度在布尔诺市建立的 Progeon 公司捷克研发营业中心，现用 16 种欧洲语言为全球各行业客户提供端对端的商业流程外包全套服务，无疑是捷克语言优势的最好佐证。

（2）人力资本

无论从人口数量还是从国土面积上看，捷克都是一个内陆小国。但是，捷克的人均受教育程度较高。多年来，捷克一直实行从学前到博士的免学费教育。截至 2009 年，捷克总就业人口约 550 万人，其中具有中等及职技学校教育程度的约占 42.4%，技术学院及一般中学程度为 37.2%、大学为 14.8%，超过美国、英国、瑞典等发达国家。捷克高素质的劳动力尤其为投资高附加值产品领域的项目提供了人才资源。此外，自 2008 年开始，捷克还实施专门针对非欧盟国家高等专业技术人才的“绿卡”制度，“绿卡”有效期为 3 年，“绿卡”与工作许可证一同发放，同时将以前外籍雇工申请居留和工作许可的繁杂手续合二为一，以简化有关手续，借此吸引人才。从人力资本考量的另一个重要因素“工资的通货膨胀率”来看，捷克薪资增长幅度偏小，且趋势平稳。捷克统计局资料显示，2004—2007 年捷克年平均通胀率分别为 2.8%、1.9%、2.5% 和 2.8%。自 2007 年底起，因能源及食品价格大幅上涨，捷克年均通胀率有升高趋势，2008 年年均通胀率达到 6.3%，扣除物价上涨因素的影响，2008 年捷克实际薪资增长为 2.1%，较 2007 年下降 2.3%。与其他中欧国家如波兰、匈牙利和斯洛伐克相比，捷克薪资增长缓慢、平稳。

（3）基础设施

捷克基础设施较为完善，拥有密集的道路运输网络。早在 1993 年 1 月，捷克政府就开始了加速兴建高速公路及四线道公路的计划，该计划要求于 2007 年前拓宽高速公路 1 057 公里。捷克全国铁路线长约 9 602公里，铁路密集度为每平方公里有 0.12 公里的铁路线，约为西欧国家平均铁路密集度的2倍。捷克航线连通率较高，现有10座国际机场，分别为布拉格市-Ruzyne机场、布鲁诺（Brno）-Turany机场、奥斯特拉法（Ostrava）-Mosnov机场、卡罗维伐利（Karlovy Vary）机场、Pardubice、Klatovy、Kunovice、Hosin、Holesov及Mnichovo-Hradiste城市机场。同时，捷克政府为了优化经济结构、实现经济的可持续发展，十分重视研发和先进服务业的发展，通讯和信息产业也不断升级、扩展。经合组织的数据显示，捷克信息产业投入占GDP比重高于欧盟国家的平均水平。目前，捷克电信业已经实现了自由化。ADSL宽带服务自2003年开始提供，现可向手机持有者提供每月固定费率的上网服务，CABLE TV亦可提供无线上网服务。此外，捷克政府还通过建立科技园区和为园区企业提供特殊的优惠政策来支持服务外包的开展，也为捷克凝聚外包企业和人才提供了重要的平台。截至目前，已经初步建成豪乐秀夫（Holesov）、格卢卡、比尔森（Plzen）、扎德茨、卡丹、克拉德诺等90家经国家认定的园区。毫无疑问，较为完善的基础设施，为捷克开展外包业务提供了良好的硬件条件。

（4）风险

转型意味着一种利益的调整，必然会带来许多矛盾。但捷克在转轨过程中却保持了难能可贵的社会稳定。对在捷克投资的部分公司进行调查以及国际一些信用评估机构对捷克投资环境的评价，它们都一致认为捷克政治环境和宏观经济环境稳定、投资风险较小。国际知名的穆迪投资服务公司将捷克信用标准评级为Baa1；标准普尔公司（Standard & Poor's）将捷克的长期信用等级评为A+级，短期信用等级评为A1级。而且，捷克同包括中国在内的世界上30多个国家签署了《投资保护协定》，以保证外国投资者在捷克的投资权益不受损害，还与世界上大部分国家签订了避免双重征税的协定。另外，捷克金融体系较为健康，抵御金融风险的能力较强。例如，在2008年全球金融危机中，与其他欧盟成员国相比，捷克受到的冲击较小，国内经济形势相对稳定。这主要是捷克金融业在一定程度上减弱了危机对其经济的影响，使政府无须像其他欧盟成员国那样花费巨额资金帮助其走出困境。再如，捷克目前虽然尚未加入欧元区，但捷克与欧元区的贸易往来密切，欧洲债务危机并非与捷克无关。由于捷克银行采取了较为谨慎的投资态度，目前其银行业资金链健康，受欧债危机的影响有限，捷克银行业暴露在危机中的风险敞口完全可控①。

（5）商务环境

捷克政府通过提供优惠、鼓励外资进入国内市场等措施改善服务外包的商务环境。目前，捷克已经取消了对投资规模和所有制形式的限制。2001 年 6 月，捷克政府利用欧盟结构基金将原先制造业才能享有的投资优惠补贴政策，扩大到商业支持服务和与客户服务中心、软件发展中心、联合服务中心、高新技术维护中心、高新产品和工艺技术中心等领域，并允许企业把研发费用计入成本，冲减税基。在新政策的作用下，捷克的投资结构发生了巨大变化。对此，捷克专家高度评价捷克政府投资政策的导向作用，认为新的投资鼓励政策推动捷克经济向更高的层次发展，将为捷克生活水平的提高奠定基础。此外，捷克政府还对设立高科技研发中心和贸易促进服务中心提供了国家投资优惠政策，其中符合投资条件的或新成立的公司可享受长达 10 年免征所得税的优惠。据悉，近日捷克政府正在讨论一项新法案，以使捷克投资环境更能符合海外投资者的需求。新法案中将帮助外资企业在捷克和欧盟等其他国家购置不动产时获得补贴，为创新型外商投资企业提供 7% 的注册资金拨款②。

5.2.1.2 俄罗斯的内部优势

就选择合适的服务外包承接地时应考虑的因素而言，按照 neoIT 咨询机构创办人兼主席 Atul Vashistha 的标准，俄罗斯承接国际服务外包的最大优势就是拥有大量的、高素质的人力资本。

（1）人力资本的数量

世界银行的资料显示，目前俄罗斯拥有 100 多万技术熟练人员，总量超过了美国、日本和中国，是印度的三倍。资料还表明，俄罗斯熟练工人的比率为 3 801/百万人，仅低于日本的 4 909/百万人，远胜过美国的 3 698/百万人，欧洲的 2 476/百万人和中国的 454/百万人，而印度

① 陈听雨，杨博．捷克银行业受欧债危机影响有限——访捷克国际商会主席米高·迈斯特里克［N］．中国证券报，2011-11-11（A04）．

② 陈听雨，杨博．捷克银行业受欧债危机影响有限——访捷克国际商会主席米高·迈斯特里克［N］．中国证券报，2011-11-11（A04）．

只有151/百万人。就排名而言，俄罗斯每千人中研究和开发人员的数量居世界第一；每百万人中科学家和工程师的人数位列世界第三，遥遥领先于印度和中国。而且，在过去的十年中，在俄罗斯从事专业软件开发人员的数量也出现大幅增长。微软称，从2003年到2010年年初，俄罗斯程序员的数量由21.2万人增至35万人，平均每年新增2万名专职程序员。微软的这一估计是基于对程序员经常使用的程序（如开发工具和数据库管理系统等）许可证的销售量做出的。与微软测算相吻合，俄罗斯联邦电信与大众传播部统计显示，2008年俄罗斯高等教育机构培养了约1.9万名在IT领域从事编程工作的专业人员。

（2）人力资本的质量

苏联解体后，俄罗斯经济一度陷入低谷，其研究人员不仅无法继续日常工作，连基本的生活保障都成了问题。于是，一大批曾经的数学家、化学家、物理学家、生物学家和航天工程师选择了与商业有关的实用技术领域。而恰恰是这种被动的转向，促使了理论技术与应用技术的强强联合，打造出了俄罗斯独一无二的专业复合型人才。从这个意义上说，俄罗斯的技术人才是精英中的精英。此外，俄罗斯从苏联继承了以工科为基础的教育体系，注重培养学生的深层次基础知识。由于受过高水平的数学和科学训练，从事IT领域的员工，能够快速地学习新技术、适应技术变革，并在解决疑难问题时显现出无与伦比的创造性和灵活性，而不单单局限于当前的热门技能。在国际外包界流行一句话："如果您项目庞大，那请您到印度去；如果您任务紧急就去中国；如果您有棘手的任务，请交给美国人；如果您有不可能完成的任务，那么，请交给俄国人吧"。从这段话中也可以看出，俄罗斯拥有世界上顶尖的技术人才，在俄罗斯可以找到"在美国或是印度找不到的优秀程序员"。

（3）IT人员的后续力量

俄罗斯高等教育中主修科学与工程的学生比例约为25.55%，高于美国（16.48%）、日本（21.54%）、英国（22.67%）等许多国家的水平[①]。计算机与信息技术公司协会（ACITC）的统计结果显示，俄罗斯

① 景瑞琴．人力资本与国际服务外包——基于承接国视角的分析［M］．北京：对外经贸大学出版社，2009.

大学每年至少培养6万名IT领域的专业人才。联合国教科文组织（UNESCO）和德国联邦统计局的数据显示，在获得从事IT业所需技术资格的学生比例中，俄罗斯排名世界第一。不仅如此，俄罗斯在校学生还经常在国际编程竞赛中夺冠。例如，2011年春，在美国佛罗里达州奥兰多举行的世界最著名的“计算机协会——国际大学生程序设计大赛（ACM-ICPC）”中，俄罗斯队再次获得佳绩，在12个获奖团队各自代表的大学中，有5所来自俄罗斯，2所来自中国，美国、波兰、德国、加拿大和乌克兰各1所。在俄罗斯参赛的12年中（1999—2011年），总共获得了6次世界冠军。其中，圣彼得堡精密机械与光学大学（Saint Petersburg State University of Information Technologies, Mechanics and Optics）三次夺魁，圣彼得堡州立大学（St. Petersburg State University）获得2次冠军，萨拉托夫州立大学（Saratov State University）获得1次冠军。此外，在其他全球性程序设计竞赛中，俄罗斯程序员也多次获得佳绩。值得一提的是由微软主办的创新杯（Imagine Cup）。这项竞赛以“为技术带来革新、让世界从此变得不同”为理念，鼓励青年人发挥他们的想象力、热情和创造力。2009年，俄罗斯团队在竞争最为激烈的项目——软件设计中取得第二名；2008年，俄罗斯团队获得了杰出工程成就奖，并在Project Hoshimi竞赛中拔得头筹。在过去几年中，多支俄罗斯团队在创新杯软件设计邀请赛中问鼎。不断取得成功的比赛成绩表明，俄罗斯迄今仍是一流工程专家和技术能手的摇篮，它所培养的人才有面临挑战、并乐于解决复杂问题的高超能力；同时，也显示出俄罗斯IT领域后续人力资本实力强大以及俄罗斯发展高层次IT业务的巨大潜力。

5.2.1.3 中国的内部优势

（1）人力资本

中国人才储备充足且素质较高。2009年中国共有普通高校2 305所，各类高等教育总规模达到2 979万人，毛入学率超过24%。为进一步提高高等教育的普及水平，2010年发布的《国家中长期教育改革和发展规划纲要（2010—2020年）》提出了2020年的毛入学率要达到

40%的目标，即具有高等教育文化程度的人数要比2009年翻一番①。2012年中国普通高校毕业生人数接近680万人。按照国际口径，中国已经进入高等教育大众化阶段，大学不再是精英教育的象牙塔。大量持续的大学毕业生供应能力，是支撑中国服务外包产业迅速成长的坚实基础，也是优于其他竞争国家的核心资源优势。同时，多年的服务和服务外包业务实践也培养、锻炼着越来越多的人才。据印度一位同行专家的描述“中国的一些企业和人士是全世界学习最快的人，有非常好的学习方法，学习他人的经验，很多跨国顾客都会有这种感受”，“中国专业人员业务能力和英语能力提高很快”，“中国人对事业的态度和愿望是非常强的”②。此外，随着中国经济的快速发展，越来越多的海外华人和出国留学人员归国创业，寻求发展机会。他们熟悉国外文化和商务模式，外语出色，其中还有不少人有供职于国外大型服务企业的经验，这为中国承接服务外包提供了强有力的智力支撑。

（2）基础设施

改革开放三十多年来，中国经济迅猛发展，基础设施大为改善。一方面，交通、通信、电力等现代硬件基础设施完备。目前，中国的电信基础设施是世界级的，可实现99.98%的网络连接率，且能为主要软件基地提供稳定、不间断的双电源供电。大约有150个民用机场连接大部分一级和二级城市，超过30个城市拥有国际机场以及国际直达航班。另一方面，投资环境特别是软环境不断改善。中国经济经过30多年的飞速发展，已经形成门类齐全的工业和服务体系，成功举办了2008年北京奥运会和2010年上海世博会。良好的软、硬件环境是中国承接服务外包最突出的竞争优势之一。

（3）风险

中国政治局势平稳，社会和谐，百姓安居乐业，抗风险能力较强。与菲律宾、越南等服务外包发展较快的国家相比，中国服务外包不易受到政治局势等风险的影响而使其发展受阻。另外，发生在印度孟买的恐

---

① 董洪亮．由“百里挑一”到四分之一，更多青年圆了大学梦［N］．人民日报，2011-03-08（01）．

② 朱正圻．现代服务跨国外包［M］．上海：复旦大学出版社，2009.

怖袭击事件也使发包商们意识到了存在于印度及其邻国的地缘政治风险。而中国即使在1997和2008年两次世界金融危机期间，其经济也能排除万难、实现稳步增长。稳定的国内环境及较强的抵御风险的能力是中国承接服务外包的又一优势条件。

此外，中国拥有任何国家都无法比拟的巨大的国内需求市场。改革开放30多年来，中国宏观经济持续高速增长，积累了雄厚的制造业基础，已经成为名副其实的“世界工厂”。中国在积极承接国际服务外包的同时，以发达制造业为依托的国内服务外包市场空间也将逐步释放出来，这不仅成为国内外包企业加速扩张的重要动力，也将吸引更多的国外服务提供商参与竞争。

5.2.2 内部劣势（W）

5.2.2.1 捷克的内部劣势

捷克承接国际服务外包的内部劣势主要表现在金融吸引力和人力资本因素中受过大学教育的劳动力可持续性方面。尽管捷克政府对从事服务外包并符合条件的企业提供专门用于支付经营活动、员工培训或再培训、企业创新研发项目的成本补贴，而且与美国及其邻近的承接服务外包主要国匈牙利、波兰和爱尔兰相比，捷克目前的薪资成本节约优势还属明显。但是，由于近几年捷克克朗大幅升值，加之捷克政府自2007年1月1日起将法定最低工资标准调高至每月8 000克朗，捷克薪资成本的优势已经渐行渐远。有关资料显示：2008年布拉格地区平均月薪为1 136欧元，中波西米亚地区为902欧元，布鲁诺826欧元，皮尔森831欧元。而且，捷克商业用地和办公用的写字间的平均租金涨幅也较快。此外，由前文的分析可知，捷克国民受教育程度普遍较高，但是，目前年轻一代有偏好学习经、法及管理而轻视学习理工科的趋势。因此，尽管目前捷克由于IT业的快速发展已经成为中欧地区最发达的IT市场，但是囿于理工科人才后续力量的匮乏，捷克发展IT服务外包的可持续性受到制约。

5.2.2.2 俄罗斯的内部劣势

（1）金融吸引力

近年来，随着俄罗斯经济的快速增长，俄罗斯年通货膨胀率达到了两位数，导致其人工费用和管理成本等大幅增加，莫斯科尤是如此。而美元贬值，卢布日渐坚挺也让俄罗斯为美国客户服务的成本在不成比例地增加。俄罗斯软件协会（Russoft）公布的资料显示，俄罗斯 IT 企业月平均薪金从 2009 年的 1 420 美元增至 2010 年的 1 550 美元，增长率为 9%。在世界服务外包承接市场上，俄罗斯的薪资水平大概是越南和中国的 2 倍。按照从业经验及公司所在地划分的俄罗斯 IT 员工月平均薪金水平见表 5-3。

表 5-3　**2010 年俄罗斯 IT 员工月平均薪金**　单位：美元

不同级别和经验的 IT 员工平均月薪				
新手	有经验的程序员		经理	
765	1 600		1 860	
新手的平均月薪				
莫斯科	圣彼得堡	西伯利亚	乌拉尔	其他城市
937	725	660	631	677
有经验的程序员平均月薪				
莫斯科	圣彼得堡	西伯利亚	乌拉尔	其他城市
1 789	1 534	1 260	1 398	1 655
经理的平均月薪				
莫斯科	圣彼得堡	西伯利亚	乌拉尔	其他城市
1 966	1 783	1 397	1 370	2 218

（2）服务成熟度

俄罗斯在服务成熟度方面的劣势主要表现在提供多国语言的服务能力上。《俄罗斯软件开发与软件出口 2011 年度调查》显示，2010 年俄罗斯 IT 公司中能熟练掌握英语的开发人员比 2008 和 2009 年增长了 3%，达到 68%。尽管俄罗斯懂外语（主要指英语）的软件研发人员逐渐增多，但是，俄罗斯并不属于英语知识水平高的国家。“教育第一”（Education First）国际语言学校的研究显示，就成年人的平均英语水平而言，俄罗斯在所调查的 44 个非英语母语国家中排列第 32 名，不仅落后于巴西、中国和印度，还远远低于瑞典（排名第四）和芬兰（排名第五）等东欧国家的水平。调查还显示，俄罗斯 IT 专业人员中懂德语的人所占的比例约为 5% ~10%，而能讲其他语言的人只有 4% ~5%。语言能力不强，往往导致有才能的俄罗斯 IT 专家花费更多的或不必要的时间、精力和资金创建要么已经存在、要么不太可能需求的解决方案，不仅有碍提供解决方案等服务竞争力的提高，还减缓了企业成功地走向世界市场的进程。

（3）人力资本

俄罗斯拥有世界顶尖级的人力资本，但却面临着人才流失和供应不足的威胁。近年来，俄罗斯人才外流的趋势有所减弱，但未来很可能发生扩大的情况。许多承接 IT 领域服务外包的领先国都出现了严重的人才短缺问题（如爱尔兰），他们倾向于邀请俄罗斯专家解决技术难题。与此同时，其他承接国也都乐于有俄罗斯软件研发人员参与项目。Ankor 猎头公司在 2011 年春季宣布的调查结果显示，在俄罗斯信息通信领域工作的专家中，只有 17% 依赖本地市场的发展，并留在国内工作；绝大多数（77%）都打算移民，其中 22% 正在认真考虑移民。尽管这一调查的对象具有局限性（如果将调查范围扩大到全俄罗斯所有的 IT 专家，想要移民的人数比例可能不会那么高），但是，调查结果毕竟对俄罗斯的人才流失问题起到了警示作用。换句话说，如果能够避免技术移民，凭借高质、优秀的技术人才，俄罗斯在 IT 领域的发展将会大有作为。另外，俄罗斯在人力资本方面的另一个劣势就是人才供应短缺，尽管俄罗斯技术人才的相对总量居世界前列，但是囿于人口规模及出生率低等因素，其技术人才的绝对数量相对匮乏。目前俄罗斯人才市场还属于供方市场。虽然受全球金融危机的影响，近几年俄罗斯市场对 IT 专家的需求有所减缓，但是，随着俄罗斯的“入世”，其 IT 经济将会迎来巨大的发展机遇，对 IT 人才的需求也必定随之增加。此种情形之下，如何有效阻止俄罗斯人才外流就变得更加重要与紧迫。

（4）商务环境

俄罗斯承接服务外包的最大劣势就是商务环境欠佳。首先，俄罗斯官僚主义与营私舞弊现象严重。在俄罗斯，贿赂成风。根据 2007 年全球反腐败非政府组织“透明国际”发布的报告，俄罗斯法官每年的受贿总金额为2.1亿~30亿美元。尽管近几年俄罗斯媒体对腐败案件的曝光越来越多，但这并没有促使“无良官员”的集体意识向好的方向去改变，多数企业认为俄罗斯官僚与营私舞弊的现象趋向恶化。根据2011年对俄罗斯部分IT企业的调查，其中有71%的企业认为俄罗斯官僚与行政壁垒已经影响到了公司活动并且变得越来越严重（2010年这一比例为65%）。显然，官僚主义与营私舞弊在无形中增加了企业的“非服务”成本。其次，行政效率低下。俄罗斯官员办事拖沓且工作繁文缛节世界闻名。就IT服务外包业而言，尽管国家重视支持IT产业的发展，但是并未完全落到实处。例如，由于海关对IT行业的忽视，用于测试新研发软件的硬件设备的进口经常被延误，导致创新技术丧失时效性优势。再次，税收政策不利于IT业发展。虽然俄罗斯自转轨以来引入了不少新的税收优惠措施以支持IT业发展，但是由于程序混乱或要求较高，相当多的IT企业尤其是小公司根本享受不到优惠。而且，俄罗斯实行统一的社会税制（Unified Social Tax，该税种依据员工薪资水平向雇主征收一定比例的税款），IT业与石油行业的税率相当。然而与石油行业不同的是，IT业所需的设备投入较少，员工工资占其生产成本的比例很大，约达50%。因而，对于IT业来说，征收统一的社会税实在有失公平。另外，税制不稳和政策混乱是制约俄罗斯IT业发展的又一诱因。例如，为支持IT业发展，2010年初，政府将软件开发人员的保险费率降至14%，但是，受惠仅一年半后，俄罗斯财政部联合联邦政府又宣布，自2012年1月起开始额外征收雇员工资的10%以补偿预算亏空。由于IT领域员工的平均工资超过全国平均工资的30%~50%，这一举措实际上远远超过了其享受的保险费率降幅。基于此，不少IT企业为了避免较重且多变的税负，要么维持现有工资水平，要么不新增雇员，要么干脆将企业移至税制更优惠的国家。所以，不利的税收体制与政策已经影响了俄罗斯IT企业的发展和积极性。最后，知识产权保护力度不够。俄罗斯是世界上盗版最猖狂的国家之一，地方政府一直对公开或私下贩卖盗版软件的小商贩和供应商睁一只眼闭一只眼。例如，俄罗斯网站ALLOFMP3（http：//www.allofmp3.ru/）长期销售未经许可、受版权保护的音乐作品，而美国音乐公司状告该网站的官司却迟迟得不到解决。知识产权问题已经成为俄罗斯信息产业及服务外包行业发展的又一障碍。

5.2.2.3 中国的内部劣势

(1) 金融吸引力

虽然中国外包成本的总体水平较低，但是，近年来国内土地、员工薪资、物价等商务成本不断上升，加之人民币汇率的升值，中国承接服务外包的成本呈上升趋势。同时，中国培养的工程和计算机毕业生虽然理论知识较欧美国家扎实，但是几乎没有人能够一走出校园就独立承担任务，都需要经过企业的再培训教育。而这对于利润日渐微薄、人员流动较高的服务外包行业来说，无疑增加了企业的负担。

(2) 服务成熟度

中国提供多国语言的服务能力较差。国际知名研究机构高德纳公司的研究文章曾指出："印度是全球说英语人口最多的国家，中国是全球学习英文人口最多的国家。①" 这句话不仅可以说明印度之所以在承接服务外包方面遥遥领先主要得益于国民英语听说能力的普及，还反映了中国在英语应用能力尤其是听说方面的劣势。而这一劣势不但降低了中国服务外包企业在国际市场上的接单竞争力，而且造成了其在外包项目中因沟通不畅而拖延项目进程，甚至产生不必要的交易成本。

(3) 人力资本

中国缺乏高端的服务外包人才。随着中国高校教育体制由精英化向大众化转变的改革，人才供应总量迅速增长，其中有大批高校毕业生加入了服务外包行业队伍，充实了该行业的人才储备，但同时也使其人才结构变成了"金字塔"型，即在服务外包行业的就业链底部具有人力资本优势，而对处于中高层次的、精通工程和管理技术、具有国际市场运营经验且非常了解欧美市场的创新型、实用型、复合型人才以及项目经理的缺口明显加大。而这正是导致中国外包企业在国际市场上获取外包订单能力不强、市场竞争力较弱的直接原因。

此外，与服务外包先进国家相比，中国服务外包在产业规模、交付

---

① 曲玲年．中国服务外包产业现状与展望［EB/OL］．（2011-06-21）．http://chinasourcing.mofcom.gov.cn/c/2011-06-21/96340-2.shtml.

能力以及整合全球资源的能力方面还有待提高，“中国服务”的品牌尚未被全球服务买家广泛认知，产业的国际话语权较弱。同时，外包管理多头、协调不畅、地方保护、行政垄断、税收、知识产权和地区间产业同质化等问题突出。因此，尽管中国服务外包发展迅速，但仍处于起步、成长期和学习阶段，若要提高其接包能力及行业的国际竞争力，仍需对其发展模式和规律进行不断探索。

5.2.3 外部机遇（O）

捷、俄、中三国的服务外包发展面临着相同的外部机遇。

首先，全球服务外包呈不可逆转的发展趋势。2008 年 9 月爆发的金融危机虽然对全球经济和服务外包造成了冲击，但是，从长远来看，全球化的进程终将延续，无论是制造领域还是服务领域，要素分工与资源配置的全球化将持续加深，制造业与服务业的产业转移也将继续深化。因此，捷、俄、中三国面临的最大外部机遇莫过于全球产业转移的不可逆转之势。在实践中，越来越多的跨国公司已经认识到离岸服务外包模式的价值，并制定了离岸外包发展战略。2010 年中国商务部副部长王超曾表示，目前 95% 的全球财富 1 000 强企业已经制定了业务外包计划，预计到 2020 年全球离岸服务外包市场将达到 1.65 万亿 ~ 1.8 万亿美元。可见，国际服务外包产业的发展潜力巨大，市场规模扩张急剧，这无疑将成为未来全球经济发展的重要引擎。另一方面，由金融危机引发的全球经济增长乏力，在此经济形势下，先发国家的第一要务就是降低成本，而成本节约恰恰是全球服务外包兴起的最主要动因（关于外包可节约成本的程度参见表 5-4）。从长期来看，外包不仅能降低成本，而且有利于提高服务的专业化程度，相应地提升成本的有效性。由此，越是在经济不景气、生存成为考验的时候，对外包的需求就越会增长①。从这个意义上说，当前的金融危机为服务外包领域的加快重组提供了一个良好的历史机遇。捷、俄、中三国若能抓住此次机遇，其服务外包竞争力及外包接单能力将可能实现更大的发展。

① 当然，任何一个企业做出的外包决策都是经过仔细考虑和实际论证的。

表 5-4　　典型外包成本节约的比率

	IT 外包成本下降比率	商业流程外包（BPO）成本下降比率
工资水平	46%	42%
通讯系统	3%	5%
基础设施和支持	18%	17%
交易和治理	7%	8%
资源重新配置	4%	3%
资源冗余	1%	2%
培训和生产率	9%	10%
灾害恢复和商业连续性	3%	5%
资源服务	4%	2%
差旅费用	3%	3%
汇率变成成本	3%	2%

资料来源　ATUL VASHISTHA，AVINASH VASHISTHA. The Offshore Nation，The Rise of Services Globalization [M] . New york：McGraw-Hill Publishing Company Limited，2005.

其次，印度服务外包的领先国地位维系困难。作为全球服务外包行业发展的领跑者，印度近年来却出现了一系列诸如人力成本上升、IT 员工流动率日趋走高、基础设施落后、法律保障不完备等问题。除此之外，发生在 2009 年初外包巨头的财务造假丑闻也使印度外包服务供应商逐渐失去了与竞争者对抗的优势，对印度 IT 外包产业产生了不良影响。客户对印度提供的 IT 外包服务满意度有所降低。例如，客户对 Satyam 的满意度下降了 15%，对 TCS 的满意度下降了 8%，对 Wipro 的满意度下降了 4%[①]。而且，据印度软件和服务企业协会（NASSCOM）报道，大约 50% 的工程专业毕业生和高达 85% 的其他专业毕业生不能一走出校园就胜任服务企业的工作。而这无疑需要外包企业支付额外高昂的成本以培训新员工。另外，印度著名政策制定者让·德雷兹（Jean

① 贺洁，石俊. 中东欧：中国该警惕的 IT 外包对手 [N] . 中国计算机报，2009-08-24（3）.

Drèze）日前也表示：在过去15年里，虽然印度经济快速增长，但基础教育状况毫无改善。印度基础教育状况与巴布亚新几内亚以及受危机重创的阿富汗和也门同样糟糕①。同时，印度现有的中等教育也大多质量较低，且是非义务的。因此，在全世界几乎所有国家的教育质量以及国民受教育程度不断提高的背景下，印度的教育状况严重影响了以人力资本为核心的服务外包行业的可持续发展，其领先地位，恐怕难以为继。

再次，现代新技术为服务外包带来了新商机。近几年，云计算、物联网等新技术成为市场上最为关注的热点。云计算不单是IT技术，也是商业模式，它允许公司外包服务，这无疑将创造出新的外包模式。而与云计算主要基于跨国巨头和高端信息服务不同，物联网是对现有互联网技术、传感技术、智能处理等信息技术的高度集成，涉及的范围更为广泛。企业界和学术界都认为，物联网产业链大致包含十几个环节。万亿元级别的产业将产生千亿元级别的服务外包②。因此，以云计算和物联网为代表的新技术将为包括捷、俄、中三国在内的世界所有服务外包承接国带来新的商机。

最后，捷克和俄罗斯有近岸外包优势。近年来，欧洲外包交易量大有超过美国的趋势。2008年欧洲签署的外包合同数量创下了历史纪录，同年超过了美国的外包交易量。欧洲尤其是英国的公司，越来越多地将服务业务外包到海外。《2011年全球服务外包发展报告》显示，英国外包市场从2004年到2009年增长了36%，未来10年仅仅在IT领域的外包业务将增长6倍。捷克与俄罗斯在地理位置和时区上接近欧洲，欧洲巨大的外包市场需求无疑为两国创造了天然的服务外包近岸优势，拓展了其发展服务外包的外部市场空间。

5.2.4 外部威胁（T）

在承接国际服务外包过程中，捷克、俄罗斯和中国不可避免地面临激烈的国际竞争。而且，国际外包的向纵深领域方向发展，也向包括

① 何黎．印度基础教育不振［EB/OL］．（2011-08-26）．http：//www.ftchinese.com/story/001040357.

② 李杨．IT服务外包："商机"+"政策"="突破"［J］．上海信息化，2010（10）：42-43.

捷、俄、中三国在内的世界所有服务外包承接国发出了新的挑战。

服务外包承接国能够从服务外包中获得提高科技创新力、优化产业结构和出口结构、提升国家形象等诸多好处。服务外包作为新的经济增长点，对其业务进行承接就成为世界上众多国家纷纷抢分的一杯羹，他们都梦想着打造自己的“班加罗尔”。目前，全球服务外包承接国的数目急剧增加，竞争日益激烈，并且正朝着多元化的方向发展。例如，在2010年Gartner公布的全球前30位IT外包排行榜中，许多成熟的国际服务外包承接国如新西兰、爱尔兰、加拿大、新加坡等国没能进入该榜单。而与之形成鲜明对比的是，柬埔寨、肯尼亚、斯里兰卡等许多中小贫困、落后的国家，近几年服务外包行业得到飞速发展。2010年斯里兰卡IT与商务外包产业产值达到3.9亿美元，同比增长了25%，目前国内从业人员达到35 000人，相关企业达到150家。

此外，以KPO为代表的新型服务外包业务模式正在迅速崛起。尽管传统的ITO外包近年来发展依然良好，如2010年ITO市场规模占据了全球服务外包市场60%以上的份额，但是，KPO和BPO外包也正在快速发展。KPO作为服务外包业务新出现的发展方式，是目前服务外包中的知识密集型产业。它涉及知识产权、股票、金融和保险、人力资源、生物工程等领域的核心业务流程，对员工的素质要求较高，业务流程复杂，科技含量高。虽然ITO外包仍是近期全球服务外包发展的重点，BPO和KPO外包不可能撼动ITO的市场地位，但是，凭借科技含量较高、涉及领域众多等特点，KPO正逐步变成服务外包产业新的发展方向。承接KPO服务外包，无疑会推动行业摆脱低端化、缺乏科技含量的困境，促使服务外包行业向科技密集型方向发展，进而带动整个行业进一步向高附加值、高科技的领域进军。但是，目前捷、俄、中三国并不十分具备承接KPO的充分条件。从现阶段来看，世界服务外包向KPO领域倾斜的发展趋势，构成了三国承接服务外包业务可持续性的强有力威胁。

5.2.5 总结性评述

从以上的分析中可以看出，捷、俄、中三国发展服务外包所面临的外部条件相同，但是内部优劣势却各有长短。

5.2.5.1 关于外部机遇与威胁

就外部机遇而言，一是，当前全球服务外包产业发展迅速、潜力巨大，并已呈不可逆转的发展趋势。二是，2008 年 9 月爆发的金融危机对世界经济的影响至今尚未完全消退，在此情况下，基于出于成本节约的考虑，全球服务外包布局可能进行重新调整，而这却为各服务外包承接国提供了难得的发展机遇。三是，现代新技术为服务外包带来了新商机。四是，国际服务外包行业的领头羊——印度，近年来却出现了一系列诸如人力成本上升、IT 员工流动率日趋走高、基础设施落后、法律保障不完备、服务的客户满意度下降、教育状况欠佳等问题，使其作为服务外包领先国的地位维系困难。五是，欧洲服务外包市场需求不断扩大，也为捷克和俄罗斯带来了难得的近岸外包优势。

外部威胁方面，在服务外包已经引起世界各国广泛关注并呈现承接国多元化发展趋势的情况之下，国际服务外包市场的竞争变得空前激烈。但是目前，世界各主要服务外包承接国的竞争主要集中在 ITO 这一发展较为成熟的领域。与此同时，世界上最大的服务外包发包国——美国，由于国内经济增长缓慢，软件服务外包导致的国内相关领域失业率提高，美工会和劳工组织已经采取用行动抵制外包服务的措施①。这些情况无疑进一步加剧了国际服务外包承接市场尤其是 ITO 市场竞争的激烈程度。另外，BPO 和 KPO 正逐渐成为服务外包发展的主流，特别是 KPO 作为服务外包行业发展新的增长点，其发展前景不可限量。而目前捷、俄、中三国并没有完全做好转变服务外包发展方向、承接 KPO 的准备工作。这些因素都构成了三国发展服务外包的外部威胁。

5.2.5.2 关于内部优势与劣势

对捷克、俄罗斯和中国发展服务外包的内部条件进行比较，可以发现：

第一，捷克自 2004 年已成为欧盟成员国，相比俄、中两国，其在服务外包行业、政策等方面发展较为成熟，最大的劣势就是年轻人日渐

① 美国是全球最主要的软件生产和出口大国，国内软件公司占据了 2/3 以上的世界软件市场，目前提供大约 70% 的全球服务外包合同。

偏好学习经济、法律及管理等相对容易的科目，而不愿选择即便毕业后还需要解决复杂技术难题的理工科，另外就是成本上升的压力。事实上，从某种程度上说，捷克目前的劣势正是一二十年前美国等发达国家所经历过的。对于捷克而言，当前最重要的就是立足本国优势，凭借已有的服务外包业发展良好的基础条件、较为成熟的服务市场、高质量的教育水平和年轻人学习的专业所长优势，以及政府强有力的扶持政策，采取多元化的发展战略，同时积极进行服务承接方式的升级，将其调整为知识密集型的 KPO，并努力培育本国 KPO 的竞争力和本土企业服务提供的实力，使 KPO 成为带动经济发展的新的增长点。

第二，相比捷克和中国而言，俄罗斯受计划经济体制的影响最为深重，其行政效率低下、官僚主义严重、腐败成风、税收政策不健全、知识产权不到位和人才流失等主要基于政府管理和政策方面的缺陷最大，但其人力资本优势也最为突出。实际上，服务外包业的腾飞，归根到底是需要人才的支撑。人才竞争是国际竞争的根本所在。特别是在全球金融危机以后，以复合型人才为基础的产业融合作为一种新的产业发展模式备受瞩目。这一情形更加彰显了俄罗斯高端人才的优势。当外包质量变得更加重要、外包也不仅仅是降低成本的方法时，如果俄罗斯服务提供商能将人才优势与一些“软技能”相结合，并运用恰当，将有可能成为其服务外包企业在国际市场竞争中的制胜法宝。但是，单靠俄罗斯企业的努力还远远不够，还需要政府更多、更有力的支持，才能将其人力资本的优势充分发挥出来并有效克服上述劣势。基于此，当前俄罗斯政府需要着力解决的是将对服务领域发展的重视与支持切实落到实处。这不仅包括做好人才激励工作，调动其积极性，有效阻止人才外流，而且还要推进金融市场的发展，稳定宏观经济，从而为加快俄罗斯服务业与服务贸易的发展、优化服务贸易结构，提供一个宽松、良好的商业运行环境。

第三，中国服务外包正处于由浅入深的发展过程中。目前制约中国服务外包行业发展的高端人才缺乏、外语沟通能力欠佳和管理分散、政出多门、政策含金量不高等劣势，会随着经济的发展而逐步得以改善。但是，为了避免重蹈制造业“为她人做嫁衣”的覆辙，“中国服务”应当创立自己的品牌，生产有独立知识产权的服务产品，同时走竞争差异化之路。只有这样，才能避免出现如同制造业那样的贸易摩擦，并绕过服务外包的“跟随式”发展陷阱，从而为中国服务外包和服务贸易的发展赢得一个良好的国际环境。

总之，当前捷、俄、中三国正面临着一个历史性的选择和机遇，需要立足各自的独有优势、把握新机遇、积极面对挑战，快速地实现服务外包的跨越式发展。

5.3 经济转轨国家承接服务外包发展述评

5.3.1 承接服务外包的利益与风险

经过二三十年的市场经济转型，大多数经济转轨国家已经初步建成了市场经济体系。如何完善市场经济并向成熟的市场经济体系过渡，是所有转轨国家必须面对并解决的问题。由 20 世纪 80 年代世界 IT 产业的快速发展催生出的服务外包，作为现代服务业的一种新业态，不仅是在市场经济需求的驱动下产生的，反过来也促进了市场经济的发展与完善，且二者相辅相成、密切联系。从这个意义上说，服务外包也是推动经济转型的重要力量之一，可对经济结构的优化、产业结构的升级起到催化剂作用。因此，经济转轨国家积极承接并发展服务外包业务，可帮助其加速踏上成熟的市场经济道路。

具体而言，转轨国家积极承接服务外包业务获得了诸多益处：首先，服务外包是一种不消耗自然资源、不损害自然环境的绿色产业。在资源和环境硬约束的条件下，转轨国家承接国际服务外包，有利于摆脱对资源——能源的过度依赖，建设资源节约型和环境友好型社会。其次，由于服务外包很好地契合了世界技术变革和产业升级的方向以及可持续发展的目标，转轨国家承接国际服务外包不仅增多了与世界先进知识和技术成果接触的机会，还可通过学习和模仿使其在完成接包任务的过程中实现该新兴服务外包业的动态成长。与此同时，由学习、模仿产生的知识外溢与扩散效应，有助于该服务业与其他产业进行互动，继而实现其行业自身与整体产业结构的共同优化发展。再次，承接服务外包有利于解决大量劳动力就业。与资金密集型的制造业相比，开展服务外包的成本很低，并且每美元的投资可以创造100倍的就业机会[①]。印度软件和服务企业协会（NASSCOM）的资料显示，IT产业的每名新工人可以创造包括从大楼管理员到保安的7个间接性工作。另一方面，服务外包业务对高素质劳动力的需求，不仅能促使国家培养大批与现代服务业相关的技术和管理人才，激发企业加大对职业性教育、培训的资金投入，还可实现技术、管理等知识创新与劳动者素质提高的双向互动，并产生人才的示范与竞争效应，进而增强企业实力与国家人才竞争力。最后，转轨国家承接服务外包有利于扩大服务贸易出口，促进国家经济增长，提高劳动者收入。相对于劳动密集型制造业产品的出口，服务外包的价值增值更高，因而能够创造更多的出口收入，还能推动加工贸易转型升级，提升在国际分工中的地位，优化外贸结构。

鉴于上述正面效应，承接服务外包与发展现代服务业受到各转轨国家的普遍重视。除中国外，中东欧及部分独联体国家也已经发展成为全球服务外包的主要承接国。例如，CEEC国家中的捷克、匈牙利、波兰和罗马尼亚，CIS国家中的俄罗斯和乌克兰都赫然列在2008年Gartner发布的《全球前30位离岸外包目的地》榜单中。且该榜单的研究报告还称，中东欧作为离岸外包地区正在崛起。全球各跨国公司已纷纷将其地区服务中心、会计中心及研发中心迁往东欧各国。例如，匈牙利自2000年出现了第一家共享服务中心（Sharing Service Center）以来，IBM、GE、Diageo、EDS、Alcoa、Sykes、ExonMobil和Morgan Stanley等公司都在匈牙利设立了公司共享服务中心，诺基亚（Nokia）也将其地区会计中心迁到布达佩斯。具体来说，Sykes的匈牙利中欧责任有限公司（Sykes Közép-Európa Kft）负责诺基亚中东欧地区全部电讯及电话服务业务；EDS的地区服务中心用7种语言为客户提供信息专业建议；GE通用公司布达佩斯服务——指导公司则为整个欧洲大陆的GE分公司提供服务；IBM匈牙利中心仅处理欧洲、非洲及远东地区金融业务的

① 何娜. 国际外包竞争日趋炽烈 [J]. 国外社会科学文摘，2006 (5)：42-43.

员工就有100多人，他们为客户提供收集、支付及作账业务的服务①。波兰的服务外包成本虽然相比五、六年前有所提高，但仍具吸引力。波兰业务服务领导者协会的有关报告显示，已在波兰设立的外国服务中心共有132个，其中78个为业务流程外包中心（BPO）②。保加利亚凭借其地域优势和人才优势，加上积极引进外资的政策，现已成为全球服务外包产业的新热点。全球著名的管理咨询机构A. T. Kearney公司发布的“全球服务外包吸引指数（2005年）”排名显示，保加利亚名列全球第15位、欧洲第2位（排在捷克之后）③。乌克兰目前的信息服务业务量每年成倍增长，信息技术已成为乌克兰增长最快的出口型产业。2010年乌克兰信息服务出口达到10亿美元，是世界上信息服务出口的第五大国。同时，乌克兰信息技术人才总数位列世界第四，仅落后于美国、印度和俄罗斯。中欧和东欧外包协会（CEEOA）发布的《中欧和东欧IT外包回顾2010》报告显示，乌克兰每年有1.4万信息技术专业人员毕业，是这一地区信息技术专业人数增长仅次于罗马尼亚的国家（增长率为9.5%）。此外，乌克兰信息技术人才数量和质量的增长潜力也得到了世界范围内的广泛认可。综上，可以看出，与捷克、俄罗斯和中国一样，其他转轨国家的服务外包市场也正处于迅速、蓬勃发展之中。

但也应该看到，长期承接服务外包业务可能隐藏着潜在的安全隐患。首先，从上文对捷克、俄罗斯和中国服务外包发展的个案分析，以及从匈牙利、波兰等国所取得的服务外包成就中可以看出，在服务外包市场蓬勃发展的过程中，政府的积极推动和大量外资的参与功不可没。但同时，服务外包市场繁荣发展的可持续性也值得深思。其次，若经济增长过度依赖服务外包，将可能导致国内经济容易受到外部经济波动的影响。以捷克为例，尽管从总体上看捷克受2008年全球金融危机的影响较小，但这主要得益于捷克健康的金融体系以及由汽车出口产生的外

① 佚名．跨国公司纷纷落户匈牙利［EB/OL］．（2005-07-28）．http：//hu. mofcom. gov. cn/aarticle/jmxw/200507/20050700207158. html.

② 佚名．波兰服务外业仍具吸引力［EB/OL］．（2010-12-16）．http：//pl. mofcom. gov. cn/aarticle/jmxw/201012/20101207311667html.

③ 郎楷淳．保加利亚：服务外包产业的“欧洲小虎”［N］．中国信息报，2006-09-14（006）．

贸顺差[①]对其经济的拉动。而就服务业而言，捷克统计局的数据显示，2009年捷克服务业同比下降9.3%，2011年三季度捷克服务业产值（按不变价格计算）同比下降4.1%，环比下降1.6%。捷克服务出口减少、服务业至今增长乏力。再次，长期从事服务外包的承接工作，容易锁定承接国的技术成长路线，对发达国家的业务分解和项目管理等产生一定的路径依赖，进而落入“跟随式”发展陷阱，而且，还有可能产生“产业空心化”的风险，最终造成国内经济内生增长不足的局面。

综上所述，转轨国家承接和发展服务外包并非百利而无一害。诚然，当前各转轨国家正面临着一个历史性的选择和机遇，需要立足优势、把握机遇、积极面对挑战，快速地实现服务外包的跨越式发展。但是，怎样实现服务外包的跨越式发展，其具体发展模式和路径有哪些，这些都是需要各转轨国家仔细思量和认真解决的问题。

5.3.2 承接服务外包的发展趋势与风险规避

2008年9月由美国次贷危机引发的金融危机席卷全球，这场危机如同一把“双刃剑”，既牵制了全球服务外包市场的高速发展，又为全球服务外包产业的新一轮转移与重组提供了新的发展机遇。从机遇角度来看，首先，金融危机诱发了外包领先企业的又一波并购浪潮。HP、HCL、TCL、Sykes、IBM、微软、SAP等跨国服务企业相继进行了一系列并购活动。其中，HP以139亿美元收购EDS的案例最引人注目。其次，发包国或跨国公司出于自身经济安全和分散风险的考虑，开始拓展具有人才、成本、市场等优势的发展中国家和新兴市场。例如，2009年上半年，从签订的大型合同交易额来看，亚太地区的业务流程外包市场交易额比金融危机爆发前的2007年上半年增长了23.2%，占全球的比重由17.3%上升到21.1%；同期，美洲的这一比重由31.2%升至33.6%；欧洲、中东和非洲由51.5%降到45.3%[②]。另外，Gartner公

① 从2009年2月起，不少欧盟国家对汽车实行以旧换新的补贴措施，这在一定程度上促进了捷克汽车的出口，为捷克外贸顺差做出了贡献。

② 姜荣春. 全球服务外包产业发展趋势及中国选择［J］. 太平洋学报，2010（8）：71-80.

布的2010年全球前30位IT外包排行榜显示，出人意料的是，新西兰、爱尔兰、加拿大、新加坡等众多成熟的国际服务外包承接国并没有进入该榜单。与之相比较，一些中小贫困、落后的国家如柬埔寨、肯尼亚、斯里兰卡等国的服务外包业却得到了飞速发展。例如，2010年，斯里兰卡IT与商务外包产业产值达到3.9亿美元，同比增长了25%。再次，服务外包的业务范围出现了不断升级的趋势。由传统的基于技术层面的信息技术服务外包（ITO）逐渐向融合了高级分析、技巧性技术以及准确判断的高科技含量、高附加值的知识流程外包（KPO）转变。

由此，后危机时代，转轨国家服务外包将面临着外包市场多元化、竞争日益激烈、外包业务种类迅速增加并呈高端化发展趋势的局面。为了避免在这场以外包为主要形式的产业转移中既不会出现被边缘化的窘境，又不会因过度依赖服务外包而受制于人，应从以下四个方面来规避风险，以引导转轨国家服务外包走上健康的发展之路。

第一，搞好目标定位，苦练内功，增强“硬实力”。为了避免因长期从事服务外包承接工作而被锁定技术成长路线，进而落入“跟随式”发展陷阱或产生“产业空心化”的危险，各转轨国家应该苦练内功，更多地关注服务外包技术创新，同时创建自己的外包品牌，并朝着特色的方向发展，培育服务外包的独有优势。而且，在这一过程中，搞好目标定位尤为重要。如俄罗斯从一开始就将承接服务外包的业务瞄向高端。但是，光有目标还不够，还应该在立足本国独有优势的基础上，通过不断强化优势来促进既定目标的实现。

第二，增强“软实力”。尤其对于单纯在技术层面进行创新具有一定难度或者成本优势日渐丧失的转轨国家来说，更应该充分培育“软技能”，使其能作为在国际服务外包市场竞争中的制胜法宝。换句话说，就是从市场、客户资源和顾客需求等方面进行全方位、宽领域、多层次的创新培育，使其不简单、盲目地遵从规范和被动接受。

第三，服务外包发展较为成熟的转轨国家应当实施“走出去”战略。“走出去”，不仅仅意味着像印度那样，通过推销自己或建立海外分支机构而进行主动出击，还包括能像美国那样将非核心的业务转移到成本更低或与之相比具有其他方面优势的欠发达国家或地区，以专注发展自己的核心业务，最终提升国家竞争力。而且，在推销自己或建立海外分支机构的过程中，可以通过资源共享、优势互补、风险共担、共同研发等形式组建接包联盟，用一个声音说话，以此增强国际接包竞争力。当然，在这一过程中，处理好整合、协作等衔接问题十分重要。

第四，正确、合理地发挥政府推动服务外包产业发展的“搭台”作用。诚然，政府的支持是任何产业成功的关键。但是，政府扶持过度或扶持不当，不仅可能造成企业内部的X-无效率，还可能因此重复货物贸易摩擦频发并不断升级的老路。虽然目前全球针对服务贸易的壁垒较少，且《服务贸易总协定》（GATS）中也没有明确禁止服务贸易补贴的规定。但是，根据以往货物贸易出口补贴的经验，一旦服务外包的贸易量达到一定层级，由此造成的各方利益调整与冲突必将引发贸易保护主义的争端。届时，服务外包补贴将重蹈货物出口补贴的覆辙。特别是对于中国来说，自2006年国家将发展服务外包的计划列入“十一五”规划纲要后，制定了一系列促进服务外包发展的政策，包括对企业认证、人才培训、境外展会、跨国并购和税收优惠等方面的扶持与补贴。而且，各地方政府也对发展服务外包表现出了极大热情，纷纷将承接服务外包视为提升城市形象、实现地方产业升级和吸纳就业的重要契机，并为了抓住这个机遇，一方面在国家扶持政策的基础上制定了具有地方特色的服务外包发展战略；另一方面，出于对自身利益的特别考虑，惰于进行服务型政策创新，取而代之的是实行简单化的补贴政策。所以，仔细研究后发现，中国为支持服务外包所采取的补贴措施，在形式上完全类似于货物贸易，补贴资金直接拨付给企业，在财务上不做任何处理①，政府依旧是补贴的运作主体。中国补贴服务外包的举措，实则为国外反补贴留下了巨大的隐患。因此，在服务外包发展过程中，政府的职能定位工作十分重要。

综上所述，经济转轨国家应该在顺应国际服务外包发展趋势的基础上，立足本国优势，积极承接以外包为主要形式的国际服务产业转移。

---

① 张忠民．服务外包支持政策亟待转型［J］．国际商务财会，2010（12）：17-19.

一方面，避免出现被边缘化的窘境；另一方面，促进国内产业结构升级，提高其国际竞争力。但是，在这一过程中，政府必须做好促进服务外包产业发展的“搭台”工作，以配合服务外包企业“苦练内功”和“走出去”相结合的发展战略，进而规避由长期承接服务外包可能产生的安全隐患，最终实现国内经济的可持续增长和社会福利水平不断提高的目标。

5.4 本章小结

20世纪90年代中期以来，随着信息技术的突飞猛进，以外包为主要形式的服务产业转移如火如荼地展开，目前已在世界范围内形成了巨大的市场规模。就经济转轨国家而言，承接国际服务外包有利于转变经济发展方式、优化产业结构、促进服务业与其他产业整体优化，并对于解决大量劳动力就业、提高劳动者收入大有裨益。可以说，转轨国家承接和发展服务外包可起到推动其经济转型的催化剂作用。为此，各转轨国家政府纷纷出台各项政策措施，以支持服务外包发展。在以捷克、俄罗斯和中国为研究视角的个案分析中，可以看出，三国服务外包市场发展蓬勃，捷克服务外包已经发展成为中东欧地区的佼佼者；俄罗斯服务外包获得了长足进展，尤其是IT服务外包出现了俄罗斯式的跳跃，2007年其软件外包产值已继印、中之后坐上了世界软件外包出口的第三把交椅；中国已经成为世界第二大离岸外包目的地国家。但是，就转轨国家而言，承接服务外包也并非百利而无一害。长期承接服务外包业务可能隐藏着诸如服务外包市场难以持续繁荣、易受外部经济波动影响和产生路径依赖等安全隐患。尽管如此，由于国际服务外包向市场多元化、业务种类多元化并呈高端化趋势发展，处于接包国地位的转轨国家只能遵循并顺从这一趋势。一方面，避免在全球服务外包浪潮中被边缘化；另一方面，把握住全球新一轮产业转移的历史性机遇，并以此为契机，促进国内产业结构升级，提高国际竞争力，最终实现国内经济持续增长和社会福利水平不断提高的目的。为此，转轨国家应该在立足本国特有优势的基础上，积极迎接全球服务产业转移这一历史性机遇与挑战，快速地实现服务外包的跨越式发展。在微观层面，服务外包企业应“苦练内功”，增强软硬实力，实力较强的企业应实施“走出去”发展战略；在宏观层面，政府应做好促进服务外包产业发展的“搭台”工作。

第6章　经济转轨国家发展服务贸易、提升服务贸易竞争力的战略选择

经过二三十年的市场经济转型，大多数经济转轨国家已经初步建成了市场经济体系，即经济转型的第一阶段已基本结束，现正在进入第二阶段——向成熟的市场经济迈进，亦即实现经济转型的现代化阶段。实际上，经济转型的最终成果将取决于现代化转型的成功与否。当前，国际产业转移的重心已逐步由制造业转向服务业，全球经济结构呈现“服务化”发展趋势。在此新形势下，一国服务贸易的发展水平成为衡量其国际竞争力以及能否在新一轮国际竞争中获胜的重要标准。但是，受计划经济体制传统观念和思维模式的束缚，转轨国家的服务经济意识淡薄。与制造业相比，服务业和服务贸易发展较为滞后。而以先进知识和技术为标志的服务经济，又恰恰是经济现代化的主要内容。因此，为了巩固已取得的转型成果并成功地实现经济转型的最终目标，大力发展服务贸易，提高服务贸易竞争力，对广大转轨国家来说不仅重要，而且十分必要。

6.1 经济转轨国家发展服务贸易的战略意义

6.1.1 加快向成熟市场经济转型的进程

经济市场化是转轨国家经济转型的目标。随着世界新一轮产业结构的调整，全球经济联系日益紧密、贸易自由化水平不断提高。但这一切都是以越来越多的国家实行统一的市场经济体制为前提条件的。换句话说，世界不同类型的国家所共同遵守的市场经济原则，为经济全球化和贸易自由化的加深提供了便利。反之，贸易自由化也能成为一国推动统一的市场化规则日趋完善和建立成熟市场经济体制的重要力量，且二者是互促互进的关系。基于此，对广大转轨国家来说，发展服务贸易有助于完善国内市场经济体制。从理论上看，开展服务贸易必然要求融入到激烈的国际市场竞争的浪潮中，这使得参与服务贸易的各转轨国家国内有关服务业和服务贸易的政策法规必须与国际接轨。由此，在健全国内法律体系的同时，转轨国家的市场经济体制也随之完善和成熟。从这个意义上说，转轨国家发展服务贸易有利于加速推进其迈向成熟市场经济的进程。

6.1.2 促进经济增长向良性循环和可持续方式转变

经济转轨国家在历经二三十年的市场经济转型后，其国内服务无论在总量还是多样性上都获得了长足发展。服务贸易以消耗和占用资源、能源少却能获得“微笑曲线”两端高附加值服务品为特点，使最先开展服务贸易的欧美等经济发达国家攫取了全球产业链和价值链中的大部分利益。转轨国家开展服务贸易，不仅可以直接获得由服务出口带来的国际贸易收入，还能得到巨大的外部经济收益。就直接进口服务而言，进口本国无法满足但又是经济发展亟须的生产性服务，一方面有利于解决国内生产发展与服务业落后的矛盾，另一方面促进了国内经济资源的有效配置，使其专注发展自身具有优势的服务业，进而为出口创造更多的机会。对服务业的商业存在来说，外国服务提供者进入本国市场，一来，可使东道国企业有更多的机会选择优质廉价的服务及其产品，提高企业经济效益；二来，所产生的竞争效应，将迫使东道国服务企业向国际水平看齐，激发企业降低成本、提高服务质量和竞争力的积极性与热情；三来，由于服务的特性导致跨国子公司与母公司的关系一般为水平分工关系，因而相对制造业而言，经营服务的跨国子公司所产生的知识外溢效应更大。东道国服务企业通过学习与模仿，不仅可以提高服务水准，还能促进知识和人力资本存量的积累，进而加速本国知识经济的发展，推动以知识为核心的经济的可持续增长。因此，转轨国家发展服务贸易，在获得出口收入增加和国家经济效率提高等收益的同时，还能使经济增长方式朝着良性循环和可持续发展的知识经济方向转变。

6.1.3 提升货物贸易在国际分工和价值链中的地位与层次

目前，“产业融合”作为一种新兴的产业发展模式备受瞩目。这种由制造业与服务业的日益紧密融合催生出的新产业模式，将成为今后经济增长的焦点。从某种意义上说，产业融合主要得益于国际分工和专业化的深化。当前，国际分工已不仅仅局限于产品之间，而是已经深入到同一产品内部的不同工序、环节、区段和流程上。三大产业作为生产某种产品的某一环节，正贯穿着整条产业链而逐步走向深度融合。其中，服务业在这一过程中发挥着重要的“黏合剂”作用。正如谢尔普所言：“农业、制造业是‘砖块’，而服务业则是把它们粘合起来的‘灰泥’”。由此可以说，服务业已经成为促进其他经济部门增长的过程性产业①。服务贸易与货物贸易的关联性日渐增强。按照“微笑曲线”理论，在商品形成的横向产业链中，制造业位于“微笑曲线”的底端，两端向上的是研发和营销环节，属于服务领域。因此，大力发展能够促进制造业发展的生产性服务贸易，不仅可以促进服务业与现代制造业的有机融合，推动货物贸易增长，还能有效提升制造业在全球产业链和国际分工中的层次与地位，提高生产效率和技术创新水平，继而获得更加丰厚的利润价值。

---

① 郑吉昌，朱旭光．全球产业转移与国际服务贸易发展趋势［J］．财贸经济，2009（8）：71-79.

6.1.4 提高现代服务业的发展水平

服务贸易的发展离不开坚实的服务业基础做后盾和支撑。但反过来说，一国也可以从开展服务贸易中获得提升现代服务业能力与水平的益处。由于技术进步往往首先发生在服务领域，转轨国家可通过服务贸易以支付较少的技术成本换取较大的技术进步或技术增速收益，从而获得由技术扩散产生的促进现代服务业发展水平提高的后发优势利益。在服务贸易的交往与沟通中，转轨国家在得到价值增值利益的同时，还可通过咨询、培训、技术引进和其他技术服务形式获得先进的技术与信息，提高国内服务水准。而且，以商业存在形式提供的服务，还能为东道国带来示范——模仿的学习效应与竞争效应，继而诱发技术创新。从一定意义上说，模仿也是一种进步。经模仿、消化、吸收进而改进、提高带来的收益，有助于缩小与发达国家在服务提供水平和质量上的差距，并获得后发优势利益。另外，以往的实践经验也表明，转轨国家在开放服务市场的过程中，服务提供能力和多样性等都取得了巨大进展。因此，对转轨国家来说，大力发展服务贸易，可以提高现代服务业的服务提供能力和发展水平，进而获得后发优势，加速经济赶超战略的实现进程。

当然，发展服务贸易并非百利而无一害。服务贸易可能影响一国的国家经济安全。首先，开展服务贸易必然要求国内服务市场在开放度方面做出承诺，这就在一定程度上使国家丧失了部分经济决策的自主权。其次，外国竞争者凭借高质低价的服务，会迅速占领国内服务市场，同时阻碍新兴服务业尤其是高新技术服务产业的发展。再次，过分依赖外国的高技术服务，可能减弱国内对新技术进行研究、开发的积极性。最后，服务市场的过度开放容易使本国经济受到外部经济波动的影响与冲击，特别是金融服务市场的开放更应该是谨慎而逐步推进的。

综上可以看出，是否重视和大力发展服务贸易，不仅关系到转轨国家的经济发展和现代化转型的成功与否，而且关系到能否在新一轮全球竞争中抢占制高点，能否以较少的成本和代价获得产业转移与要素重组的收益。因此，重视发展服务贸易对转轨国家的意义深远。但与此同时，也不能忽视由发展服务贸易给转轨国家经济带来的消极影响。

6.2 经济转轨国家发展服务贸易的战略目标与重点领域

在国际竞争中，服务贸易已经成为产业竞争的关键。但是，发展服务贸易并不是一蹴而就的事情。由于服务在交换中体现的异质性、隐蔽性和难量化性，以及服务贸易可能产生的安全隐患，发展服务贸易需要面临远比货物贸易更加复杂的境况和更加艰难的选择。在当代服务贸易中，知识、技术密集型服务已经成为国际服务贸易的发展趋势。就转轨国家而言，尽管自经济转型后其在服务贸易领域取得了巨大进展，但与发达国家和世界平均发展水平相比，大多数转轨国家的服务贸易整体发展水平不高，仍以低附加值的劳动、资源或资本密集型等传统服务出口为主，境外商业存在少且占其服务收入比重小等问题。两个最大的经济转轨国家——中国和俄罗斯，还存在服务贸易长期逆差且逆差额呈逐年扩大态势等问题。可以说，目前转轨国家的服务贸易尚处于初级阶段，是其发展与成长的时期。在这一时期，转轨国家应该在立足本国独有优势的基础上，以市场为导向，以创新为动力，以承接国际服务产业转移为契机，兼顾传统与新兴服务贸易的发展，加快服务贸易结构升级，促进国内产业结构优化和增长方式的转变，培育国际服务贸易发展的长期竞争优势。其发展思路应是，采取积极、稳妥的发展战略，促进服务贸易走向良性、可持续发展的道路。具体来说，首先就是要把发展服务贸易上升到国家战略的高度；其次，在保持传统服务贸易发展态势良好的同时，注重发展知识与技术含量高的现代服务贸易，平衡传统服务贸易与现代服务贸易的发展关系；再次，将承接国际服务外包作为发展服务贸易的切入点，积极扩大服务外包规模、拓宽服务外包业务领域，尤其重视新兴服务外包的承接工作；第四，正确处理“引进来”和“走出去”的关系，鼓励技术发展成熟的服务企业“走出去”，以带动本国货物出口及追随型服务业（如海洋运输、航空运输等）的发展；第五，注重自主创新与技术开拓能力的提高，适度、合理地开放服务贸易市场，为服务贸易的发展奠定良好的社会基础与经济基础。

从上述发展服务贸易的战略目标和发展思路出发，转轨国家服务贸易发展的重点是：确保旅游、劳务输出、建筑等传统服务贸易和金融、保险、咨询等近年来增长较快的技术、知识密集型服务贸易的发展态势良好；在此基础上，重点培育信息网络、商贸物流等现代服务贸易；特别注重生产性服务贸易的发展，加强工业设计、品牌、营销等环节服务能力的提高；与此同时，做好国际服务外包的承接工作，以承接国际服务外包作为发展服务贸易的切入点。此外，还要注重推进各国特色的文化、娱乐等优势服务产业的发展，如中国的中医、武术、戏剧等，扩大并提高其在世界市场上的影响力与竞争力。

6.3 经济转轨国家服务贸易国际竞争力的提升路径

转轨国家之所以进行经济改革和制度变迁，很重要的原因是为了缩短与发达国家的经济差距，实现经济上的赶超。从这个意义上说，如果没有成功的经济，转轨就是一种失败，赶超也只是一种奢谈。当前，由美国领跑的发达国家已经步入了服务经济社会。转轨国家在服务提供总量及多样性方面都取得了长足进展。但是，与发达国家甚至与世界平均发展水平相比，仍存在服务贸易整体发展水平不高、结构不合理、境外商业存在少且占服务收入比重小等问题。当服务贸易已经越来越成为衡量一国竞争力以及决定其能否在新一轮产业竞争中获胜的重要标志时，如何提高转轨国家的服务贸易国际竞争力，以尽早进入服务经济社会，并实现转轨之初的赶超目标，对于广大转轨国家来说，不仅是十分重要的而且也是十分必要的研究课题。

赶超进程实际上就是不断进行制度择优与改进的过程，且在这一过程中“强政府”的作用与责任必不可少。但是，“强政府”应在树立服务理念和服务精神、理顺市场机制、规范市场运行秩序和政府行为、打造诚信经济等方面的能力强。只有这样才能避免由发展服务贸易可能带来危及国家安全的消极影响，才能促使服务贸易又好又快地向前发展。而且，“强政府”在上述方面所作出的努力，要远胜过出台各种精心设计的扶持政策①。本书认为，转轨国家服务贸易国际竞争力的提升路径有以下几种：

6.3.1 构筑良好的竞争环境

服务贸易的健康发展，需要构筑良好的竞争环境。竞争是贸易利益得以实现的基础。早在古典经济学时期，亚当·斯密就曾指出，市场机制靠竞争这只“看不见的手”指引着资源在更广泛的范围内实现优化配置。在服务贸易领域，竞争同样发挥着重要的促进作用。作为成熟市场经济体制的重要标志之一，良好的竞争环境是促进服务贸易又好又快发展的关键要素。因此，对于广大转轨国家来说，构筑良好的竞争环境是提升其服务贸易竞争力的重要途径之一。

但是，良好竞争环境的构建，并不意味着完全自由或解除管制。实践中，没有监管或过度自由的发展并不成功。例如，20 世纪 90 年代，捷克政府奉行的就是对金融市场不监管的政策，但其金融市场的发展却远不及波兰成功。另外，过度自由的服务贸易，也为跨国公司通过以跨国并购的形式结成卡特尔打开了方便之门。仍以捷克为例，2005 年，西班牙电信公司 Telefonica 购买捷克国营电话公司（Cesky Telecom）51.1%的股份（共计826 亿克朗，约合34.4 亿美元），这一行动为捷克电信获得了国际合作伙伴，并收购了移动电信运营商 Eurotel。由于 Oskar 公司之前已被英国沃达丰公司收购，市场上的另一家跨国移动电信公司是 T-Moble。至此，捷克移动电信市场上的竞争者全部为跨国公司。与过度自由和解除管制相类似，过度管制则会抑制服务业和服务贸易的发展活力，甚至造成阻碍其发展的后果。转轨国家在计划经济时期实行高度集中、统收统支的政策，导致服务业与服务贸易发展严重滞后，就是最好的佐证。

因此，竞争与管制都是发展服务贸易以及对服务贸易发展起支撑作用的服务业所必需的。转轨国家为了构筑良好的竞争环境，在制定竞争

① 正如刘培林、宋湛（2007）在《服务业和制造业企业法人绩效比较》一文中指出的：“经济学家的职责根本就不在于推荐此种或彼种具体的产业政策；而在于鼓呼‘让价格起作用’；在于鼓呼理顺政府职能、规范政府行为、严格社会性管制标准。因为只有在具备这些条件之后，产业结构‘升级’和全要素生产率占经济增长的份额才能够达到潜在的最优水平。”

政策时，应该注意寻求可竞争性市场与有效管制之间的平衡，即管制的内容和手段应该以促进竞争为着力点。对此，可从以下几个方面进行考虑：其一，重视中小型服务企业的发展，进一步降低中小型服务企业的进入与退出壁垒（Antia Wolf[①]（2005）的研究结果显示，服务型中小企业是决定一国服务经济活力的关键因素。）；其二，完善和健全促进竞争以及良好秩序形成的法律法规，如知识产权保护法和信用制度法等；其三，积极参加反垄断或促进竞争方面的国际合作；最后，也是尤为重要的，加强竞争政策的执行力度。

总之，强化竞争政策及其执行力度，是构筑良好竞争环境的重要组成部分，也是促进转轨国家服务贸易发展、提高其竞争力的有效手段。

6.3.2 重视对人力资本的培育

现代经济越来越依赖知识的发展水平并逐步向知识经济转变。这中间，作为信息、技术等知识的“活载体”，人力资本所发挥的重要作用不言而喻。而且，世界服务贸易以知识、技术密集型为主的内部结构正是人力资本密集属性在服务贸易中的体现。实际上，人力资本不仅决定着一国服务贸易的比较优势，还在其比较优势向竞争优势转化的过程中发挥着重要的促进作用。首先，基于服务的特性，不少服务的生产与消费同时发生。人力资本的参与无疑会提高服务生产的效率与质量，进而形成以该服务产业为基础的服务贸易比较优势。其次，作为唯一不遵循边际报酬递减规律的生产要素，也是生产者服务的主要投入要素，人力资本能够有效降低生产者服务的成本，进而形成该服务贸易的比较成本优势。再次，纵观发达国家的经济发展历程，可以发现，无论是货物贸易还是服务贸易，其比较优势都是动态变化的，即基本都沿着由低级向高级、从简单到复杂、由提供单一产品向多样产品转变的路径。而在这一路径中人力资本要素发挥着最关键的作用，并贯穿始终。由此，持续

---

① Antia Wolf（2005）在利用 OECD 国家的历史数据进行服务业与制造业的对比分析时发现，在所调查的英国、意大利、比利时、芬兰等主要 OECD 国家中，中小企业在服务业中所占的比例明显高于制造业，且服务业中小企业的进入比例也显著高于制造业，特别是在与 ICT 相关的服务业和商务服务业领域。这一结论间接地说明，服务业尤其是商务服务业的发展需要更为自由的环境，亦即服务型中小企业是决定一国服务经济活力的关键因素。

追加人力资本可以优化服务贸易产业结构，促使其从现有的比较优势向竞争优势转变，进而引致服务贸易竞争优势不断增强。最后，从本质上讲，国际贸易就是要素的跨国移动，且二者相伴相生。对于服务贸易来说，在其四种提供形式（跨境交付、境外消费、商业存在和自然人移动）中，人力资本都是其中最重要、最活跃的要素。当各国按照比较优势原则进行服务贸易时，理解和学习能力较强的人力资本可通过交流与反馈获得技术创新的灵感，若这一过程能够良性循环下去，将促使国家开展服务贸易的基础从传统、易逝的比较优势转化为可提供长久竞争力的竞争优势。

综上所述，人力资本是一国形成服务贸易比较优势并可动态转化成竞争优势的关键要素。因此，对于服务贸易尚处于成长和发展阶段的转轨国家来说，加大人力资本的培育力度是提升其服务贸易竞争力的重要途径。转轨国家可从以下几方面作为其加强人力资本培育的突破口：第一，在全社会范围内创建崇尚科学的意识形态，形成全民乐学的良好风气。第二，实行激励机制，避免“脑体倒挂”现象的产生；与此同时，鼓励创新，并对创新者给予丰厚的物质奖励。第三，加大教育投入并进行教育体制改革。建议高校采用三层级的人才培养模式，即形成“上少、中多、下次少”的人才数量结构，同时佐以非正规的教育和培训作为有益补充。在所建立的各有侧重点的差别教育体制中，位于最高层级的高校教育应以研究型人才为培养目标；第二层级高校属于应用型大学，专为社会输送大量的应用、实用型人才；第三层级为职业、技术教育，为简单的服务行业提供操作、技术型人才。同时，允许学生根据自己的学习状况及意愿进行从高层级向低层级学校的退转学。

6.3.3 积极承接国际服务外包

提高一国的服务贸易国际竞争力，必须着重打造其服务产业的优势地位。当前，正值国际服务业由发达国家向欠发达国家转移之际，转轨国家应该牢牢抓住这次产业转移的时机，提高服务产业竞争力，缩小与领先国家的差距。

为提升服务贸易竞争力，转轨国家承接服务外包的具体路径包括：

第一，采取多元化的服务外包承接策略。在对传统服务外包业务进行承接的基础上，积极升级服务外包业务的承接层次，同时注重对生产性服务外包业务的承接。一方面，生产性服务是其他生产部门的重要投入，其降低成本、提高效率的属性将使整个经济受益，从而可提高转轨国家追赶领先国家的潜力。另一方面，升级服务外包业务的承接层次，有助于促进转轨国家技术含量高的现代服务业的发展。发展现代服务业对提升服务贸易竞争力具有相当重要的作用。根据发达国家的经验，以技术含量高的现代服务产业为核心的现代服务贸易的迅速发展，可以形成后发优势，实现经济的跳跃式增长。第二，按照本国不同地区的发展优势，分领域、分层次、阶梯式地开展外包承接业务，同时组建各地区服务外包的产业集群，并最大限度地发挥其区域辐射和带动作用。第三，形成自己独特的服务外包品牌，走自主创新之路。一味地承接发达国家分解出来的服务业务，容易陷入“跟随式”的发展陷阱，还可能产生“产业空心化”的安全隐患。所以，转轨国家服务外包行业最终还是要走自主创新的发展之路，形成自己的核心竞争力。

总之，转轨国家应该牢牢把握住此次服务产业国际转移的机会，将积极承接国际服务外包视为加快本国产业结构调整和优化的重要契机，努力做好服务外包业务的承接工作，以促进国家经济增长方式朝着良性、健康和可持续发展的方向转变。

6.3.4 加强转轨国家间的交流与合作

尽管各转轨国家分布在世界不同的地区，有着不同的语言和文化背景，但是，它们拥有相同的计划经济体制经历，且目前都正在肩负着经济转型的历史重任。因此，在服务业尤其是现代服务业这一新兴领域，加强转轨国家间的交流与合作，更易于彼此之间进行相互借鉴、产生规制政策上的共鸣。而且，基于服务贸易更强调需求相似的特征（详见本书第3章第2节的相关论述），选择需求结构相似的国家或地区作为贸易伙伴，将有利于各国更快捷、容易地开展服务贸易活动。转轨国家通过正式与非正式的交流、合作，能够加深对各国服务业和服务贸易发展状况以及有效规制实践的了解，从而有利于各国据此制定出适合本国服务经济发展的战略与政策，进而提升本国服务贸易的国际竞争力。当然，转轨国家政府在制定服务政策时，绝不能照抄照搬别国的法律法规，应该将本国服务业与服务贸易发展的具体情况作为政策制定的出发点。而且，所制定的政策也不能一劳永逸，必须要与时俱进、不断地加以完善。

6.4 本章小结

当前，国际产业转移的重心已逐步由制造业转向服务业，全球经济结构呈现“服务化”的发展趋势。在此新形势下，服务贸易成为国际竞争的关键领域，一国服务贸易的发展水平是衡量其国际竞争力以及能否在新一轮国际竞争中获胜的重要标准。因而转轨国家重视发展服务贸易的意义深远，会直接关系到其能否巩固已有的转型成果、能否成功地实现现代化转型。文中认为，转轨国家应立足本国实际情况和独有优势，认清发展的重点领域，采取积极、稳妥的发展战略，促进转轨国家服务贸易持续、健康发展。与此同时，为了缩短与发达国家之间的经济差距，成功地实现现代化转型和经济赶超的目标，构建转型中的“强政府”十分必要。只有这样，才能避免发展服务贸易可能带来的危及国家安全的消极影响，才能促使服务贸易又好又快地向前发展。

第7章 结 论

本书将经济转轨国家作为一个整体，对其服务贸易的相关问题进行了较为系统的研究。

在对经济转轨国家服务贸易发展的分析中发现，由于转轨国家的服务业在计划经济体制下长期处于国民经济中被忽视、被压抑的地位，其服务贸易转型独具特色。第一，服务贸易转型的初始基础相当薄弱，加之服务的特性以及开放服务市场可能涉及一些敏感领域，转轨国家以市场为导向的服务部门转型并非简单的是开放服务市场。它还肩负着既要对现有服务部门进行调整使之现代化又要建立以前计划经济时代不曾有过的新服务部门的双重重任。第二，转轨国家的服务部门转型是由其以市场为导向的自上而下的改革促成的。市场化改革引致国内体制和规制的革新，进而使包括服务业在内的所有行业进行调整以适应技术现代化和组织规制的变迁。而且，转轨国家在服务转型过程中获得了服务提供能力大大增强的收益。第三，多边或区域经济组织成为推进转轨国家服务贸易体制转换、促进服务贸易发展的重要外部力量。

从服务贸易总量和结构、服务业的外资引入以及服务贸易竞争力等方面，对转轨国家自经济转型以来服务贸易发展状况的定量考察结果是：①自经济转型以来尤其是2000年以后，转轨国家的服务贸易额获得大幅提高，其国内某些服务部门也从无到有并呈现出了欣欣向荣的景象，但各国服务贸易额占世界的比重依然很小，即使将所有转轨国家的服务贸易额进行加总，这一比重也不及美国一个国家所占的份额大；②CEEC国家多为服务贸易出口国，中国和多数CIS国家则为服务贸易进口国，且与CEEC国家相比，中国和大多数CIS国家的服务贸易与货物贸易发展不平衡，并滞后于货物贸易的发展；③CEEC国家的服务贸易开放度指标值变动趋势平稳，其平均水平明显高于CIS国家；CIS国家服务贸易开放度起伏较大，总体平均开放水平较低，但多数国家在大多数年份的开放度也都高于世界平均水平；④CEEC国家的服务贸易结构总体优于CIS国家和中国，并且，除了乌克兰、塔吉克斯坦和中国外，后一组别中其余国家的服务贸易结构优化进程均滞后于世界平均发展步伐，其中俄罗斯各服务部门的结构变动状况甚至呈现恶化的发展趋势；⑤CEEC国家服务贸易竞争力普遍较高，但除了克罗地亚、罗马尼亚和保加利亚等个别国家以外，其余CEEC国家服务贸易竞争力都不同程度表现出不断弱化的发展趋势，这一结果实质上对所有转轨国家都具有警示作用：经济转型是一个长期的过程，即使在转型过程中某些领域已经发展到较具竞争力的地位，也应该在立足本国实际情况的基础上，不断地开拓、创新，以使优势地位得到长久地保持并加强；⑥CIS国家和中国的服务贸易国际竞争力较弱，且与CEEC国家相比，处于相对劣势的地位，但基于GCI和KEI指数世界排名的分析表明，这些国家仍具有提升服务贸易竞争力的潜力，尤其对于俄罗斯来说，其高等教育和人力资本优势是发展服务业特别是现代服务业的最关键要素；⑦转轨国家服务业的外资吸引力已日渐超过制造业，且流入CEEC国家的国际资本向服务业倾斜的趋势要比CIS国家和中国明显。实际上，外资在转轨国家经济转型过程中发挥着十分重要的作用。外资不仅帮助转轨国家填补了一些国内服务的空白，提高了服务质量，还推动了其服务多样化的发展进程，提升了服务贸易的国际竞争力。但是，与服务有关的外资在增强转轨国家服务经济活力的同时，也不可避免地带来了诸如依赖外资、税收减少等问题。为了规避外资利用不足或利用过度产生的消极影响，转轨国家应该把握好外资利用的“度”。

通过对转轨国家自经济转轨以来服务贸易体制转换与服务贸易增长关系的实证检验发现：从大体上看，转轨国家实施的与服务贸易相关的制度变革对其服务贸易的增长具有明显的促进作用，其中促进效果最显著的是匈牙利，最不显著的是俄罗斯；CEEC 国家与服务贸易相关的制度变革对服务贸易增长的拉动系数在高水平上保持均衡，这说明 CEEC 国家经过二十多年的经济转型，与服务贸易相关的规则较为健全，国内服务业发展水平较高，服务贸易额相对稳定；CIS 国家服务贸易体制转换对服务贸易增长的拉动系数波动很大，这不仅说明这些国家服务贸易体制转换对服务贸易增长的促进作用不尽相同，还是其国内与服务贸易相关改革政策执行不力的反映，同时也表明了一些 CIS 国家由于国内经济水平不高致其服务贸易体制转换对服务贸易补偿性增长的效应尚未穷尽。因此，这些国家应当继续深化改革，不断完善市场经济体制，为本国服务业的发展提供一个良好的制度环境，以提高服务贸易的竞争力，促进服务贸易进一步发展。服务贸易与经济增长关系的理论与实证分析均表明：无论服务进口还是出口，都对转轨国家的经济增长起到了一定的推动作用。该研究结论，有助于各转轨国家政府准确定位服务贸易在其经济增长中的角色功能，尤其为像俄罗斯那样受计划经济体制影响深刻的国家，指出了一条摆脱原料型发展模式束缚的新路径；与此同时，也为下面提出转轨国家应努力发展服务贸易、提升服务贸易竞争力以巩固已有转型成果、提高经济现代化水平的论点，提供了有力的经验支撑。

作为推动经济转型的重要力量之一，服务外包可起到优化经济结构、促进产业结构升级的催化剂作用。为此，承接服务外包与发展现代服务业受到转轨国家的普遍重视。从以捷克、俄罗斯和中国为研究个案的分析中可知，三国服务外包的发展各具特点。捷克服务外包是在政府的引导下由外资拉动的；俄罗斯服务外包带有体制转型的特点，其承接的服务外包业务从一开始就瞄向高端；中国服务外包是在中央和各级地方政府的积极推动与扶持下发展起来的，且正处于由浅入深的发展过程中。同时，三国服务外包市场都发展蓬勃。捷克服务外包已经发展成中东欧地区的佼佼者；俄罗斯的服务外包获得了长足进展，尤其是 IT 服务外包出现了俄罗斯式的跳跃，目前俄罗斯正在挑战印度和中国作为全球首选外包目的地的地位；中国已经成为世界第二大离岸外包目的地国家。但是，三国的服务外包发展却不同程度地面临着内部劣势和外部威胁的问题。而且，对于转轨国家来说，承接服务外包也并非百利而无一害。长期承接服务外包业务可能隐藏着诸如服务外包市场难以持续繁荣、易受外部经济波动影响和产生路径依赖等安全隐患。由于国际服务外包向市场多元化、业务种类多样化并呈高端化趋势发展的局面在短期内不会改变，目前尚处于接包国地位的转轨国家只能遵循并顺从这一趋势。一方面是为了避免在全球服务外包浪潮中出现被边缘化的窘境；另一方面把握住此次全球产业转移的历史性机遇，并以此为契机，促进国内产业结构升级，提高国际竞争力，进而实现国内经济持续增长和社会福利水平不断提高的目标。因此，转轨国家应在立足本国独有优势的基础上，积极迎接全球服务业产业转移这一历史性机遇与挑战，快速地实现服务外包的跨越式发展。为此，政府应做好促进服务外包产业发展的“搭台”工作，以配合服务外包企业“苦练内功”和“走出去”相结合的发展战略。

定量分析表明，二三十年的市场经济转型，不仅使转轨国家填补了计划经济遗留的服务空白，而且其国内服务无论在总量还是多样性上都取得了巨大发展，并带动了国内经济的发展。理论分析也说明，转轨国家发展服务贸易有助于加快向成熟市场经济转型的进程，有助于促进经济增长向良性循环和可持续方式转变，有助于提升货物贸易在国际分工和价值链中的地位与层次，有助于提高现代服务业的发展水平。因此，转轨国家重视发展服务贸易的意义深远。但是，考虑到目前的发展现状，今后转轨国家的服务贸易发展，应该在立足本国实际情况和独有优势的基础上，认清发展的重点领域，采取积极、稳妥的发展战略，促进其服务贸易持续、健康发展。与此同时，为了缩短与发达国家的经济差距、成功地实现现代化转型和经济赶超，构建转型中的“强政府”十分必要。但是，“强政府”应是在树立服务理念和服务精神、理顺市场机制、规范市场运行秩序和政府行为、打造诚信经济等方面的能力强。文中将这一理念与所提出的转轨国家发展服务贸易战略目标及重点领域相结合，从构筑良好的竞争环境、重视培育人力资本、积极承接国际服务外包以及加强转轨国家间的交流与合作四个方面，对转轨国家服务贸易国际竞争力的提升路径，提出了政策建议。值得注意的是，良好竞争环境的构建，并不意味着完全自由或解除管制；竞争政策的制定，应该注意寻求可竞争性市场与有效管制之间的平衡，即管制的内容和手段应该以促进竞争为着力点；同时，也是尤为重要的，应加强竞争政策的执行力度。

附　录

附录1　转轨国家及其参照国服务贸易进出口状况以及占世界贸易的比重

金额单位：百万美元　比例单位:%

CEECs和参照国2-1（日本）

		捷克	爱沙尼亚	匈牙利	拉脱维亚	立陶宛	波兰	斯洛伐克	斯洛文尼亚	保加利亚	克罗地亚	罗马尼亚	日本
1994年	出口	5 167.27	515.3	3 116.96	657.1	321.9	6 699	2 261.4	1 808.5	1 256.9	2 857.15	1 044	58 297
	进口	4 685.32	410	2 958.12	297	376	3 859	1 600	1 165	1 246.1	1 229.12	1 215	106 356
	差额	481.95	105	158.84	360	-55	2 840	661.7	643.2	10.8	1 628	-171	-48 059
	总额	9 852.59	925.6	6 075.08	954	698	10 558	3 861	2 974	2 503	4 086.27	2 259	164 653
	占世界的比例	0.557211	0.085	0.557211	0.088	0.064	0.97	0.3545	0.2731	0.22954	0.37578	0.207	15.068
1995年	出口	6 725.47	876.8	5 146.11	720.1	485.2	10 675	2 378.5	2 027.2	1 431.4	2 454.52	1 494	65 274
	进口	4 881.75	498	3 838.87	246	498	7 138	1 838	1 445	1 277.9	1 407.44	1 819	122 626
	差额	1 843.72	379	1 307.24	474	-13	3 537	540.5	582.7	153.5	1 047.1	-325	-57 352
	总额	11 607.2	1 375	8 984.98	966	983	17 813	4 216	3 472	2 709.3	3 861.96	3 313	187 900
	占世界的比例	0.935502	0.111	0.724035	0.078	0.079	1.4364	0.3397	0.2798	0.21808	0.31171	0.2661	15.051

续表

CEECs和参照国2-1（日本）

		捷克	爱沙尼亚	匈牙利	拉脱维亚	立陶宛	波兰	斯洛伐克	斯洛文尼亚	保加利亚	克罗地亚	罗马尼亚	日本
1996年	出口	8 180.5	1 108	5 865.84	1 126	797.5	9 747	2 065.6	2 135	1 366	3 296.69	1 563	67 712
	进口	6 263.81	590	3 979.34	742	677	6 343	2 028	1 495	1 245.9	1 716.96	1 948	129 988
	差额	1 916.69	518	1 886.5	384	121	3 404	38.09	640.1	120.1	1 579.7	-385	-62 276
	总额	14 444.3	1 698	9 845.18	1 867	1 474	16 090	4 093	3 630	2 611.9	5 013.65	3 511	197 700
	占世界的比例	1.091372	0.128	0.744069	0.141	0.111	1.2161	0.3091	0.2743	0.19727	0.37912	0.265	14.908
1997年	出口	7 131.51	1 318	5 792.77	1 033	1 032	8 915	2 167.4	2 041.7	1 337.4	4 004.26	1 523	69 304
	进口	5 388.8	727	4 049.24	662	897	5 743	2 094	1 406	1 171	1 980.05	1 904	123 454
	差额	1 742.71	591	1 743.53	371	134	3 172	73.13	636.1	166.4	2 024.2	-381	-54 151
	总额	12 520.3	2 045	9 842.01	1 695	1 929	14 658	4 262	3 447	2 508.4	5 984.31	3 427	192 758
	占世界的比例	0.91453	0.15	0.71888	0.12	0.14	1.071	0.311	0.252	0.18323	0.43706	0.2504	14.083
1998年	出口	7 665.12	1 480	5 400.95	1 108	1 109	10 840	2 292	2 025.3	1 787.81	3 964.13	1 226	62 412
	进口	5 749.52	910	4 198.13	806	868	6 624	2 276	1 525	1 415.17	1 887.45	1 829	111 833
	差额	1 915.6	569	1 202.82	303	241	4 216	16.5	500.2	372.64	2076.7	-603	-49 421
	总额	13 414.6	2 390	9 599.08	1 914	1 977	17 464	4 568	3 550	3 202.98	5 851.58	3 055	174 245
	占世界的比例	0.95975	0.17	0.68682	0.14	0.14	1.249	0.327	0.254	0.22918	0.41828	0.2189	12.489
1999年	出口	7 048.45	1 490	5 213.49	1 024	1 092	8 363	1 899.3	1 876.5	1 788.41	3 724.12	1 365	60 998
	进口	5 849.67	918	4 360.38	689	786	6 982	1 844	1 522	1 474.1	2 097.83	1 785	115 158
	差额	1 198.78	572	853.11	336	305	1 381	55.31	354.4	314.31	1 626.3	-420	-54 160
	总额	12 898.1	2 407	9 573.87	1 713	1 878	15 345	3 743	3 399	3 262.51	5 821.95	3 150	176 156
	占世界的比例	0.89247	0.17	0.66245	0.12	0.13	1.062	0.259	0.235	0.22575	0.40294	0.2179	12.183
2000年	出口	6 839.18	1 486	5 900.76	1 150	1 059	10 398	2 240.9	1 887.8	2 175.17	4 070.9	1 747	69 238
	进口	5 435.98	886	4 774.57	690	679	8 995	1 805	1 438	1 669.64	1 821.75	1 993	116 864
	差额	1 403.2	600	1 126.19	461	380	1 403	435.5	449.6	505.53	2 249.2	-246	-47 626
	总额	12 275.2	2 372	10 675.3	1 840	1 737	19 393	4 046	3 326	3 844.81	5 892.65	3 740	186 102
	占世界的比例	0.80056	0.15	0.6962	0.12	0.11	1.265	0.264	0.217	0.25076	0.38461	0.2438	12.124

续表

CEECs和参照国2-1（日本）

		捷克	爱沙尼亚	匈牙利	拉脱维亚	立陶宛	波兰	斯洛伐克	斯洛文尼亚	保加利亚	克罗地亚	罗马尼亚	日本
2001年	出口	7 091.75	1 607	7 028.91	1 179	1 157	9 753	2 489.7	1 960.9	2 163	4 883.95	2 032	64 516
	进口	5 567.4	963	5 550.44	671	700	8 967	2 010	1 458	1 910.46	1 949.22	2 153	108 249
	差额	1 524.35	645	1 478.47	508	457	786	479.6	502.5	252.54	2 934.7	-121	-43 733
	总额	12 659.2	2 570	12 579.4	1 850	1 857	18 720	4 500	3 419	4 073.46	6 833.17	4 185	172 765
	占世界的比例	0.81884	0.17	0.81366	0.12	0.12	1.21	0.291	0.221	0.26337	0.44302	0.2704	11.144
2002年	出口	7 082.74	1 706	7 416.98	1 238	1 464	10 037	2 811.8	2 315.7	2 203.28	5 582.44	2 347	65 712
	进口	6 439.44	1 106	6 848.69	701	915	9 262	2 351	1 732	1 754.68	2 414.4	2 338	107 940
	差额	643.3	599	568.29	537	549	775	460.8	583.8	448.6	3 168	9	-42 228
	总额	13 522.2	2 812	14 265.7	1 940	2 379	19 299	5 163	4 048	3 957.96	7 996.84	4 685	173 652
	占世界的比例	0.82348	0.17	0.86878	0.12	0.14	1.175	0.314	0.246	0.24098	0.48645	0.2854	10.585
2003年	出口	7 789.46	2 224	9 211	1 506	1 878	11 174	3 297	2 791	2 961.37	8 568.77	3 028	77 621
	进口	7 319.52	1 393	9 149.87	929	1 264	10 931	3 056	2 183	2 447.12	2 981.75	2 958	111 528
	差额	469.94	831	61.13	576	614	243	240.9	608.1	514.25	5 587	70	-33 907
	总额	15 109	3 617	18 360.9	2 435	3 142	22 105	6 353	4 974	5 408.49	11 550.5	5 986	189 149
	占世界的比例	0.80184	0.19	0.9746	0.13	0.17	1.173	0.337	0.264	0.28691	0.61112	0.3177	10.052
2004年	出口	9 643.2	2 848	10 769.4	1 779	2 444	13 471	3 734.6	3 454.6	4 029.38	9 373.23	3 614	97 611
	进口	9 007.59	1 745	10 177.6	1 178	1 632	13 392	3 466	2 603	3 238.37	3 565.44	3 879	135 514
	差额	635.61	1 103	591.8	601	812	79	268.7	851.8	791.01	5 807.8	-265	-37 903
	总额	18 650.8	4 593	20 947	2 957	4 076	26 863	7 201	6 057	7 267.75	12 938.7	7 493	233 125
	占世界的比例	0.82566	0.2	0.92739	0.13	0.18	1.19	0.319	0.268	0.32138	0.56921	0.3321	10.351
2005年	出口	11 765	3 239	12 857.4	2 163	3 104	16 258	4 405	3 975.8	4 404.1	9 920.97	5 083	110 210
	进口	10 217.3	2 198	11 448.2	1 557	2 055	15 520	4 078	2 915	3 403.82	3 400.3	5 517.7	134 256
	差额	1 547.7	1 041	1 409.2	606	1 050	738	327.2	1 061	1 000.3	6 520.7	-434.7	-24 046
	总额	21 982.3	5 437	24 305.6	3 719	5 159	31 778	8 483	6 891	7 807.92	13 321.3	10 601	244 466
	占世界的比例	0.87313	0.22	0.96565	0.15	0.2	1.263	0.337	0.273	0.30978	0.52478	0.422	9.7422

续表

CEECs和参照国2-1（日本）													
		捷克	爱沙尼亚	匈牙利	拉脱维亚	立陶宛	波兰	斯洛伐克	斯洛文尼亚	保加利亚	克罗地亚	罗马尼亚	日本
2006年	出口	13 940.7	3 618	13 704.2	2 642	3 623	20 592	5 436	4 344.1	5 289.35	10 800.3	7 032.2	117 298
	进口	11 941.6	2 495	12 134.8	1 980	2 540	19 856	4 675	3 254	4 105.57	3 548.18	7 027.1	135 556
	差额	1999.1	1 123	1 569.4	662	1 083	736	761.3	1 091	1 183.8	7 252.1	5.09	-18 258
	总额	25 882.3	6 112	25 839	4 622	6 163	40 448	10 111	7 598	9 394.92	14 348.5	14 059	252 854
	占世界的比例	0.91381	0.22	0.91268	0.16	0.22	1.43	0.357	0.268	0.33127	0.50084	0.4974	8.9627
2007年	出口	16 930.2	4 387	17 280.7	3 705	4 025	28 914	7 062.8	5 691.5	6 829.06	12 471.1	9 439	129 117
	进口	14 489.6	3 084	15 846.3	2 703	3 393	24 156	6 531	4 264	5 202.27	3 908.6	8 909	150 367
	差额	2 440.6	1 303	1 434.4	1 002	632	4 758	532.3	1 428	1 626.8	8 562.5	530	-21 250
	总额	31 419.8	7 470	33 127	6 407	7 418	53 070	13 593	9 955	12 031.3	16 379.7	18 348	279 484
	占世界的比例	0.93363	0.22	0.98553	0.19	0.22	1.576	0.404	0.295	0.35679	0.47919	0.5461	8.3491
2008年	出口	21 801.9	5 156	20 276.9	4 538	4 860	35 577	8 493.2	7 426.5	7 991.07	15 162.2	12 856	148 755
	进口	17 889.6	3 355	18 822	3 190	4 287	30 561	9 178	5 212	5 957.7	4 591.43	11 905	169 544
	差额	3 912.3	1 801	1 454.9	1 348	573	5 016	-685	2 214	2 033.4	10 571	951	-20 789
	总额	39 691.5	8 511	39 098.9	7 728	9 146	66 138	17 671	12 639	13 948.8	19 753.6	24 761	318 299
	占世界的比例	1.03866	0.22	1.02505	0.2	0.24	1.732	0.464	0.33	0.3645	0.5101	0.6491	8.3706
2009年	出口	20 314.2	4 414	18 554.1	3 844	3 820	28 986	6 277.7	6 034.4	6 896.06	11 890	9 836	128 338
	进口	18 980.9	2 532	16 624.2	2 278	3 024	24 191	8 007	4 615	5 043.09	3 874.57	10 258	148 718
	差额	1 333.3	1 882	1 929.9	1 567	797	4 795	-1 729	1 420	1 853	8 015.4	-422	-20 380
	总额	39 295.1	6 945	35 178.3	6 122	6 844	53 177	14 284	10 649	11 939.2	15 764.6	20 094	277 056
	占世界的比例	1.16061	0.2	1.03849	0.18	0.2	1.568	0.423	0.314	0.35159	0.46022	0.5943	8.2046
2010年	出口	21 662	4 504	18 812	3 703	4 120	32 480	7 376	5 771.8	6 909.89	12 392	8 401	141 457
	进口	20 175	2 775	15 852	2 219	3 020	28 991	8 719	4 373	4 472.08	3 647	9 394	157 571
	差额	1 487	1 728	2 960	1 484	1 100	3 489	-1 343	1 399	2 437.8	8 745	-993	-16 114
	总额	41 837	7 279	34 664	5 922	7 140	61 471	16 095	10 145	11 382	16 039	17 795	299 028
	占世界的比例	1.145055	0.198	0.947533	0.161	0.195	1.6815	0.4418	0.2769	0.3101	0.4333	0.4882	8.2028

续表

		俄罗斯	亚美尼亚	阿塞拜疆	白俄罗斯	格鲁吉亚	摩尔多瓦	乌克兰	哈萨克斯坦	吉尔吉斯斯坦	坦吉克斯坦	中国	美国
CIS、中国和参照国2-2（美国）													
1994年	出口	8 423.8	13.67	—	251.4	—	32.827	2 747	—	32.667	—	16 620	198 345
	进口	15 434.7	40.7	—	199.3	—	78.97	1 538	—	71.109	—	16 299	133 075
	差额	-7 010.9	-27	—	52.1	—	-46.14	1 209	—	-38.442	—	321	65 270
	总额	23 858.5	54.37	—	450.7	—	111.8	4 285	—	103.776	—	32 919	331 420
	占世界的比例	2.183397	0.005	—	0.041	—	0.0102	0.3937	—	0.00949	—	3.019	30.435
1995年	出口	10 567.3	28.6	172.366	466.1	—	144.51	2 846	535.1	39.152	—	19 130	217 353
	进口	20 205.4	52.27	304.639	283.7	—	196.32	1 334	775.8	195.113	—	25 223	141 410
	差额	-9 638.1	-23.7	-132.27	182	—	-51.8	1 512	-240.7	-156	—	-6 093	75 943
	总额	30 772.7	80.87	477.005	749.8	—	340.83	4 180	1 310.9	234.265	—	44 353	358 763
	占世界的比例	2.46521	0.006	0.038231	0.06	—	0.0274	0.3378	0.1052	0.01868	—	3.5612	28.935
1996年	出口	13 281.4	77.71	149.256	908	—	106.04	4 799	674.4	31.49	—	20 601	237 615
	进口	18 664.6	128.5	440.892	335.9	—	166.41	1 625	928.3	249.018	—	22 585	152 550
	差额	-5 383.2	-50.8	-291.636	572.1	—	-60.37	3 174	-253.9	-217.53	—	-1 984	85 065
	总额	31 946	206.2	590.148	1 244	—	272.45	6 424	1 602.7	280.508	—	43 186	390 165
	占世界的比例	2.410519	0.016	0.044466	0.094	—	0.0206	0.4862	0.1209	0.02111	—	3.2604	29.491
1997年	出口	14 079.7	96.6	341.796	918.8	198	167.74	4 937	841.9	45	58.5	24 569	254 133
	进口	20 025	159.4	725.954	364.8	249.7	196.14	2 268	1 124.4	171.183	59.1758	27 967	165 933
	差额	-5 945.3	-62.8	-384.16	554	-52	-28.4	2 669	-282.5	-126.2	-0.676	-3 398	88 200
	总额	34 104.7	256	1 067.75	1 284	447.7	363.88	7 205	1 966.3	216.183	117.676	52 536	420 066
	占世界的比例	2.491622	0.019	0.078017	0.094	0.033	0.0266	0.5262	0.1437	0.0158	0.0086	3.8379	30.682
1998年	出口	12 372.3	130.3	331.684	925.1	365.3	152.04	3 922	904.3	62.8074	59.6	23 895	260 806
	进口	16 455.7	208.7	700.773	443.2	345.2	198.58	2 545	1 154.1	175.655	40.8943	26 672	180 666
	差额	-4 083.4	-78.4	-369.089	481.9	20.1	-46.54	1 377	-249.8	-112.85	18.7057	-2 777	80 140
	总额	28 828	339.1	1 032.457	1 368	710.5	350.62	6 467	2 058.4	238.462	100.494	50 567	441 472
	占世界的比例	2.064975	0.024	0.074023	0.098	0.051	0.0251	0.4625	0.1474	0.01711	0.00719	3.6208	31.58

续表

CIS、中国和参照国2-2（美国）

		俄罗斯	亚美尼亚	阿塞拜疆	白俄罗斯	格鲁吉亚	摩尔多瓦	乌克兰	哈萨克斯坦	吉尔吉斯斯坦	坦吉克斯坦	中国	美国
1999年	出口	9 067.04	135.8	256.79	753.3	216.9	135.72	3 869	932.5	64.9491	52.3385	26 248	279 610
	进口	13 350.7	197.9	485.116	438.8	224	177.88	2 292	1 104.2	155.106	40.9382	31 589	199 204
	差额	-4 283.66	-62.1	-228.326	314.5	-7.1	-42.16	1 577	-171.7	-90.157	11.4003	-5 341	80 406
	总额	22 417.74	333.7	741.906	1 192	440.9	313.6	6 161	2 036.7	220.055	93.2767	57 837	478 814
	占世界的比例	1.550592	0.023	0.051308	0.083	0.031	0.0217	0.4264	0.1409	0.01522	0.00645	4.001	33.134
2000年	出口	9 564.57	136.9	259.768	1 000	206.4	164.6	3 800	1 053	62.0383	61.6911	30 431	295 965
	进口	16 229.7	192.7	484.509	535.6	216.3	201.58	3 004	1 850	148.176	57.1914	36 031	223 739
	差额	-6 665.13	-55.8	-224.741	464.7	-9.9	-36.98	796	-797	-86.138	4.49978	-5 600	72 226
	总额	25 794.27	329.7	744.277	1 536	422.7	366.18	6 804	2 903	210.214	118.883	66 461	519 704
	占世界的比例	1.680403	0.021	0.048481	0.1	0.028	0.0239	0.4437	0.1891	0.01369	0.00775	4.3319	33.896
2001年	出口	11 441.5	186.5	289.831	1 142	314.1	170.9	3 995	1 260.2	82.7794	62.2702	33 334	283 054
	进口	20 572.2	204.3	664.865	793.8	236.9	208.78	3 580	2 634.6	124.75	92	39 267	221 764
	差额	-9 130.7	-17.8	-375.034	348.5	77.2	-37.88	415	-1 374	-41.971	-29.73	-5 933	61 290
	总额	32 013.7	390.8	954.696	1 936	551	379.68	7 575	3 894.8	207.529	154.27	72 601	504 818
	占世界的比例	2.064432	0.025	0.061514	0.125	0.036	0.0245	0.4897	0.251	0.01339	0.00996	4.6889	32.654
2002年	出口	13 987.2	183.8	362.136	1 341	408.4	216.65	4 682	1 540.4	142.01	68.9892	39 745	288 788
	进口	23 936.8	224.5	1 297.73	842.3	363.6	256.99	3 535	3 538.3	147.979	104.878	46 528	231 049
	差额	-9 949.6	-40.7	-935.594	498.5	44.75	-40.34	1 147	-1 998	-5.969	-35.889	-6 784	57 739
	总额	37 924	408.3	1 659.866	2 183	772	473.64	8 217	5 078.7	289.989	173.867	86 273	519 837
	占世界的比例	2.311801	0.025	0.101281	0.133	0.047	0.0289	0.5003	0.3097	0.01766	0.0106	5.256	31.651
2003年	出口	16 228.6	207.4	431.993	1 500	458	249.97	5 214	1 712.3	158.188	88.5265	46 734	301 053
	进口	27 122.2	275.7	2 046.52	841.2	397.3	294.26	4 444	3 752.7	159.882	121.533	55 306	250 328
	差额	-10 893.6	-68.3	-1 614.53	658.7	60.7	-44.29	770	-2 040	-1.694	-33.007	-8 573	50 725
	总额	43 350.8	483.1	2 478.513	2 341	855.2	544.23	9 658	5 465	318.07	210.06	102 040	551 381
	占世界的比例	2.305028	0.026	0.132141	0.124	0.045	0.0289	0.5124	0.2908	0.01688	0.01116	5.4195	29.25

续表

CIS、中国和参照国2-2（美国）

年份	项目	俄罗斯	亚美尼亚	阿塞拜疆	白俄罗斯	格鲁吉亚	摩尔多瓦	乌克兰	哈萨克斯坦	吉尔吉斯斯坦	塔吉克斯坦	中国	美国
2004年	出口	20 594.7	332.6	492.021	1 747	554.8	332.08	7 859	2 009.2	209.802	122.907	62 434	349 576
2004年	进口	33 287.3	431.5	2 730.43	970.4	485.4	353.05	6 622	5 107.9	223.487	212.526	72 133	291 191
2004年	差额	-12 692.6	-98.9	-2 238.41	776.5	69.32	-20.97	1 237	-3 099	-13.685	-89.619	-9 699	58 385
2004年	总额	53 882	764.1	3 222.451	2 717	1 040	685.13	14 481	7 117.1	433.289	335.433	134 567	640 767
2004年	占世界的比例	2.395006	0.034	0.144221	0.12	0.046	0.0304	0.6406	0.3173	0.0192	0.01492	5.9667	28.342
2005年	出口	24 970.1	411.1	682.958	2 073	715	398.94	9 354	2 228.4	259.416	146.342	74 404	385 295
2005年	进口	38 745	531	2 652.98	1 093	631.5	419.68	7 548	7 495.7	291.254	251.519	83 796	313 511
2005年	差额	-13 774.9	-120	-1 970.02	979.4	83.59	-20.74	1 806	-5 267	-31.838	-105.18	-9 391	71 784
2005年	总额	63 715.1	942.1	3 335.938	3 166	1 346	818.62	16 902	9 724.2	550.67	397.861	158 200	698 806
2005年	占世界的比例	2.544944	0.038	0.134217	0.125	0.053	0.0326	0.6709	0.3909	0.02193	0.01591	6.2996	27.739
2006年	出口	31 102.2	484.7	939.87	2 401	885	465.68	11 290	2 818.8	378.725	134.215	91 999	432 126
2006年	进口	44 715.8	615.1	2 863.25	1 663	727.2	487.64	9 164	8 760.4	460.772	394.492	100 833	348 942
2006年	差额	-13 613.6	-130	-1 923.38	737.5	157.8	-21.96	2 126	-5 942	-82.047	-260.28	--8 834	83 184
2006年	总额	75 818	1 100	3 803.12	4 064	1 612	953.32	20 454	11 579	839.497	528.707	192 832	781 068
2006年	占世界的比例	2.695086	0.039	0.13635	0.143	0.057	0.0337	0.7216	0.4152	0.02978	0.01895	6.8304	27.555
2007年	出口	39 256.6	580.1	1 247.54	3 264	1 094	625.46	14 161	3 564.3	684.767	148.692	122 206	500 696
2007年	进口	58 144.9	792.6	3 378.58	2 034	932.9	650.13	11 741	11 730	604.492	592.078	130 111	375 200
2007年	差额	-18 888.3	-213	-2 131.04	1 230	161.2	-24.67	2 420	-8 165	80.275	-443.39	-7 905	125 496
2007年	总额	97 401.5	1 373	4 626.12	5 297	2 027	1 275.6	25 902	15 294	1 289.26	740.77	252 317	875 896
2007年	占世界的比例	2.921546	0.041	0.140033	0.157	0.06	0.038	0.7692	0.4641	0.03833	0.02253	7.5259	25.968
2008年	出口	51 178.4	645	1 546.9	4 188	1 260	837.28	17 895	4 428.4	896.069	181.409	147 112	545 589
2008年	进口	75 467.8	973.1	3 889.46	2 618	1 239	838.64	16 154	11 119	993.79	455.524	158 924	405 254
2008年	差额	-24 289.4	-328	-2 342.56	1 570	21.01	-1.36	1 741	-6 691	-97.721	-274.12	-11 812	140 335
2008年	总额	126 646.2	1 618	5 436.36	6 805	2 500	1 675.9	34 049	15 548	1 889.86	636.933	306 036	950 843
2008年	占世界的比例	3.343211	0.043	0.144537	0.177	0.066	0.044	0.8923	0.4134	0.04968	0.01693	8.0417	24.845

续表

CIS、中国和参照国2-2（美国）													
		俄罗斯	亚美尼亚	阿塞拜疆	白俄罗斯	格鲁吉亚	摩尔多瓦	乌克兰	哈萨克斯坦	吉尔吉斯斯坦	坦吉克斯坦	中国	美国
2009年	出口	41 721.7	589.5	1 750.02	3 504	1 314	675.19	13 859	4 286.4	859.844	179.748	129 549	504 766
	进口	61 597.1	857.6	3 357.7	2 067	973.9	712.86	11 505	10 066	866.855	291.301	158 947	370 701
	差额	-19 875.4	-268	-1 607.68	1 437	339.7	-37.67	2 354	-5 780	-7.011	-111.55	-29 398	134 065
	总额	103 318.8	1 447	5 107.72	5 572	2 287	1 388.1	25 364	14 352	1 726.7	471.049	288 496	875 467
	占世界的比例	3.068489	0.043	0.152147	0.164	0.067	0.0411	0.7481	0.4284	0.05105	0.014	8.5493	25.782
2010年	出口	44 476.2	673.8	2 064.93	4 478	1 452	689.79	17 064	4 814	796	185.5	158 170	540 948
	进口	72 270.2	967	3 797.76	2 786	1 208	770.1	12 202	10 934	1 065	388	182 642	393 131
	差额	-27 794	-293	-1 732.83	1 693	244	-80.31	4 862	-6 120	-269	-202.5	-24 472	147 817
	总额	116 746.4	1 641	5 862.69	7 264	2 660	1 459.9	29 266	15 748	1 861	573.5	340 812	934 079
	占世界的比例	3.217482	0.045	0.161808	0.198	0.073	0.04	0.7983	0.4357	0.05117	0.01585	9.3533	25.486

附录2 转轨国家各服务部门出口在服务总出口中所占的比重

单位：%

年份		1994	1995	1996	1997	1998	1999	2000	2001	2002	2003	2004	2005	2006	2007	2008	2009	2010
捷克	运输	24.08	21.75	16.31	18.47	18.13	21.93	20.32	21.31	24.46	27.65	28.25	27.17	27.26	29.77	28.73	26.86	…
	旅游	43.29	42.82	49.86	50.76	50.8	44.73	43.47	43.76	41.85	45.78	43.42	39.74	39.74	37.73	33.04	31.88	…
	其他服务	32.64	35.43	33.83	30.77	31.07	33.34	36.2	34.92	33.7	26.57	28.33	33.09	33	32.5	38.22	41.26	…
	通信	6.399	4.34	0.944	0.858	0.931	1.412	1.783	2.975	2.39	1.329	2.274	3.24	3.109	3.386	2.698	2.598	…
	建筑	0.848	0.843	5.699	5.206	3.475	3.299	2.436	2.215	1.721	1.441	1.213	1.954	1.539	1.842	2.152	2.228	…
	保险	0.236	0.253	0.474	0.522	0.401	0.059	0.04	0.103	0.122	0.019	0.083	0.087	0.063	0.07	0.498	0.789	…
	金融	1.695	0.791	1.77	2.613	2.926	3.22	5.493	2.769	2.606	2.231	4.368	3.605	2.803	1.767	0.83	0.327	…
	计算机和信息	…	0.076	0.34	0.542	0.744	0.919	1.384	1.73	2.036	0.983	1.466	4.992	6.351	4.744	6.166	6.317	…
	专利和特许使用费	0.071	0.196	0.523	0.474	0.748	0.609	0.648	0.514	0.639	0.646	0.39	0.333	0.222	0.206	0.254	0.474	…
	其他商业服务	22.48	26.52	21.56	17.53	16.22	18.65	20.37	21.52	21.03	18.05	16.1	17.82	17.83	19.15	24.83	27.69	…
	个人、文化和娱乐服务	…	1.103	1.181	1.651	3.709	3.46	2.76	2.275	2.329	1.423	2.064	0.763	0.834	1.122	0.561	0.648	…
	政府服务	0.908	1.307	1.335	1.383	1.918	1.714	1.288	0.819	0.827	0.454	0.372	0.294	0.248	0.21	0.232	0.18	…

续表

年份		1994	1995	1996	1997	1998	1999	2000	2001	2002	2003	2004	2005	2006	2007	2008	2009	2010
爱沙尼亚	运输	65.44	42.62	39.81	49.93	47.87	46.95	47.85	46.75	46.64	43.71	42.7	39.45	41.88	40.89	39.12	36.93	39.16
	旅游	17.73	40.68	43.7	35.92	36.4	36.84	34.21	31.55	32.53	30.17	31.13	29.98	28.3	23.6	23.05	24.7	23.84
	其他服务	16.83	16.7	16.49	14.15	15.74	16.2	17.94	21.7	20.83	26.11	26.17	30.57	29.83	35.5	37.83	38.37	37
	通信	2.293	1.902	1.194	0.903	0.945	1.727	1.398	1.16	1.314	1.741	2.235	2.407	2.215	2.861	3.797	4.391	4.393
	建筑	6.153	7.226	5.792	4.456	3.888	2.04	2.559	4.894	4.661	3.849	3.111	5.783	2.414	4.543	6.989	4.776	4.701
	保险	0.108	0.148	0.177	0.114	0.168	0.346	0.412	0.256	0.601	0.677	0.51	0.321	0.316	0.324	0.293	0.249	0.219
	金融	0.201	0.213	0.888	0.894	0.848	0.471	0.698	1.037	0.527	0.721	0.803	1.414	1.974	2.935	1.731	1.588	2.057
	计算机和信息	0.515	0.269	0.352	0.546	0.543	0.993	1.425	1.447	1.423	1.399	1.361	1.655	2.554	3.181	3.378	4.16	4.482
	专利和特许使用费	0.167	0.108	0.122	0.073	0.078	0.117	0.105	0.132	0.288	0.233	0.139	0.168	0.184	0.241	0.521	0.555	0.443
	其他商业服务	5.943	5.833	7.166	6.795	8.978	10.21	9.45	10.64	9.978	15.84	16.4	17.17	18.69	20.01	19.81	21.31	19.44
	个人、文化和娱乐服务	0.051	0.038	0.017	0.037	0.061	0.041	0.059	0.155	0.067	0.083	0.122	0.161	0.213	0.269	0.321	0.313	0.319
	政府服务	1.397	0.964	0.78	0.331	0.226	0.259	1.835	1.977	1.975	1.577	1.482	1.487	1.263	1.135	0.992	1.03	0.949
匈牙利	运输	1.65	7.873	6.356	7.859	10.16	8.857	8.821	8.322	9.402	11.07	12.35	16.56	19.29	19.23	19.68	18.75	…
	旅游	46.02	56.89	60.73	65.54	67.5	68.38	63.26	59.1	50.27	44.09	36.34	32.04	31.04	27.42	29.75	30.78	…
	其他服务	52.33	35.24	32.92	26.6	22.34	22.76	27.91	32.58	40.33	44.84	51.31	51.4	49.67	53.34	50.57	50.47	…
	通信	…	0.735	0.719	0.874	0.914	1.498	1.162	1.353	1.69	2.259	2.71	2.652	2.913	2.535	2.687	2.572	…
	建筑	…	0.402	0.539	0.89	1.868	1.236	1.631	1.375	2.425	2.146	1.546	1.342	2.861	3.047	3.017	2.249	…
	保险	0.183	1.208	0.345	0.475	0.513	0.717	0.268	0.228	0.184	0.36	0.355	0.058	0.105	0.127	0.144	0.106	…
	金融	…	1.938	3.547	5.079	2.943	2.167	2.497	2.335	1.974	2.074	2.319	1.139	1.163	1.481	1.238	1	…
	计算机和信息	…	1.752	1.589	1.366	1.095	1.653	2.05	2.497	2.692	2.646	3.134	2.969	3.729	4.872	5.58	6.285	…
	专利和特许使用费	1.01	0.616	0.766	1.729	0.859	1.188	1.894	1.361	4.71	3.401	5.012	6.512	4.012	5.323	4.262	4.646	…
	其他商业服务	48.86	26.55	23.6	14.29	11.76	11.74	13.81	13.76	18.45	21.91	24.79	25.86	26.33	27.41	28	27.19	…
	个人、文化和娱乐服务	…	0.868	0.781	1.053	1.65	1.742	3.502	8.535	7.112	9.174	10.84	9.89	7.779	7.869	4.926	5.714	…
	政府服务	2.277	1.17	1.024	0.836	0.736	0.82	1.101	1.136	1.091	0.867	0.605	0.974	0.775	0.681	0.707	0.726	…

续表

年份		1994	1995	1996	1997	1998	1999	2000	2001	2002	2003	2004	2005	2006	2007	2008	2009	2010
拉脱维亚	运输	91.37	91.56	62.75	69.34	65.64	69.58	66.99	65.14	62.11	59.27	55.7	56.35	53.5	50.58	50.75	50.54	49.18
	旅游	2.748	2.773	19.09	18.61	16.39	11.48	11.38	10.13	13.01	14.76	15.01	15.78	18.15	18.13	17.7	18.82	17.28
	其他服务	5.885	5.667	18.16	12.05	17.97	18.94	21.63	24.73	24.88	25.98	29.29	27.87	28.35	31.29	31.55	30.64	33.54
	通信	0.81	0.74	2.562	3.034	2.68	3.242	1.704	1.96	2.043	2.411	2.952	2.825	3.107	2.181	2.175	2.614	2.557
	建筑	1.773	1.13	0.645	1.049	0.505	0.43	1.2	1.137	0.525	2.112	2.637	0.647	0.931	1.439	1.913	0.968	2.133
	保险	0.01	0.01	…	…	…	0.723	0.687	1.052	0.856	0.677	0.647	0.486	0.394	0.464	0.348	0.7	0.726
	金融	0.872	2.381	3.201	3.851	3.555	3.271	3.008	3.673	4.667	6.144	6.443	5.951	6.782	7.134	6.35	6.438	6.135
	计算机和信息	0.024	0.021	0.142	0.795	0.929	1.826	1.756	1.849	2.011	2.165	2.44	2.506	2.755	2.672	3.067	3.272	3.578
	专利和特许使用费	0.002	…	0.009	0.023	0.135	1.015	0.2	0.212	0.266	0.286	0.45	0.458	0.431	0.337	0.289	0.182	0.327
	其他商业服务	1.513	1.049	11.2	2.679	9.645	8.045	11.33	13.25	13.03	10.73	12	13.43	12.58	15.78	16.22	15.39	16.82
	个人、文化和娱乐服务	…	0.004	0.017	0.002	0.072	0.02	0.07	0.059	0.073	0.232	0.157	0.24	0.242	0.254	0.253	0.242	0.319
	政府服务	0.882	0.333	0.375	0.612	0.451	0.371	1.678	1.535	1.405	1.222	1.563	1.327	1.128	1.034	0.941	0.84	0.948
立陶宛	运输	64.49	59.25	44.94	42.9	39.13	36.58	46.44	45.97	44.66	49.66	55.37	51.13	53.69	58.33	58.44	54.89	…
	旅游	21.3	15.87	39.57	34.85	41.43	50.43	36.96	33.11	34.49	33.97	31.76	29.67	28.65	28.65	28.32	29.34	…
	其他服务	14.21	24.88	15.49	22.26	19.43	13	16.6	20.92	20.85	16.37	12.87	19.2	17.66	13.03	13.24	15.76	…
	通信	3	4.93	3.307	3.932	2.394	3.23	3.339	3.196	2.691	3.168	2.626	2.473	2.413	2.483	2.197	2.744	…
	建筑	9.701	13.37	7.658	7.492	3.756	1.693	1.316	1.51	1.882	1.291	1.235	1.094	0.868	1.682	1.983	1.75	…
	保险	0.379	0.58	0.345	1.677	1.84	0.156	0.253	0.806	0.312	0.005	0.03	-0.02	-0.28	-0.32	0.105	0.009	…
	金融	0.026	0.36	0.708	0.622	0.496	0.66	0.289	0.823	0.421	0.381	0.452	0.532	0.81	0.94	1.116	1.035	…
	计算机和信息	0.002	0.062	0.009	0.271	0.652	0.827	1.464	2.089	1.285	1.525	1.267	0.915	0.509	0.593	0.833	1.044	…
	专利和特许使用费	0.003	…	…	0.134	0.005	0.006	0.002	0.041	0.017	0.028	0.033	0.062	0.02	0.004	0.018	0.01	…
	其他商业服务	1.095	4.959	2.034	6.826	8.86	5.556	8.242	10.68	12.01	8.248	6.282	12.85	11.77	6.134	5.404	7.42	…
	个人、文化和娱乐服务	…	…	…	0.135	0.277	0.113	1.067	0.899	1.364	0.977	0.385	0.331	0.433	0.406	0.369	0.414	…
	政府服务	…	0.625	1.429	1.166	1.156	0.754	0.631	0.877	0.868	0.744	0.563	0.959	1.116	1.108	1.218	1.339	…

续表

年份		1994	1995	1996	1997	1998	1999	2000	2001	2002	2003	2004	2005	2006	2007	2008	2009	2010
波兰	运输	36.39	28.49	28.23	34.91	26.51	28.93	23.51	27.51	32.58	35.75	31.18	33.57	33.97	32.17	30.79	30.05	27.07
	旅游	34.71	21.6	32.4	25.77	39.59	37.94	54.6	47.64	42.98	36.41	43.3	38.59	35.15	36.66	33.08	31.09	29.08
	其他服务	28.9	49.91	39.37	39.33	33.89	33.13	21.89	24.85	24.44	27.83	25.52	27.84	30.88	31.17	36.15	38.89	43.85
	通信	3.12	2.829	3.232	4.33	3.976	4.496	2.25	2.061	1.634	2.175	2.212	1.894	1.923	1.75	1.841	2.232	1.724
	建筑	9.225	26.22	15.74	7.852	3.303	3.982	2.847	4.419	5.48	6.542	4.899	5.302	5.973	5.596	5.349	5.206	3.99
	保险	2.269	6.913	5.273	9.052	12.39	6.816	2	1.897	2.132	1.96	0.483	0.412	0.466	0.069	0.436	0.097	0.585
	金融	1.03	1.358	2.298	1.357	1.587	1.853	1	1.774	1.345	1.441	1.18	1.347	1.059	1.366	1.591	1.501	1.706
	计算机和信息	0.03	0.112	0.287	0.224	0.268	0.371	0.587	0.861	0.986	1.199	1.448	1.206	1.976	2.293	2.648	3.053	4.763
	专利和特许使用费	0.015	0.037	0.246	0.303	0.203	0.299	0.327	0.492	0.339	0.251	0.223	0.381	0.185	0.356	0.582	0.355	0.764
	其他商业服务	12.35	11.83	11.44	15.48	11.04	14.22	12.37	12.58	11.85	13.71	14.15	16.44	18.27	18.74	22.73	25.61	29.38
	个人、文化和娱乐服务	0.209	0.253	0.369	0.538	0.849	0.717	0.481	0.687	0.608	0.519	0.676	0.578	0.719	0.667	0.582	0.49	0.877
	政府服务	0.657	0.356	0.482	0.191	0.277	0.383	0.029	0.082	0.07	0.036	0.252	0.283	0.301	0.332	0.419	0.448	0.055
斯洛伐克	运输	23.86	25.89	31.12	34.12	33.44	36.53	44.41	40.64	41.39	42.84	39.99	36.22	35.2	31.91	34.3	29.85	23.89
	旅游	25.11	26.18	32.58	25.13	21.3	24.27	19.32	37.79	26.18	26.22	24.24	27.46	27.99	28.68	30.48	37.29	30.32
	其他服务	51.04	47.93	36.3	40.74	45.26	39.2	36.27	21.57	32.43	30.94	35.77	36.32	36.82	39.4	35.22	32.86	45.79
	通信	12.12	11.14	0.983	1.337	1.636	2.759	2.298	2.277	2.054	2.31	2.212	2.578	4.759	3.637	3.676	3.442	…
	建筑	3.252	4.588	4.986	6.138	4.607	3.264	3.018	2.743	1.809	2.599	3.057	2.684	1.581	1.729	2.149	1.999	…
	保险	0.726	0.103	0.3	0.649	0.556	0.349	0.533	0.325	0.556	0.534	0.517	0.419	0.459	0.895	0.507	1.165	…
	金融	2.822	4.797	5.109	4.184	2.287	2.263	1.627	1.093	2.361	1.755	2.33	3.162	2.495	3.853	2.413	5.008	…
	计算机和信息	…	…	0.392	0.581	1.066	1.837	2.317	2.739	2.525	2.54	3.101	2.643	3.131	2.98	3.573	4.562	…
	专利和特许使用费	0.318	0.455	0.88	0.767	0.613	0.771	0.72	0.785	1.368	1.507	1.599	1.705	1.655	2.103	1.932	1.461	…
	其他商业服务	30.01	26.84	22.44	24.59	31.07	24.94	22.34	18.28	18.48	16.76	19.14	19.75	19.4	18.94	19.11	14.07	…
	个人、文化和娱乐服务	…	…	0.94	1.736	2.677	2.328	2.414	2.725	2.378	2.102	3.243	2.803	2.732	4.683	1.173	0.852	…
	政府服务	1.786	0.014	0.271	0.759	0.75	0.688	1.004	0.704	0.895	0.834	0.578	0.571	0.611	0.583	0.683	0.299	…

续表

年份		1994	1995	1996	1997	1998	1999	2000	2001	2002	2003	2004	2005	2006	2007	2008	2009	2010
斯洛文尼亚	运输	26.93	24.94	22.53	22.77	26.69	27.77	26.09	25.52	25.98	27.62	29.12	28.81	30.61	30.4	28.5	24.78	26.38
	旅游	50.48	53.48	58.07	57.82	53.74	51.04	50.9	51.05	46.88	48.09	47.02	45.14	41.36	40.11	38.48	41.73	39.85
	其他服务	22.59	21.59	19.4	19.41	19.57	21.19	23.01	23.43	27.14	24.29	23.86	26.05	28.03	29.49	33.34	33.49	33.77
	通信	0.697	0.577	0.656	1.048	1.225	1.284	1.314	1.724	2.47	2.504	2.597	2.83	2.678	2.543	4.088	4.661	5.028
	建筑	6.851	6.654	4.314	3.894	3.595	3.064	3.491	3.585	3.925	2.895	2.608	3.345	2.988	3.662	5.927	4.561	3.395
	保险	0.166	0.153	0.197	0.225	0.262	0.261	0.371	0.388	0.333	0.301	0.287	0.35	0.403	0.396	1.58	1.477	1.701
	金融	0.365	0.395	0.501	0.519	0.415	0.453	0.429	0.556	2.056	0.692	0.521	0.561	0.803	1.015	0.502	0.611	0.884
	计算机和信息	0.293	0.592	1.372	1.597	2.35	2.91	2.855	3.269	3.446	3.164	2.837	2.822	2.83	2.613	2.638	2.622	2.73
	专利和特许使用费	0.182	0.197	0.29	0.255	0.43	0.426	0.625	0.734	0.324	0.383	0.342	0.412	0.401	0.329	0.554	0.601	0.662
	其他商业服务	13.53	12.19	11.35	11.07	10.56	11.75	12.93	12.17	13.73	13.43	13.63	14.86	16.9	18.14	17.34	18.33	18.3
	个人、文化和娱乐服务	0.354	0.271	0.426	0.524	0.602	0.885	0.72	0.831	0.648	0.745	0.871	0.714	0.864	0.667	0.566	0.83	0.913
	政府服务	0.149	0.552	0.29	0.279	0.138	0.165	0.281	0.173	0.203	0.172	0.159	0.158	0.164	0.125	0.146	0.176	0.162
保加利亚	运输	29.89	34.51	32.15	33.56	25.29	29.17	29.05	29.69	28.05	26.27	25.33	27.11	30.06	23.2	22.84	20.83	21.23
	旅游	28.77	33.02	28.43	27.6	54.05	52.1	49.39	45.93	49.76	54.72	54.64	54.76	49.38	54.36	53.89	54.75	51.68
	其他服务	41.34	32.47	39.41	38.84	20.66	18.73	21.57	24.38	22.2	19	20.02	18.12	20.56	22.44	23.27	24.77	27.08
	通信	…	…	…	1.877	1.554	1.642	2.081	2.17	1.947	1.511	2.031	3.309	2.847	2.513	3.251	3.238	3.135
	建筑	…	…	…	7.926	4.155	1.97	2.308	3.207	2.757	2.641	3.046	2.333	3.186	4.079	3.116	6.117	2.484
	保险	…	…	…	1.398	0.552	0.554	0.797	0.563	0.644	0.608	0.679	0.68	0.71	0.746	0.729	1.952	2.117
	金融	…	…	…	5.989	1.872	0.906	0.592	1.536	0.618	0.609	0.961	0.417	0.653	0.506	0.597	0.557	0.418
	计算机和信息	…	…	…	…	…	…	0.234	0.574	0.335	0.499	0.702	0.74	1.058	1.818	2.341	2.385	5.571
	专利和特许使用费	…	…	…	…	…	…	0.162	0.119	0.178	0.158	0.176	0.115	0.199	0.159	0.143	0.136	0.486
	其他商业服务	41.34	32.47	39.41	19.35	11.32	12.05	12.24	12.94	12.42	10.37	10.25	9.287	10.8	11.36	12.09	9.54	12.15
	个人、文化和娱乐服务	…	…	…	…	…	…	1.023	1.302	1.425	1.25	1.051	0.892	1.065	1.212	0.962	0.8	0.65
	政府服务	…	…	…	2.303	1.207	1.613	2.132	1.967	1.873	1.361	1.124	0.352	0.045	0.045	0.039	0.057	0.069

续表

年份		1994	1995	1996	1997	1998	1999	2000	2001	2002	2003	2004	2005	2006	2007	2008	2009	2010
克罗地亚	运输	23.28	28.81	21.55	17.02	14.27	13	13.65	12.06	10.58	9.201	10.48	11.02	12.1	12.8	11.79	8.806	8.52
	旅游	63.05	54.96	61.09	63.01	68.95	66.95	67.75	68.29	68.28	73.65	71.76	74.29	73.98	74.04	74.4	75.69	64.09
	其他服务	13.67	16.22	17.35	19.97	16.78	20.05	18.6	19.65	21.15	17.15	17.75	14.69	13.92	13.17	13.81	15.5	27.39
	通信	2.407	3.013	2.516	3.078	3.37	2.62	2.527	3.148	2.805	2.483	2.029	2.402	2.366	2.347	2.096	2.193	…
	建筑	0.457	1.058	2.267	2.656	3.758	5.696	4.894	4.755	5.861	5.186	4.987	0.432	0.725	0.682	1.024	1.285	…
	保险	0.753	0.894	1.178	0.828	0.703	0.981	0.833	0.808	0.304	0.23	0.206	0.22	0.236	0.25	0.221	0.245	…
	金融	0.043	0.315	0.253	0.453	0.762	0.726	0.261	0.434	1.625	0.562	0.361	0.344	0.44	0.407	0.323	0.501	…
	计算机和信息	…	…	0.046	0.141	0.366	0.541	0.823	0.896	0.818	0.725	0.693	0.854	0.781	0.933	1.005	1.372	…
	专利和特许使用费	0.079	0.091	0.077	0.473	1.049	2.199	1.622	2.178	1.519	0.404	0.432	0.737	0.437	0.317	0.289	0.272	…
	其他商业服务	2.949	1.345	7.547	11.49	5.576	5.881	6.523	6.85	7.676	7.171	8.724	9.406	8.474	7.697	7.985	8.81	…
	个人、文化和娱乐服务	0.095	0.093	0.321	0.368	0.794	0.986	0.74	0.552	0.504	0.389	0.316	0.289	0.453	0.528	0.859	0.816	…
	政府服务	6.892	9.413	3.148	0.486	0.397	0.423	0.378	0.028	0.032	0.004	0.008	0.008	0.006	0.006	0.013	0.006	…
罗马尼亚	运输	36.49	31.53	36.6	38.54	41.84	39.12	36.18	40.7	41.07	39.8	43.14	28.99	26.77	26.34	30.66	29.4	30.56
	旅游	39.66	39.49	33.85	34.54	21.21	18.46	20.55	17.81	14.27	14.83	13.92	20.69	18.6	17.06	15.49	12.49	13.39
	其他服务	23.85	28.98	29.56	26.92	36.95	42.42	43.27	41.49	44.65	45.38	42.94	50.32	54.62	56.61	53.85	58.1	56.05
	通信	4.215	4.418	4.798	5.647	7.912	6.74	8.3	6.644	7.115	7.86	8.19	13.25	15.66	11.45	8.969	8.957	6.785
	建筑	2.682	9.17	3.327	2.298	3.263	2.418	1.717	2.904	2.769	3.501	3.32	3.844	3.76	2.288	3.594	5.185	7.642
	保险	1.628	2.008	1.344	1.904	2.365	1.612	1.202	1.821	0.852	1.585	0.719	0.55	0.347	0.699	0.35	0.549	0.607
	金融	4.981	3.347	3.391	3.086	3.181	2.491	6.297	4.626	3.536	1.684	2.048	2.042	1.633	5.435	3.773	1.81	1.786
	计算机和信息	0.192	0.134	0.192	0.197	0.816	1.758	2.519	2.461	3.323	3.567	3.957	6.53	6.745	6.568	6.845	10.3	10.44
	专利和特许使用费	0.192	0.201	6.462	…	0.245	0.293	0.172	0.787	0.128	0.099	0.221	0.945	0.504	0.434	1.867	2.135	4.083
	其他商业服务	5.172	5.823	5.886	8.273	11.83	20.51	17.17	17.72	21.86	22.26	17.9	20.82	24.4	28.12	27.56	28.28	23.22
	个人、文化和娱乐服务	2.778	2.677	3.455	3.94	5.302	4.762	4.35	3.297	4.176	3.897	5.921	1.814	1.185	1.112	0.599	0.803	1.107
	政府服务	2.011	1.205	0.704	1.576	2.039	1.832	1.546	1.23	0.895	0.925	0.664	0.523	0.383	0.498	0.296	0.427	0.381

续表

年份		1994	1995	1996	1997	1998	1999	2000	2001	2002	2003	2004	2005	2006	2007	2008	2009	2010
亚美尼亚	运输	26.04	49.9	46.54	52.41	40.38	39.11	46.7	38.15	34.97	35.21	22.12	22.42	21.11	22.93	21.34	18.43	22.47
	旅游	…	4.895	15.18	20.24	18.08	22.82	27.58	34.78	34.42	35.06	51.55	53.51	55.85	52.56	51.24	56.68	51.46
	其他服务	73.96	45.21	38.27	27.35	41.55	38.07	25.72	27.06	30.61	29.74	26.33	24.07	23.04	24.51	27.41	24.89	25.41
	通信	61.96	38.57	24.39	14.83	19.68	23.61	11.57	12.16	9.633	8.055	7.139	6.856	4.721	7.125	9.634	8.769	…
	建筑	1.463	…	1.518	1.687	…	…	…	0.359	3.381	3.813	3.594	2.568	2.051	1.926	2.223	1.291	…
	保险	…	…	3.745	2.402	1.696	1.708	2.194	1.892	2.96	3.58	2.779	2.892	3.047	2.531	2.402	1.789	…
	金融	…	…	2.702	0.663	0.675	0.987	1.008	0.473	0.691	0.763	0.813	0.785	0.742	0.715	0.602	0.853	…
	计算机和信息	…	…	…	…	…	0.206	1.439	4.478	5.358	5.309	5.302	5.46	6.815	7.519	7.811	7.333	…
	专利和特许使用费	…	…	…	…	…	…	…	…	…	…	…	…	…	…	…	…	…
	其他商业服务	…	…	…	5	5.102	3.328	4.09	2.978	3.271	3.242	2.751	2.317	2.566	2.093	2.168	2.153	…
	个人、文化和娱乐服务	…	…	2.574	2.764	4.995	3.542	0.57	0.911	1.11	1.099	1.482	1.162	1.119	1.014	1.109	1.1	…
	政府服务	10.53	6.643	3.346	…	9.398	4.69	4.855	3.81	4.204	3.876	2.475	2.03	1.983	1.588	1.464	1.602	…
阿塞拜疆	运输	…	44.21	35.99	28.35	38.9	44.4	45.94	55.78	58.57	45.89	41.8	35.02	43.38	48.47	51.32	37.83	31.19
	旅游	…	40.7	30.52	47.33	37.7	31.59	24.28	14.69	14.1	13.36	13.27	11.37	12.44	14.25	12.3	19.99	29.46
	其他服务	…	15.09	33.49	24.32	23.4	24.01	29.79	29.53	27.33	40.75	44.93	53.6	44.18	37.28	36.38	42.18	39.35
	通信	…	4.836	5.034	3.716	4.739	6.17	6.199	4.819	6.229	5.184	7.427	5.21	3.299	2.728	3.034	4.113	3.663
	建筑	…	0.964	2.633	4.993	4.143	1.589	1.948	2.36	2.018	0.879	1.984	1.381	4.876	3.671	7.053	9.959	7.396
	保险	…	0.024	0.677	0.291	0.89	…	…	…	…	1.044	1.527	1.148	1.454	0.629	0.314	0.274	0.55
	金融	…	0.117	0.174	0.036	0.311	…	…	…	…	…	0.007	0.014	0.151	0.008	0.008	0.016	0.016
	计算机和信息	…	…	…	…	…	…	…	…	…	…	…	0.019	0.29	0.336	0.546	0.541	0.46
	专利和特许使用费	…	…	…	…	…	…	…	…	…	…	…	9E-04	0.006	0.002	8E-04	0.103	0.007
	其他商业服务	…	5.429	18.22	12.44	9.896	8.343	11.89	10.63	7.686	23.72	25.62	36.85	23.32	23.59	19.17	21.01	20.19
	个人、文化和娱乐服务	…	…	…	…	…	…	…	…	…	0.576	0.532	0.439	0.319	0.26	0.252	1.56	2.374
	政府服务	…	3.72	6.747	2.852	3.422	7.903	9.749	11.72	11.4	9.352	7.833	8.539	10.47	6.056	6.005	4.598	4.701

续表

年份		1994	1995	1996	1997	1998	1999	2000	2001	2002	2003	2004	2005	2006	2007	2008	2009	2010
白俄罗斯	运输	73.07	64.81	52.63	53.97	53.51	61.82	58.34	54.98	52.97	57.09	58.7	64.53	71.23	71.99	69.97	65.31	67.15
	旅游	15.35	4.977	6.057	2.732	2.421	1.54	9.317	18.51	17.41	17.79	15.46	12.21	11.93	9.915	8.668	10.55	9.18
	其他服务	11.58	30.21	41.31	43.3	44.07	36.64	32.34	26.52	29.62	25.12	25.84	23.26	16.84	18.1	21.37	24.14	23.67
	通信	3.222	1.845	1.839	3.2	4.616	5.814	4.999	4.727	4.527	4.687	4.717	4.535	4.394	3.805	3.498	4.406	3.868
	建筑	1.352	5.75	5.969	11.29	7.491	5.018	4.199	4.053	4.109	4.02	4.574	2.9	1.987	2.515	2.369	2.194	2.8
	保险	0.159	0.451	0.341	0.163	0.227	0.199	0.36	0.28	0.283	0.067	0.074	0.058	0.179	0.113	0.043	0.057	0.045
	金融	…	…	…	0.141	1.232	0.106	0.21	0.324	0.194	0.1	0.149	0.135	0.221	0.196	0.387	0.28	0.266
	计算机和信息	…	0.043	0.121	0.229	0.638	0.518	0.45	0.587	0.917	1.16	1.002	1.274	2.058	2.969	3.694	4.657	4.944
	专利和特许使用费	…	…	…	0.185	0.097	0.093	0.09	0.044	0.06	0.093	0.097	0.15	0.246	0.095	0.153	0.271	0.19
	其他商业服务	6.842	22.08	32.95	28.06	29.12	23.82	20.68	14.76	17.59	13.35	13.89	13.25	6.877	7.553	10.11	11.23	10.45
	个人、文化和娱乐服务	…	…	…	…	…	…	0.19	0.114	0.119	0.12	0.143	0.116	0.204	0.239	0.241	0.422	0.36
	政府服务	…	0.043	0.088	0.033	0.649	1.075	1.16	1.628	1.812	1.52	1.196	0.839	0.675	0.613	0.867	0.899	0.75
格鲁吉亚	运输	…	…	…	45.71	41.09	44.77	49.66	54	49.16	46.61	47.94	46.4	46.42	46.75	48.68	47.34	48.34
	旅游	…	…	…	23.69	51.41	54.54	46.85	37.38	30.77	32.12	31.83	33.77	35.32	35.08	35.44	36.23	43.68
	其他服务	…	…	…	30.61	7.501	0.692	3.488	8.628	20.07	21.28	20.22	19.84	18.27	18.18	15.88	16.43	7.984
	通信	…	…	…	15.25	4.298	0.692	3.488	3.948	4.281	5.286	3.193	2.763	1.983	1.325	1.874	2.148	…
	建筑	…	…	…	4.192	…	…	…	…	…	…	…	…	…	0.252	0.174	0.483	…
	保险	…	…	…	…	…	…	…	…	2.282	2.084	1.797	1.532	1.516	1.19	1.199	1.171	…
	金融	…	…	…	…	…	…	…	…	1.949	2.255	3.136	2.835	2.134	0.834	0.767	1.01	…
	计算机和信息	…	…	…	…	…	…	…	…	…	…	0.004	0.017	0.061	0.172	0.278	0.461	…
	专利和特许使用费	…	…	…	…	…	…	…	…	1.349	1.373	1.392	1.3	1.461	0.972	0.492	0.568	…
	其他商业服务	…	…	…	6.061	…	…	…	…	0.918	1.616	1.911	1.515	0.99	1.855	2.15	2.775	…
	个人、文化和娱乐服务	…	…	…	…	…	…	…	…	0.02	0.044	0.387	0.443	0.624	0.794	0.71	1.071	…
	政府服务	…	…	…	5.101	3.203	…	…	4.68	9.272	8.618	8.403	9.432	9.498	10.78	8.237	6.743	…

续表

年份		1994	1995	1996	1997	1998	1999	2000	2001	2002	2003	2004	2005	2006	2007	2008	2009	2010
摩尔多瓦	运输	31.16	29.27	52.21	50.3	48.85	45.42	50.36	49.48	50.42	50.85	42.95	42.5	42.29	42.17	42.64	37.54	35.44
	旅游	22.87	39.4	31.57	29.69	26.45	24.82	23.92	22.59	23.24	21.75	27.46	25.86	24.73	26.81	25.32	24.92	23.5
	其他服务	45.97	31.33	16.22	20.01	24.7	29.77	25.72	27.93	26.34	27.4	29.58	31.64	32.98	31.02	32.04	37.54	41.06
	通信	2.757	2.581	4.923	4.924	9.517	11.91	10.16	10.22	9.213	9.761	13.65	14.88	15.29	13.7	13.68	15.58	18.27
	建筑	3.186	0.187	2.424	0.972	2.407	1.253	0.571	0.316	0.411	0.224	1.295	1.517	2.298	2.403	1.844	3.966	2.106
	保险	0.192	0.422	0.528	0.471	0.303	0.545	0.492	0.474	0.374	0.416	0.229	0.14	0.185	0.329	0.219	1.237	0.199
	金融	2.985	11.11	1.301	0.399	2.197	1.54	0.923	1.451	0.96	0.72	0.515	0.805	0.863	0.654	0.545	0.465	0.444
	计算机和信息	3.829	0.111	0.189	0.37	0.395	0.413	0.346	0.234	0.402	0.476	0.792	0.912	1.711	2.282	3.138	4.406	4.841
	专利和特许使用费	…	…	0.49	…	0.118	0.111	0.419	0.661	0.605	0.56	0.666	0.399	0.361	0.991	0.466	0.643	0.705
	其他商业服务	32.96	16.01	3.772	9.98	7.024	6.278	6.628	7.677	9.282	7.313	8.552	9.072	8.218	7.57	9.726	8.004	9.006
	个人、文化和娱乐服务	…	…	…	…	0.013	0.192	0.17	0.456	0.323	0.2	0.235	0.196	0.131	0.045	0.042	0.001	0.01
	政府服务	0.058	0.913	2.593	2.891	2.723	7.523	6.009	6.442	4.773	7.725	3.647	3.715	3.921	3.051	2.382	3.239	5.478
俄罗斯	运输	45.85	35.78	27.33	25.91	25.63	33.16	37.17	40.68	40.02	37.7	37.84	36.49	32.41	30.13	29.36	29.65	33.53
	旅游	28.63	40.8	53.47	50.88	52.6	41.06	35.85	31.22	29.79	27.74	26.85	23.51	24.52	24.06	23.14	22.51	20.2
	其他服务	25.52	23.42	19.19	23.21	21.77	25.78	26.98	28.11	31.1	34.56	35.31	40	43.06	45.8	47.5	47.84	46.27
	通信	3.491	4.567	4.242	4.453	4.454	5.119	4.029	3.815	3.882	2.729	2.286	2.635	2.582	3.239	2.917	3.204	3.038
	建筑	1.552	0.971	0.688	0.669	1.145	1.389	1.781	6.438	5.581	6.468	7.658	8.846	9.808	8.789	9.111	7.893	5.901
	保险	…	…	…	…	0.11	0.241	0.362	0.633	0.815	0.915	1.173	1.294	1.211	0.965	1.259	1.309	1.303
	金融	1.089	0.641	0.634	1.008	0.789	1.113	1.042	1.121	1.099	1.083	1.311	1.562	1.893	2.991	2.578	2.474	2.369
	计算机和信息	…	…	…	…	…	0.371	0.619	1.119	1.074	1.078	1.242	1.688	2.032	2.794	3.211	3.094	3.055
	专利和特许使用费	0.043	0.038	1.199	1.251	0.218	0.469	0.955	0.528	1.134	1.071	1.105	1.042	0.962	1.01	0.886	1.183	1.405
	其他商业服务	19.34	17.2	12.43	15.83	15.06	17.08	18.19	11.74	15.85	19.58	19.13	21.26	23.07	24.52	25.6	26.8	26.98
	个人、文化和娱乐服务	…	…	…	…	…	…	…	0.739	0.516	0.768	0.795	0.751	0.746	0.74	0.76	0.833	1.065
	政府服务	…	…	…	…	…	…	…	1.98	1.147	0.866	0.609	0.919	0.761	0.757	1.182	1.145	1.157

续表

年份		1994	1995	1996	1997	1998	1999	2000	2001	2002	2003	2004	2005	2006	2007	2008	2009	2010
乌克兰	运输	68.95	75.61	84.04	81.61	82.15	79.43	76.84	74.12	72.28	67.4	51.42	47.9	47.4	43.17	42.62	45.15	45.74
	旅游	6.371	6.711	4.793	5.469	8.032	8.452	10.37	14.34	16.83	17.93	32.57	33.41	30.87	32.46	32.23	25.8	22.2
	其他服务	24.68	17.67	11.17	12.92	9.816	12.12	12.79	11.54	10.89	14.67	16.01	18.69	21.74	24.36	25.15	29.04	32.06
	通信	2.694	6.184	2.605	2.309	2.601	2.559	2.342	2.328	1.901	1.592	1.591	2.17	2.507	2.21	1.57	3.124	3.036
	建筑	0.946	1.089	0.875	1.013	1.045	0.879	1	0.676	0.619	0.978	0.929	1.229	1.674	1.024	1.229	1.725	1.371
	保险	…	…	…	…	…	…	0.105	0.15	0.128	0.269	0.229	0.267	0.62	0.607	0.358	0.303	0.188
	金融	6.771	2.67	0.542	0.668	0.586	0.491	0.579	0.451	0.406	0.384	0.305	0.385	0.709	2.274	2.716	2.67	2.784
	计算机和信息	…	…	…	…	…	…	0.158	0.175	0.214	0.326	0.382	0.47	0.859	1.349	1.766	2.482	2.514
	专利和特许使用费	…	…	…	…	…	…	0.026	0.125	0.085	0.269	0.509	0.235	0.283	0.374	0.402	0.808	0.774
	其他商业服务	14.27	7.73	7.147	8.933	5.584	8.193	8.5	5.106	5.361	6.924	6.846	9.044	10.28	11.81	12.76	13.46	17.23
	个人、文化和娱乐服务	…	…	…	…	…	…	0.079	0.075	0.064	0.077	0.14	0.171	0.655	1.116	1.034	0.606	0.662
	政府服务	…	…	…	…	…	…	…	2.453	2.114	3.855	5.077	4.715	4.145	3.601	3.314	3.86	3.504
哈萨克斯坦	运输	…	65.69	64.03	58.78	42.88	45.09	43.82	44.12	39.97	41.63	41.67	45.83	51.72	48.69	50.62	50.53	46.51
	旅游	…	22.74	29.54	34.35	45.02	38.91	33.84	35.84	40.37	32.94	35.73	31.45	29.73	28.42	22.84	22.46	19.96
	其他服务	…	11.57	6.435	6.865	12.1	16	22.34	20.04	19.66	25.43	22.6	22.72	18.55	22.89	26.54	27.01	33.53
	通信	…	6.578	2.625	4.537	4.965	5.566	3.272	2.823	2.95	3.55	3.142	3.28	2.824	2.463	2.222	2.808	…
	建筑	…	…	…	0.19	0.951	0.74	0.019	0.146	0.073	1.128	0.165	0.091	0.123	0.155	0.41	0.149	…
	保险	…	…	…	…	…	…	0.371	0.414	0.031	0.118	0.165	0.171	0.315	0.992	1.879	2.675	…
	金融	…	…	…	0.012	0.155	0.193	1.029	0.415	0.694	0.822	0.94	0.823	0.781	2.121	2.541	1.139	…
	计算机和信息	…	…	…	…	…	…	0.103	0.038	0.011	0.032	0.044	0.045	0.048	0.063	0.183	0.213	…
	专利和特许使用费	…	…	…	…	…	…	…	…	…	1E-05	0.002	1E-03	…	…	…	…	…
	其他商业服务	…	3.831	2.743	1.105	3.03	1.727	3.521	2.917	4.356	8.983	8.566	8.013	6.119	8.274	9.195	8.962	…
	个人、文化和娱乐服务	…	1.159	1.068	1.021	2.997	7.775	0.016	0.014	0.011	0.003	0.003	0.007	0.01	0.031	0.018	0.019	…
	政府服务	…	…	…	…	…	…	14.01	13.27	11.53	10.79	9.575	10.28	8.335	8.789	10.09	11.05	…

续表

年份		1994	1995	1996	1997	1998	1999	2000	2001	2002	2003	2004	2005	2006	2007	2008	2009	2010
吉尔吉斯斯坦	运输	43.86	39.61	22.99	19.6	30.42	30.64	26.81	24.59	26.39	26.46	24.21	23.35	14.93	20.34	16.34	15.69	13.29
	旅游	7.932	11.95	13.4	15.73	13.33	21.74	24.61	29.5	25.12	30.19	36.04	28.14	44.09	50.53	57.42	53.36	45.17
	其他服务	48.2	48.44	63.61	64.67	56.24	47.62	48.58	45.92	48.5	43.35	39.76	48.51	40.98	29.12	26.25	30.95	41.55
	通信	19.58	24.16	28.61	20.87	15.65	15.9	14.96	10.5	6.243	5.472	3.791	2.479	2.669	1.749	1.832	1.082	…
	建筑	11.14	4.161	3.938	10.91	10.66	6.007	2.845	5.471	3.442	3.594	3.972	7.311	5.207	2.452	2.324	2.187	…
	保险	0.615	…	…	…	1.483	1.121	0.818	0.244	0.201	0.794	0.082	0.071	0.366	0.733	0.928	0.415	…
	金融	…	…	…	0.667	2.249	0.51	1.635	0.701	2.518	0.38	0.918	1.456	0.524	0.539	1.508	1.273	…
	计算机和信息	…	…	…	…	0.249	0.298	0.764	0.577	0.458	0.938	0.357	0.456	0.355	0.166	0.161	0.154	…
	专利和特许使用费	…	…	…	…	4.092	4.336	7.793	1.554	0.446	0.324	0.458	0.67	0.629	0.349	0.31	0.432	…
	其他商业服务	13.54	12.2	25.79	19.07	5.006	6.698	7.516	14.53	18.36	14.94	17.83	23.51	21.33	12.04	10.14	14.19	…
	个人、文化和娱乐服务	3.337	7.915	5.272	2.267	9.239	5.612	4.413	3.998	1.402	3.521	4.113	2.581	2.688	6.609	7.744	10.02	…
	政府服务	…	…	…	10.89	7.613	7.144	7.837	8.35	15.43	13.39	8.231	9.973	7.214	4.486	1.296	1.195	…
塔吉克斯坦	运输	…	…	…	94.84	91.46	91.15	87.5	70.81	66.03	55.3	42.56	38.21	46.01	42.21	26.05	39.12	…
	旅游	…	…	…	1.948	2.862	2.792	1.506	2.019	2.365	1.733	0.989	1.068	1.579	2.19	2.311	1.324	…
	其他服务	…	…	…	…	5.732	6.075	10.99	27.11	31.6	42.97	56.45	60.73	52.41	55.6	71.64	59.56	…
	通信	…	…	…	…	…	…	…	…	9.535	11.73	10.21	9.2	12.07	12.35	21.43	19.46	…
	建筑	…	…	…	…	…	…	…	…	1.399	0.135	1.232	4.943	4.799	1.744	…	…	…
	保险	…	…	…	…	…	…	…	…	…	…	…	…	0.07	…	…	…	…
	金融	…	…	…	…	…	…	…	…	1.693	1.972	3.534	5.687	6.558	8.404	9.52	3.871	…
	计算机和信息	…	…	…	…	…	…	…	…	0.011	0.001	0.002	0.074	0.164	0.263	0.164	0.157	…
	专利和特许使用费	…	…	…	…	…	…	…	…	0.52	1.031	1.024	0.788	0.532	0.588	0.571	0.347	…
	其他商业服务	…	…	…	…	…	…	…	…	5.648	2.599	6.165	10.23	10.36	10.57	13.57	14.57	…
	个人、文化和娱乐服务	…	…	…	…	…	…	…	…	…	…	…	…	…	…	…	…	…
	政府服务	…	…	…	…	…	…	…	…	12.8	25.51	34.27	29.81	17.85	21.68	26.39	21.15	…

续表

年份		1994	1995	1996	1997	1998	1999	2000	2001	2002	2003	2004	2005	2006	2007	2008	2009	2010
中国	运输	18.53	17.52	14.9	12.03	9.625	9.22	12.06	13.9	14.39	16.92	19.33	20.73	22.84	25.63	26.11	18.19	…
	旅游	44.06	45.63	49.51	49.14	52.74	53.71	53.34	53.37	51.29	37.25	41.23	39.37	36.9	30.47	27.76	30.63	…
	其他服务	37.41	36.84	35.59	38.83	37.64	37.07	34.6	32.72	34.32	45.84	39.45	39.89	40.26	43.9	46.12	51.18	…
	通信	4.248	3.95	1.529	1.107	3.427	2.248	4.421	0.813	1.384	1.366	0.705	0.652	0.802	0.961	1.067	0.925	…
	建筑	…	…	…	2.401	2.486	3.753	1.979	2.49	3.136	2.76	2.35	3.485	2.992	4.4	7.021	7.304	…
	保险	10.23	9.682	0.597	0.708	1.607	0.777	0.354	0.681	0.526	0.669	0.61	0.738	0.596	0.739	0.94	1.232	…
	金融	…	…	…	0.11	0.113	0.423	0.256	0.297	0.128	0.325	0.15	0.195	0.158	0.189	0.214	0.337	…
	计算机和信息	…	…	…	0.342	0.561	1.01	1.17	1.383	1.606	2.358	2.622	2.473	3.215	3.555	4.25	5.026	…
	专利和特许使用费	…	…	…	0.224	0.264	0.286	0.264	0.33	0.334	0.229	0.379	0.212	0.222	0.28	0.388	0.331	…
	其他商业服务	21.34	19.55	33.29	33.63	29.05	28.23	25.18	25.34	26.21	37.29	31.96	31.29	31.49	33.07	31.51	35.22	…
	个人、文化和娱乐服务	…	…	…	0.041	0.063	0.027	0.037	0.084	0.075	0.072	0.066	0.18	0.149	0.259	0.284	0.075	…
	政府服务	1.6	3.661	0.165	0.265	0.067	0.316	0.935	1.299	0.914	0.768	0.606	0.665	0.629	0.452	0.453	0.733	…
美国	运输	20.55	20.7	19.58	18.84	17.53	16.7	17.06	16.38	16.01	15.71	15.96	16.16	15.8	15.42	16.6	14.23	13.15
	旅游	34.94	34.43	34.42	33.91	32.59	31.97	33.09	31.36	29.35	27.67	26.92	26.49	24.74	23.92	24.74	24	24.51
	其他服务	44.52	44.89	46.01	47.25	49.88	51.32	49.85	52.25	54.64	56.61	57.12	57.35	59.46	60.66	58.67	62.39	62.34
	通信	1.55	1.628	1.494	1.636	2.227	1.706	1.395	1.622	1.428	1.559	1.404	1.312	1.718	1.71	1.783	1.892	1.949
	建筑	1.25	1.173	1.498	1.377	1.489	2.086	0.817	1.042	0.813	0.88	0.942	0.984	1.259	1.27	1.392	1.392	1.265
	保险	0.524	0.575	0.695	0.839	1.151	1.092	1.227	1.21	1.529	1.984	2.092	1.963	2.185	2.165	2.482	2.903	2.691
	金融	2.906	3.234	3.463	4.031	4.343	4.796	5.415	5.475	6.145	6.543	7.943	8.047	11.08	12.26	11.14	11.04	10.72
	计算机和信息	1.176	1.112	1.168	1.373	1.421	1.947	1.9	1.916	1.867	2.077	1.917	1.9	2.332	2.387	2.448	2.65	2.557
	专利和特许使用费	13.47	13.94	13.66	13.08	13.66	14.19	14.61	14.38	15.41	15.61	16.22	16.71	16.37	16.89	17.21	17.79	17.71
	其他商业服务	13.93	13.38	14.01	15.16	15.3	16.14	16.29	18.48	19.79	19.98	18.89	18.62	15.07	15.9	16.22	17.75	18.57
	个人、文化和娱乐服务	1.109	1.178	1.191	1.389	1.748	2.013	2.155	2.338	2.263	2.371	2.159	1.806	2.967	2.881	2.492	2.736	2.692
	政府服务	8.605	8.673	8.822	8.369	8.543	7.354	6.041	5.792	5.394	5.605	5.547	6.012	6.479	5.973	4.998	6.115	4.18

附录3 转轨国家各服务部门进口在服务总进口中所占的比重

单位:%

年份		1994	1995	1996	1997	1998	1999	2000	2001	2002	2003	2004	2005	2006	2007	2008	2009	2010
捷克	运输	18.24	16.39	11.17	11.69	12.18	13.37	13.15	14.45	13.9	16.39	20.67	22.93	23.07	25.01	24.91	21.12	…
	旅游	34.01	33.5	47.26	43.7	33.18	25.53	23.48	24.9	24.8	26.43	25.32	23.54	23.16	25.18	25.63	21.48	…
	其他服务	47.75	50.11	41.57	44.61	54.64	61.1	63.37	60.65	61.3	57.18	54.01	53.54	53.78	49.81	49.46	57.4	…
	通信	5.844	5.253	1.02	1.025	2.603	1.697	0.847	1.246	4.214	4.12	5.476	3.639	3.676	3.609	3.464	4.04	…
	建筑	2.655	2.89	3.689	6.548	5.129	3.705	2.685	3.021	2.506	3.757	2.255	1.806	1.466	1.271	2.186	1.393	…
	保险	1.537	2.321	1.48	1.488	2.036	0.006	1.223	1.398	2.774	2.011	2.167	2.629	2.021	1.708	2.054	1.568	…
	金融	2.43	2.878	3.032	3.603	4.861	6.051	7.506	4.724	9.456	7.576	10.52	8.868	9.126	5.131	3.364	1.728	…
	计算机和信息	…	0.224	0.347	0.716	1.185	2.178	1.523	1.918	1.893	2.045	2.44	4.474	4.508	5.24	5.088	5.236	…
	专利和特许使用费	0.561	1.092	1.564	1.445	1.959	2.35	1.503	1.665	1.852	2.403	1.928	4.738	4.418	4.506	4.178	3.826	…
	其他商业服务	34.71	32.42	27.66	24.31	30.87	41.17	44.42	42.79	34.85	32.06	27.07	25.46	26.86	26.63	27.48	38.37	…
	个人、文化和娱乐服务	…	2.578	1.721	3.923	4.97	2.619	2.328	2.434	2.712	2.114	1.314	0.872	1.078	1.101	0.953	0.748	…
	政府服务	0.012	0.448	1.052	1.55	1.033	1.324	1.33	1.449	1.044	1.092	0.836	1.052	0.624	0.61	0.689	0.493	…
爱沙尼亚	运输	44.98	44.63	45.33	46.81	44.95	40.33	47.37	47.37	44.4	37.02	41.5	43.24	41.58	41.45	37.33	32.34	35.09
	旅游	11.7	18.18	17.08	16.52	17.06	23.39	22.99	19.91	20.87	22.9	22.85	19.96	23.48	21.73	24.08	23.92	21.95
	其他服务	43.32	37.19	37.59	36.66	38	36.28	29.64	32.73	34.73	40.07	35.65	36.81	34.94	36.82	38.6	43.75	42.96
	通信	3.022	1.115	1.343	2.026	1.929	3.948	2.144	2.225	2.122	3.267	4.148	4.137	3.635	3.764	6.084	6.756	7.105
	建筑	7.443	5.804	4.096	2.837	3.405	2.124	1.981	3.253	7.687	6.667	5.252	8.394	5.444	3.091	3.266	4.196	3.915
	保险	2.849	2.93	2.458	1.959	1.75	0.935	0.279	0.114	0.145	0.138	0.074	0.057	0.068	0.034	0.033	0.049	0.121
	金融	0.451	1.056	1.98	1.408	1.691	1.078	0.927	1.401	1.193	1.464	1.347	1.775	2.086	2.795	1.525	1.44	1.773
	计算机和信息	0.644	1.279	1.173	1.201	1.133	1.468	1.306	1.367	1.369	1.542	1.639	1.489	1.888	2.299	2.886	3.547	3.432
	专利和特许使用费	0.19	0.22	0.493	0.628	0.764	0.613	0.893	1.167	1.276	1.021	1.033	1.133	1.18	1.308	1.485	1.809	2.127
	其他商业服务	8.946	9.034	15.02	15.52	16.5	16.29	20.14	21.38	18.55	24.17	20.26	18.5	19.04	21.6	21.45	24.08	23.14
	个人、文化和娱乐服务	0.376	0.154	0.108	0.396	0.239	0.154	0.186	0.354	0.093	0.121	0.141	0.209	0.272	0.292	0.447	0.458	0.317
	政府服务	19.39	15.6	10.91	10.69	10.59	9.666	1.781	1.466	2.298	1.679	1.759	1.112	1.324	1.637	1.424	1.407	1.035

续表

年份		1994	1995	1996	1997	1998	1999	2000	2001	2002	2003	2004	2005	2006	2007	2008	2009	2010
匈牙利	运输	7.088	12.57	11.02	14	14.49	14.21	14.88	13.49	15.44	15.27	15.4	19.35	20.4	19.25	19.15	17.26	…
	旅游	31.61	39.01	37.25	36.9	35.15	35.38	34.58	32.57	31.15	28.35	23.79	20.81	17.52	18.61	21.45	21.88	…
	其他服务	61.3	48.43	51.73	49.11	50.37	50.41	50.54	53.94	53.41	56.38	60.81	59.84	62.08	62.14	59.4	60.86	…
	通信	…	0.577	0.594	1.019	0.916	1.212	1.578	1.404	1.739	1.982	3.056	3.103	3.805	3.671	3.013	2.898	…
	建筑	…	0.928	1.519	1.186	2.179	3.559	1.199	1.553	3.553	2.216	0.609	0.883	1.956	2.232	2.169	2.084	…
	保险	0.788	0.819	1.137	2.138	2.07	2.321	1.751	2.054	2.23	2.304	2.11	1.762	1.69	1.265	1.075	1.704	…
	金融	…	3.977	4.806	6.356	6.369	4.819	4.717	3.887	2.189	3.029	3.696	1.625	1.718	1.844	1.615	1.528	…
	计算机和信息	…	1.455	1.485	1.977	2.278	3.252	2.659	2.88	2.502	2.914	3.853	4.313	4.642	4.376	4.27	4.608	…
	专利和特许使用费	2.531	1.823	3.312	4.74	5.111	7.041	5.419	4.855	6.082	5.07	10.35	9.676	9.635	11.06	10.67	8.237	…
	其他商业服务	55.17	36.14	36.59	29.24	28.89	25.43	28.66	25.72	26.48	28.22	25.51	26.97	29.96	30.09	30.33	32.9	…
	个人、文化和娱乐服务	…	0.792	0.777	0.933	1.148	0.99	3.164	10.14	7.175	9.237	10.3	9.995	7.091	6.157	4.872	5.603	…
	政府服务	2.808	1.912	1.507	1.515	1.408	1.778	1.396	1.452	1.462	1.403	1.321	1.513	1.585	1.45	1.393	1.305	…
拉脱维亚	运输	45.9	62.29	23.35	30.37	27.47	27.73	30.98	30.91	33.18	32.36	35.07	32.2	32.28	29.09	25.79	25.31	29.43
	旅游	10.32	9.904	50.3	49.17	37.87	38.98	35.85	33.23	32.72	35.31	32.04	37.48	35.56	34.3	35.81	35.08	29.17
	其他服务	43.79	27.8	26.35	20.47	34.66	33.29	33.17	35.86	34.09	32.34	32.89	30.32	32.16	36.61	38.4	39.61	41.4
	通信	1.533	1.694	2.904	3.448	3.203	3.341	1.508	1.445	2.025	2.314	3.965	3.732	4.111	3.915	3.527	4.68	4.673
	建筑	0.457	5.126	2.777	4.659	0.943	1.365	4.249	2.488	1.483	1.84	1.562	0.777	2.096	5.794	6.783	3.969	3.056
	保险	4.597	4.145	2.075	0.932	7.286	6.667	7.948	6.271	5.29	5.499	3.413	1.773	1.348	1.957	1.244	1.137	1.248
	金融	4.468	2.246	2.163	2.248	2.073	1.54	1.711	3.396	3.351	2.658	2.343	1.972	1.49	2.035	3.295	3.609	4.993
	计算机和信息	0.034	…	0.218	0.291	0.894	0.857	2.219	2.339	2.381	2.421	2.36	3.302	3.167	3.249	3.179	4.408	4.439
	专利和特许使用费	…	…	0.103	0.22	0.807	1.409	1.74	1.073	0.927	1.108	1.223	0.925	1.005	1.469	1.125	1.12	1.388
	其他商业服务	3.791	5.92	10.86	4.876	8.453	9.325	11.97	16.77	16.6	14.44	15.63	15.99	17.3	16.54	17.39	18.98	20.25
	个人、文化和娱乐服务	0.02	…	…	0.012	0.012	0.044	0.508	0.715	0.67	0.753	1.239	0.848	0.737	0.766	1.006	0.918	0.771
	政府服务	28.89	8.672	5.25	3.783	10.99	8.744	1.32	1.356	1.369	1.302	1.155	0.996	0.909	0.881	0.853	0.795	0.581

续表

年份		1994	1995	1996	1997	1998	1999	2000	2001	2002	2003	2004	2005	2006	2007	2008	2009	2010
立陶宛	运输	52.32	58.65	44.17	40.13	30.62	27.13	32.58	33.78	32.47	40.33	40.65	43.65	43.75	46.14	46.69	36.49	…
	旅游	13.36	21.35	39.28	30.91	33.64	43.37	37.29	31.2	35.65	37.24	38.96	36.21	35.79	33.7	36.26	38.84	…
	其他服务	34.33	20	16.55	28.96	35.74	29.5	30.13	35.02	31.88	22.43	20.39	20.14	20.46	20.15	17.68	24.67	…
	通信	2.028	4.182	3.709	4.802	3.285	4.511	4.902	5.458	5.258	3.988	3.496	3.229	3.125	2.772	2.639	3.657	…
	建筑	0.457	2.065	0.979	8.322	12.63	4.879	1.351	2.006	1.38	0.646	0.467	0.654	0.768	2.596	1.36	4.418	…
	保险	0.006	0.508	0.392	2.006	2.666	0.622	1.154	2.924	3.35	0.973	1.317	1.321	1.766	2.416	1.431	0.744	…
	金融	0.055	0.48	0.547	0.655	0.435	0.428	0.784	0.982	0.778	0.295	0.304	0.288	0.69	0.663	1.079	0.782	…
	计算机和信息	0.093	0.133	0.259	0.315	0.374	0.483	1.916	1.382	1.246	1.258	1.234	1.109	0.901	0.792	0.905	1.244	…
	专利和特许使用费	0.063	0.288	0.632	0.557	0.685	1.789	1.808	1.453	1.255	1.433	1.103	1.005	0.961	0.637	0.801	0.962	…
	其他商业服务	2.21	4.092	4.5	6.289	8.927	11.01	14.14	15.46	14.22	9.944	9.042	9.248	9.085	6.963	6.507	7.883	…
	个人、文化和娱乐服务	…	…	…	0.754	0.73	0.816	0.612	0.832	0.387	0.078	0.089	0.117	0.093	0.064	0.179	0.328	…
	政府服务	29.41	8.249	5.53	5.254	6.011	4.961	3.463	4.523	4.005	3.814	3.336	3.171	3.069	3.25	2.776	4.649	…
波兰	运输	35.37	24.77	26.64	27.69	25.11	21.83	17.03	17.63	19.64	21	22.01	21.44	21.43	23.58	23.52	21.66	21.08
	旅游	8.292	5.744	9.191	10.26	11.67	12.3	36.85	38.99	35.39	28.22	35.66	35.75	36.38	32.1	32.4	30.47	28.09
	其他服务	56.34	69.49	64.17	62.06	63.22	65.87	46.11	43.38	44.97	50.77	42.32	42.81	42.19	44.32	44.09	48	50.83
	通信	4.146	2.732	3.2	4.075	5.344	8.107	4.703	3.111	2.03	2.241	2.337	2.345	2.362	2.91	2.686	3.34	2.239
	建筑	10.52	28.8	17.48	6.582	4.121	5.357	3.513	3.725	3.649	7.236	4.779	3.299	3.676	3.788	4.09	4.105	2.021
	保险	6.116	10.18	11.05	14.63	14.54	10.61	3.558	3.201	3.79	3.769	1.912	2.494	2.004	1.908	1.636	1.844	1.083
	金融	3.291	3.194	3.563	3.274	3.729	3.008	2.446	4.818	2.235	2.616	2.77	2.474	1.904	2.149	2.83	3.849	3.039
	计算机和信息	0.907	0.813	2.128	1.497	1.872	2.077	2.412	2.933	2.937	3.211	3.136	2.713	2.946	3.618	3.259	3.501	5.767
	专利和特许使用费	0.466	0.616	2.27	3.047	2.944	7.032	6.17	5.665	6.014	6.815	6.593	6.682	6.613	6.52	5.802	6.374	7.74
	其他商业服务	27.62	20.96	22.01	25.65	27.49	26.15	20.29	17.32	21.59	22.61	18.48	20.42	19.4	20.62	21.08	22.02	25.38
	个人、文化和娱乐服务	0.337	0.364	0.646	0.993	0.996	1.447	1.545	1.338	1.674	1.171	0.978	1.031	1.178	1.25	1.073	1.397	2.963
	政府服务	2.928	1.821	1.813	2.316	2.189	2.077	1.479	1.271	1.047	1.107	1.337	1.353	2.105	1.557	1.721	1.662	0.59

续表

年份		1994	1995	1996	1997	1998	1999	2000	2001	2002	2003	2004	2005	2006	2007	2008	2009	2010
斯洛伐克	运输	10.11	16.68	19.45	16.33	19.5	20.54	24.03	25.32	25.7	29.4	28.79	29.52	25.51	28.17	26.87	21.74	21.8
	旅游	17.62	17.47	23.75	20.94	20.88	18.37	16.39	29.31	18.81	18.75	21.48	20.69	22.67	23.48	23.59	26.21	23.04
	其他服务	72.27	65.85	56.79	62.73	59.62	61.09	59.58	45.37	55.5	51.86	49.73	49.79	51.83	48.35	49.54	52.05	55.16
	通信	19.03	15.19	0.944	1.279	1.578	1.567	1.403	1.343	1.854	2.188	2.088	1.801	2.107	2.275	2.496	3.076	…
	建筑	1.482	1.703	4.387	4.88	5.424	4.978	4.246	6.953	2.127	2.242	4.604	4.572	4.838	4.69	5.52	4.808	…
	保险	2.065	1.279	2.277	1.884	1.006	1.215	1.188	1.256	2.366	3.35	3.708	2.83	2.903	2.086	1.438	2.121	…
	金融	2.378	3.511	6.675	4.261	2.764	3.998	3.644	2.684	5.334	5.254	3.917	6.13	7.295	7.387	9.341	12	…
	计算机和信息	…	…	0.802	1.361	2.738	2.753	3.131	3.293	3.446	4.034	4.969	4.449	4.287	3.651	3.603	3.885	…
	专利和特许使用费	4.012	4.296	4.071	4.08	2.4	2.925	3.22	2.907	2.688	2.985	2.851	2.311	2.28	1.9	1.985	1.932	…
	其他商业服务	40.11	37.82	34.54	41.56	40.91	39.16	38.39	35.86	35.49	27.13	22.87	23.9	24.06	22.98	22.57	21.33	…
	个人、文化和娱乐服务	…	…	1.57	1.89	2.632	2.78	2.918	2.549	0.936	3.213	3.238	2.257	2.565	2.125	1.569	1.98	…
	政府服务	3.185	2.043	1.524	1.526	0.168	1.716	1.441	1.365	1.254	1.457	1.484	1.535	1.489	1.25	1.023	0.918	…
斯洛文尼亚	运输	36.11	30.3	27.37	26.25	27.05	24.96	24.6	21.85	21.1	21.82	23.17	22.3	23.26	23.65	24.75	19.84	21.2
	旅游	33.42	39.8	40.38	36.84	36.76	35.58	35.55	36.22	35.09	34.49	33.36	32.57	29.95	26.83	26.76	31.56	27.18
	其他服务	30.46	29.9	32.25	36.92	36.19	39.46	39.85	41.94	43.81	43.69	43.47	45.13	46.79	49.53	48.49	48.59	51.61
	通信	0.472	0.782	1.097	1.921	2.033	2.451	3.539	4.094	4.856	4.906	4.599	4.651	4.143	4.188	6.136	6.502	7.465
	建筑	0.283	1.641	2.937	3.756	2.321	4.1	3.595	3.182	3.32	3.761	2.367	2.73	2.663	5.228	4.374	2.781	1.954
	保险	0.601	0.678	0.722	0.74	0.839	0.683	0.591	0.686	0.733	0.811	0.669	0.659	0.787	0.663	2.518	2.264	2.699
	金融	1.056	1.066	1.318	1.565	2.118	1.511	1.836	1.721	1.692	1.498	1.491	1.523	1.659	1.89	0.764	1.191	0.847
	计算机和信息	1.63	1.89	2.094	3.643	3.062	3.475	3.991	3.943	4.688	4.627	4.595	4.301	4.415	4.356	3.486	4.594	4.366
	专利和特许使用费	1.39	1.592	1.813	2.326	2.557	3.101	3.442	4.142	4.527	4.105	4.737	3.876	4.722	3.959	4.886	6.278	8.048
	其他商业服务	22.43	19.83	19.8	19.93	20.09	20.7	19.32	20.58	20.83	20.74	21.85	24.4	25.09	25.88	23.53	21.94	22.99
	个人、文化和娱乐服务	1.158	1.329	1.512	2.077	2.177	2.391	2.503	2.53	2.2	2.309	2.259	2.096	2.357	2.33	0.6	0.893	1.087
	政府服务	1.442	1.087	0.957	0.96	0.997	1.051	1.036	1.063	0.964	0.935	0.907	0.892	0.956	1.039	2.193	2.741	2.154

续表

年份		1994	1995	1996	1997	1998	1999	2000	2001	2002	2003	2004	2005	2006	2007	2008	2009	2010
保加利亚	运输	37.36	41.54	39.02	43.18	37.42	44.01	43.9	42.64	30.12	30.59	33.42	32.17	31.98	23.6	24.53	22.17	27.67
	旅游	19.56	15.27	15.94	18.92	36.69	35.71	32.22	30.82	40.87	42.22	42.1	38.45	35.99	36.13	38.79	34.8	27.54
	其他服务	43.08	43.19	45.04	37.9	25.89	20.28	23.88	26.54	29.02	27.19	24.48	29.38	32.03	40.26	36.68	43.03	44.79
	通信	…	…	…	2.904	4.327	1.662	1.729	1.031	1.663	1.458	1.621	1.406	1.945	2.298	2.23	2.262	2.6
	建筑	…	…	…	1.153	1.568	0.777	1.302	2.888	1.909	1.175	2.089	2.273	1.46	9.254	6.028	11.22	4.142
	保险	…	…	…	2.519	1.703	1.798	2.553	1.981	2.776	3.156	2.65	2.749	2.847	3.102	2.282	4.897	3.522
	金融	…	…	…	6.447	2.764	2.65	2.797	1.219	1.761	0.756	1.017	0.971	1.63	2.666	2.066	3.139	1.751
	计算机和信息	…	…	…	…	…	…	0.315	0.717	0.779	0.744	0.717	1.163	1.325	1.427	1.118	1.456	4.254
	专利和特许使用费	…	…	…	…	…	…	0.591	0.601	1.331	0.998	0.942	2.368	1.691	1.491	1.598	2.325	2.651
	其他商业服务	43.08	43.19	45.04	23.65	14.3	13.29	13.8	16.81	17.38	17.26	14.18	17.31	20.45	19.25	20.83	17.1	24.71
	个人、文化和娱乐服务	…	…	…	…	…	…	0.242	0.446	0.583	0.708	0.466	0.484	0.469	0.595	0.329	0.5	1.146
	政府服务	…	…	…	1.221	1.229	0.106	0.56	0.851	0.834	0.937	0.794	0.655	0.214	0.178	0.207	0.125	0.023
克罗地亚	运输	28.42	27.76	23.33	20.15	17.81	19.07	20.75	21.65	17.68	16.88	17.13	18.4	19.98	21.88	22.49	17.87	18
	旅游	32.21	29.96	29.73	26.77	31.8	35.82	31.18	31.11	32.36	22.55	23.78	22.17	20.76	25.21	24.23	26.15	22.2
	其他服务	39.37	42.28	46.35	53.08	50.38	45.11	48.07	47.24	49.96	60.56	59.09	59.43	59.26	52.92	53.28	55.99	59.8
	通信	0.592	0.647	0.717	0.839	2.284	0.809	1.379	3.975	3.16	2.464	2.921	3.67	3.352	4.058	3.914	3.696	…
	建筑	5.089	4.302	3.91	5.503	7.803	5.19	3.462	3.638	3.105	9.358	9.408	0.144	0.114	0.299	0.302	0.173	…
	保险	2.289	2.319	2.05	2.001	2.393	1.949	1.992	2.304	1.572	1.518	1.195	1.393	1.671	1.807	1.436	1.717	…
	金融	1.325	0.906	2.075	1.858	3.353	2.245	2.678	1.868	3.907	4.77	2.379	2.596	3.558	2.141	2.184	2.907	…
	计算机和信息	…	…	0.412	1.098	2.676	1.915	3.129	3.608	3.813	3.629	3.496	4.354	5.032	5.532	5.843	6.276	…
	专利和特许使用费	2.211	3.256	1.94	1.569	2.498	2.403	3.337	3.205	3.195	4.397	4.096	5.661	4.926	5.464	5.607	5.487	…
	其他商业服务	22.78	21.69	29.64	51.17	25.21	26.68	28.29	25.44	28.38	31.97	32.91	38.46	36.99	29.53	29.47	30.84	…
	个人、文化和娱乐服务	1.928	3.414	2.938	2.081	2.194	1.89	1.652	1.627	1.31	1.391	1.491	1.652	2.007	2.393	2.898	3.275	…
	政府服务	0.007	2.439	2.667	1.821	1.976	2.023	2.155	1.581	1.521	1.069	1.201	1.501	1.605	1.695	1.626	1.618	…

续表

年份		1994	1995	1996	1997	1998	1999	2000	2001	2002	2003	2004	2005	2006	2007	2008	2009	2010
罗马尼亚	运输	33.17	33.21	35.52	27.89	32.31	31.93	31.46	34.28	35.71	38.3	38.67	35.62	34.21	36.84	33.41	27.22	29.57
	旅游	36.95	38.32	34.14	35.77	25.04	22.52	21.32	20.85	16.94	16.19	13.9	16.76	18.64	17.32	18.28	14.37	17.42
	其他服务	29.88	28.48	30.34	36.34	42.65	45.55	47.22	44.87	47.35	45.5	47.43	47.61	47.16	45.84	48.31	58.43	53.01
	通信	0.905	1.539	1.54	1.208	2.406	4.65	4.114	4.227	2.524	2.907	5.233	6.543	6.935	6.488	7.14	10.87	4.322
	建筑	0.247	1.1	0.77	1.103	1.093	0.504	1.405	1.115	0.642	1.082	2.166	3.561	3.305	5.96	4.964	5.157	5.344
	保险	1.646	1.319	1.489	1.891	2.46	2.073	2.057	2.276	3.379	4.192	2.81	2.391	2.023	2.088	2.016	2.486	2.385
	金融	3.786	3.958	3.029	3.151	2.679	3.305	4.917	3.53	3.55	2.806	3.016	2.906	3.238	2.918	2.352	4.426	4.173
	计算机和信息	0.412	0.11	0.205	0.578	1.093	1.401	1.455	1.579	1.155	1.521	2.14	6.356	6.001	5.197	6.199	7.458	8.101
	专利和特许使用费	0.247	0.44	0.616	1.523	1.148	2.129	2.258	2.787	3.636	2.705	2.784	3.137	3.355	2.784	2.906	3.587	4.482
	其他商业服务	17.45	17.65	19.46	21.59	25.97	23.98	25.04	23.64	27.5	25.35	24.31	19.08	19.15	17.87	19.96	21.26	19.94
	个人、文化和娱乐服务	1.152	1.374	2.002	3.256	3.991	6.05	3.713	3.855	3.507	3.414	3.687	1.961	1.345	1.167	1.688	2.115	2.895
	政府服务	4.033	0.99	1.232	2.048	1.804	1.457	2.258	1.858	1.454	1.521	1.289	1.68	1.799	1.369	1.084	1.18	1.373
	Memo item: Commercial services	95.97	99.01	98.77	97.95	98.2	98.54	97.74	98.14	98.55	98.48	98.71	98.32	98.2	98.63	98.92	98.82	98.63
亚美尼亚	运输	79.19	82.63	71.67	57.62	59.86	54.15	60.16	59.02	57.86	54.89	41.4	39.84	37.7	45.59	48.17	44.59	47.45
	旅游	1.941	6.237	16.96	25.99	19.7	18.56	20.59	19.45	24.01	24.3	41.45	44.51	46.5	37.13	33.3	38	35.5
	其他服务	18.87	11.13	11.37	16.38	20.44	27.3	19.26	21.53	18.13	20.81	17.15	15.66	15.8	17.28	18.54	17.41	17.04
	通信	…	0.861	2.365	1.932	2.324	10.35	4.514	6.824	4.975	3.971	2.98	2.617	2.684	2.165	2.069	1.976	…
	建筑	0.442	…	0.817	1.362	…	…	…	0.382	1.28	1.116	0.77	0.522	0.522	0.474	0.538	0.444	…
	保险	8.771	10.27	7.656	7.084	5.155	4.847	5.29	5.073	4.94	5.57	4.257	4.463	4.662	6.176	7.479	6.005	…
	金融	…	…	0.117	0.37	0.81	1.779	0.602	0.201	0.116	0.383	0.5	0.355	0.431	0.63	0.702	1.1	…
	计算机和信息	…	…	…	…	…	0.03	…	…	0.332	0.281	0.328	0.286	0.425	0.488	0.696	0.563	…
	专利和特许使用费	…	…	…	…	…	…	…	…	…	…	…	…	…	…	…	…	…
	其他商业服务	9.656	…	0.366	2.039	1.332	1.092	0.239	0.746	0.919	3.196	3.953	3.447	3.453	3.745	3.714	4.084	…
	个人、文化和娱乐服务	…	…	0.047	1.964	1.931	1.718	0.389	2.227	2.071	1.874	1.404	1.253	1.189	1.006	1.115	1.092	…
	政府服务	…	…	…	1.631	8.883	7.485	8.223	6.08	3.501	4.417	2.962	2.713	2.433	2.598	2.222	2.15	…

续表

年份		1994	1995	1996	1997	1998	1999	2000	2001	2002	2003	2004	2005	2006	2007	2008	2009	2010
阿塞拜疆	运输	…	30.23	26.34	15.05	27.73	14.02	29.73	23.55	13.35	9.282	10.6	14.28	17.78	16.21	17.55	23.87	21.08
	旅游	…	47.79	22.61	25.66	24.2	28.62	27.17	16.38	8.128	5.446	4.621	6.18	7.032	7.801	8.77	11.13	19.31
	其他服务	…	21.98	51.05	59.28	48.07	57.35	43.1	60.06	78.52	85.27	84.78	79.54	75.18	75.99	73.68	65	59.61
	通信	…	1.23	0.511	0.829	0.865	1.473	1.397	1.017	1.25	0.623	0.606	0.46	0.377	0.309	0.72	1.383	1.395
	建筑	…	6.187	13.81	26.04	19.68	36.53	18.73	28.09	43.68	49.99	50.31	56.5	45.41	43.54	37.04	23.04	8.567
	保险	…	0.794	0.434	0.741	0.932	…	…	1.764	1.026	1.194	1.158	1.53	2.475	1.967	1.356	2.186	2.92
	金融	…	0.015	0.301	0.591	0.065	…	…	…	…	0.004	0.189	0.393	1.678	3.603	0.322	0.458	0.235
	计算机和信息	…	…	…	…	…	…	…	…	…	…	…	0.011	0.255	0.245	0.296	0.567	0.561
	专利和特许使用费	…	…	…	…	…	…	…	…	0.158	0.007	…	0.002	0.045	0.139	0.124	0.573	0.435
	其他商业服务	…	11.11	34.11	29.45	25.32	17.43	21.05	26.99	31.29	32.25	31.3	19.41	21.99	24.42	32.02	34.03	42.02
	个人、文化和娱乐服务	…	…	…	…	…	…	…	…	…	0.25	0.183	0.188	0.175	0.161	0.17	0.946	1.268
	政府服务	…	2.645	1.878	1.629	1.216	1.921	1.921	2.198	1.121	0.948	1.031	1.051	2.772	1.601	1.629	1.81	2.211
白俄罗斯	运输	37.58	34.93	45.76	36.32	30.05	26.98	20.44	15.71	16.16	22.71	25.62	28.24	40.73	44.48	49	40.51	49.13
	旅游	37.18	30.63	35.31	31.28	27.98	26.37	40.37	57.16	58.51	47.47	46.36	40.94	35.26	29.8	25.51	28.43	20.52
	其他服务	25.24	34.44	18.93	32.4	41.97	46.65	39.19	27.14	25.34	29.83	28.02	30.81	24.01	25.72	25.48	31.52	30.35
	通信	0.452	1.022	1.042	3.125	7.243	8.045	7.543	5.883	6.197	7.584	6.739	6.558	4.431	3.806	3.262	3.657	3.536
	建筑	3.011	2.15	1.429	6.168	3.204	2.256	2.054	1.99	2.576	3.329	1.824	1.82	1.647	2.582	2.009	4.082	5.952
	保险	1.405	3.49	3.483	1.919	2.189	2.119	1.998	1.537	1.353	0.285	0.412	0.485	0.319	0.305	0.199	0.126	0.086
	金融	4.165	…	…	1.288	1.512	1.322	0.597	0.454	0.416	0.583	1.278	1.683	1.81	2.562	2.896	3.492	2.642
	计算机和信息	0.803	0.07	0.119	1.069	1.715	0.684	0.822	0.731	1.14	0.832	1.401	1.143	1.275	0.969	1.352	2.128	1.788
	专利和特许使用费	…	…	…	0.493	0.248	0.182	0.504	0.479	0.38	0.654	0.938	1.784	3.036	2.582	3.018	3.676	3.421
	其他商业服务	14.05	24.92	11.13	15.32	24.66	30.29	23.02	14.05	10.96	13.47	11.85	12.96	9.343	10.8	11.05	12.99	11.61
	个人、文化和娱乐服务	…	…	…	…	…	…	0.56	0.517	0.427	0.618	0.701	1.015	0.932	1.028	0.932	1.001	0.897
	政府服务	1.355	2.785	1.727	3.015	1.196	1.755	2.091	1.499	1.888	2.473	2.875	3.366	1.22	1.092	0.787	1.727	0.42

续表

年份		1994	1995	1996	1997	1998	1999	2000	2001	2002	2003	2004	2005	2006	2007	2008	2009	2010
格鲁吉亚	运输	…	…	…	26.91	23.2	37.63	41.24	41.49	29.85	34.53	42.33	45.62	53.32	54.38	51.79	50.4	44.11
	旅游	…	…	…	62.56	65.53	58.17	50.99	45.17	40.94	32.77	30.36	26.74	22.91	18.84	16.42	18.63	15.41
	其他服务	…	…	…	10.53	11.27	4.196	7.767	13.34	29.2	32.71	27.32	27.64	23.76	26.78	31.79	30.96	40.48
	通信	…	…	…	0.12	1.651	0.179	1.896	4.095	2.891	3.969	2.744	2.747	1.979	1.22	1.058	1.408	…
	建筑	…	…	…	…	…	…	…	…	3.994	3.761	1.469	2.539	0.59	0.661	1.433	2.147	…
	保险	…	…	…	8.41	5.214	4.018	5.871	5.53	4.956	7.015	8.711	9.331	11.05	11.88	12.16	11.09	…
	金融	…	…	…	…	…	…	…	…	0.768	0.494	0.535	0.35	0.573	1.304	1.406	1.767	…
	计算机和信息	…	…	…	…	…	…	…	…	0.139	0.173	0.145	0.171	0.108	0.243	0.859	0.781	…
	专利和特许使用费	…	…	…	…	…	…	…	…	2.939	2.669	1.168	0.843	0.691	0.522	0.678	0.879	…
	其他商业服务	…	…	…	1.682	1.564	…	…	1.266	2.478	3.978	3.117	4.134	3.256	3.737	5.991	5.252	…
	个人、文化和娱乐服务	…	…	…	…	…	…	…	…	…	…	…	…	…	0.722	1.443	1.082	…
	政府服务	…	…	…	0.32	2.839	…	…	2.448	11.04	10.65	9.427	7.53	5.519	6.494	6.762	8.088	…
摩尔多瓦	运输	64.57	50.64	48.62	48.38	39.24	32.97	30.51	32.66	29.64	33.96	32.87	35.05	35.29	37.73	38.74	36.02	37.03
	旅游	13.05	28.71	31.46	33.12	29.95	31.95	36.19	35.97	37.13	33.78	32.05	33.65	38.87	35.78	34.3	34.09	34.53
	其他服务	22.37	20.64	19.92	18.5	30.81	35.09	33.3	31.38	33.23	32.26	35.08	31.3	25.84	26.55	26.95	30.7	28.44
	通信	1.018	0.84	1.755	1.03	4.24	5.015	3.775	4.11	5.432	6.464	5.328	6.5	5.947	5.776	5.648	5.492	4.951
	建筑	0.104	0.402	1.04	1.784	3.46	7.179	5.581	1.169	1.798	0.72	0.963	0.593	0.865	1.127	1.145	3.406	3.171
	保险	0.424	0.479	0.523	0.367	0.69	1.383	0.585	0.532	0.506	0.819	0.626	0.729	1.15	0.849	1.737	2.483	1.788
	金融	3.739	8.664	1.274	1.219	2.236	2.67	0.938	1.37	0.891	0.992	0.819	0.858	1.013	1.035	0.82	0.724	0.84
	计算机和信息	0.363	0.178	0.204	0.229	1.909	0.888	1.384	1.221	4.603	0.924	1.733	1.048	1.208	2.407	1.907	3.364	3.068
	专利和特许使用费	…	…	1.196	0.051	0.136	0.197	0.903	0.498	0.475	1.026	0.745	0.555	0.822	1.111	1.779	1.491	1.648
	其他商业服务	10.99	8.308	7.59	11.18	13.57	12.07	14.46	16	14	12.17	18.61	13.86	8.492	8.381	8.359	8.688	7.346
	个人、文化和娱乐服务	…	…	…	…	0.086	0.135	0.02	0.048	0.089	0.214	0.136	0.138	0.135	0.106	0.107	0.13	0.143
	政府服务	5.736	1.773	6.34	2.641	4.487	5.549	5.66	6.428	5.44	8.927	6.121	7.022	6.207	5.754	5.449	4.92	5.488

续表

年份		1994	1995	1996	1997	1998	1999	2000	2001	2002	2003	2004	2005	2006	2007	2008	2009	2010
俄罗斯	运输	19.62	16.37	13.88	14.94	16.79	16.64	14.36	14.48	12.33	11.44	11.67	13.26	15.03	16.08	17.17	15.34	16.58
	旅游	45.95	57.41	53.64	50.5	52.73	53.16	54.52	45.13	47.14	47.49	45.92	44.69	40.51	36.49	31.51	33.94	36.69
	其他服务	34.43	26.23	32.48	34.56	30.48	30.2	31.13	40.39	42.06	41.07	42.41	42.05	44.46	47.43	51.32	50.89	46.73
	通信	1.231	1.529	1.952	1.764	2.154	2.317	1.776	2.423	2.299	2.045	2.077	1.926	2.051	2.233	2.49	3.082	2.905
	建筑	12.76	8.266	5.814	4.021	3.331	1.953	2.502	8.756	8.074	9.066	9.154	10.41	10.29	11.1	11.71	7.322	5.316
	保险	…	…	…	…	0.987	1.956	2.537	1.866	2.477	2.853	3.477	1.8	1.6	1.455	1.656	1.803	1.539
	金融	0.82	0.358	0.662	1.947	1.45	0.604	0.224	1.025	1.033	1.159	2.089	2.303	2.021	2.531	2.756	2.412	2.38
	计算机和信息	…	…	…	…	…	0.05	2.918	2.709	2.472	1.688	0.96	1.244	1.372	1.645	1.887	2.32	2.606
	专利和特许使用费	0.154	0.022	0.236	0.056	0.015	0.06	0.423	1.666	1.564	2.62	3.288	4.112	4.477	4.826	6.088	6.667	7.01
	其他商业服务	19.47	16.05	23.81	26.77	22.54	23.26	20.75	17.47	20.97	18.6	17.22	16.67	19.12	19.98	21.17	22.39	20.76
	个人、文化和娱乐服务	…	…	…	…	…	…	…	0.806	0.724	0.692	0.927	1.136	1.212	1.295	1.11	1.308	1.384
	政府服务	…	…	…	…	…	…	…	3.663	2.742	2.342	3.217	2.452	2.318	2.368	2.453	3.586	2.833
乌克兰	运输	15.86	34.03	26.09	20.99	19.14	15.62	12.98	11.42	13.78	30.56	24.57	27.17	35.01	33.23	41.1	30.8	29.68
	旅游	9.168	15.74	18.95	13.45	13.36	15.88	15.65	15.81	18.59	17.75	37.19	37.16	30.93	30.4	24.9	28.94	30.67
	其他服务	74.97	50.22	54.95	65.56	67.5	68.5	71.37	72.77	67.64	51.69	38.24	35.67	34.07	36.37	33.99	40.25	39.66
	通信	4.941	15.89	7.323	5.071	5.147	5.105	3.296	2.821	2.829	1.778	1.586	1.206	0.993	0.758	0.891	1.321	1.033
	建筑	10.6	2.699	6.708	8.466	7.701	10.6	5.692	12.93	6.11	2.79	3.035	1.656	1.375	0.869	0.44	0.678	1.188
	保险	…	…	…	…	…	…	2.83	3.24	5.658	13.03	6.297	1.577	1.462	1.363	0.904	0.93	0.713
	金融	13.98	7.346	2.585	3.527	3.536	3.621	2.463	0.978	1.584	1.395	1.888	3.392	4.43	7.555	9.069	11.46	8.9
	计算机和信息	…	…	…	…	…	…	1.698	2.682	2.122	1.508	1.193	1.696	1.495	1.363	1.684	1.912	2.024
	专利和特许使用费	…	…	…	…	…	…	22.07	5.112	3.112	6.571	4.047	5.578	4.67	4.914	4.668	5.598	6.097
	其他商业服务	45.45	24.29	38.34	48.5	51.12	49.17	19.17	32.63	34.57	13.75	12.52	11.35	11.52	11.79	12.57	13.12	13.6
	个人、文化和娱乐服务	…	…	…	…	…	…	0.366	0.838	0.566	0.405	0.725	1.444	1.768	1.916	1.43	1.452	1.811
	政府服务	…	…	…	…	…	…	13.78	11.54	11.09	10.46	6.947	7.764	6.351	5.843	2.334	3.781	4.286

续表

年份		1994	1995	1996	1997	1998	1999	2000	2001	2002	2003	2004	2005	2006	2007	2008	2009	2010
哈萨克斯坦	运输	…	38.36	38.48	34.85	36.24	36.19	17.85	16.6	14	15.54	17.05	15.58	17.28	18.08	21.31	18.52	16.76
	旅游	…	36.43	34.4	39.61	43.11	35.68	22.04	25.53	21.39	17.82	16.52	10.05	9.369	9.223	9.693	11.23	11.36
	其他服务	…	25.21	27.12	25.53	20.66	28.13	60.11	57.87	64.61	66.64	66.43	74.38	73.36	72.7	69	70.24	71.88
	通信	…	6.909	1.142	1.112	1.49	2.771	1.634	1.487	1.813	1.618	1.325	0.966	1.077	0.908	1.088	1.22	…
	建筑	…	…	…	0.969	3.838	4.383	29.13	28.97	30.38	21.67	14.36	25.9	36.96	37.1	28.67	20.44	…
	保险	…	…	…	…	…	…	2.139	1.647	2.024	2.365	1.836	2.314	2.896	2.098	2.368	3.229	…
	金融	…	…	…	…	1.785	2.871	0.689	0.376	0.574	0.566	0.624	0.634	2.082	1.646	2.91	2.855	…
	计算机和信息	…	…	…	…	…	…	0.625	0.648	0.422	0.549	0.575	0.705	0.666	0.669	0.797	1.181	…
	专利和特许使用费	…	…	…	…	…	…	0.636	0.517	0.563	0.523	0.503	0.412	0.553	0.58	0.779	0.64	…
	其他商业服务	…	14.01	11.63	20.04	10.98	15.94	24.17	23.19	27.84	37.92	46.1	41.62	27.37	27.36	30.32	38.58	…
	个人、文化和娱乐服务	…	4.292	14.35	3.415	2.565	2.164	0.089	0.082	0.077	0.33	0.127	0.22	0.173	0.149	0.225	0.283	…
	政府服务	…	…	…	…	…	…	1.006	0.959	0.905	1.092	0.981	1.607	1.586	2.186	1.84	1.821	…
吉尔吉斯斯坦	运输	37.29	26.85	41.5	53.3	53.06	50.12	33.71	33.9	37.8	40.14	39.69	43.08	38.63	55.77	49.18	47.59	42.86
	旅游	3.153	3.334	2.297	2.138	1.973	6.899	10.55	9.538	6.661	10.35	22.49	20.04	19.89	18.59	30.63	30.55	27.52
	其他服务	59.56	69.82	56.2	44.56	44.96	42.98	55.74	56.56	55.54	49.5	37.82	36.88	41.48	25.7	20.19	21.86	29.63
	通信	…	4.288	3.305	4.971	4.715	5.261	4.905	6.364	4.707	5.141	2.718	2.065	1.276	1.223	1.264	1.056	…
	建筑	3.963	24.68	20.34	4.113	5.523	2.057	4.016	5.362	5.769	1.694	0.705	0.735	0.711	1.949	1.052	2.113	…
	保险	4.142	3.974	4.313	7.454	6.59	7.021	5.983	6.641	6.32	9.395	5.903	5.112	3.961	1.556	1.089	1.386	…
	金融	…	0.28	0.026	0.088	3.95	3.422	2.84	2.647	8.452	2.783	5.698	1.524	0.778	1.497	0.92	0.462	…
	计算机和信息	…	0.01	0.024	0.088	1.37	0.468	0.576	0.817	1.24	2.187	1.455	0.755	0.375	0.725	1.472	1.871	…
	专利和特许使用费	…	…	…	…	2.166	1.816	6.233	5.55	2.276	2.219	1.337	2.054	4.23	1.937	1.501	1.401	…
	其他商业服务	48	35.71	27.18	26.05	17.73	19.39	26.56	24.72	24.12	22.5	15.07	15.97	22.61	11.62	8.508	8.342	…
	个人、文化和娱乐服务	0.063	0.024	0.09	0.247	1.161	1.797	2.025	1.747	0.319	1.967	2.807	7.213	6.499	4.326	3.83	4.174	…
	政府服务	3.392	0.858	0.924	1.554	1.763	1.749	2.604	2.715	2.336	1.623	2.127	1.455	1.044	0.86	0.551	1.056	…

续表

年份		1994	1995	1996	1997	1998	1999	2000	2001	2002	2003	2004	2005	2006	2007	2008	2009	2010
塔吉克斯坦	运输	…	…	…	93.23	72.46	83.17	68.87	48.68	77.7	78.18	74.7	71.01	61.18	24.02	39.34	48.91	…
	旅游	…	…	…	2.633	3.778	3.881	2.961	2.4	1.638	1.747	1.607	1.491	1.522	1.11	2.363	1.993	…
	其他服务	…	…	…	…	23.87	12.95	28.15	48.91	20.66	20.08	23.7	27.5	37.3	74.86	58.3	49.1	…
	通信	…	…	…	…	…	…	…	…	2.337	3.047	2.14	3.117	3.556	3.397	7.3	6.657	…
	建筑	…	…	…	…	…	…	…	…	4.474	4.474	4.626	12.2	19.55	38.92	28.06	19.07	…
	保险	…	…	…	…	…	…	…	…	5.256	5.863	5.61	5.499	4.805	2.706	4.906	6.16	…
	金融	…	…	…	…	…	…	…	…	0.96	1.56	2.206	1.648	3.206	1.935	5.569	4.219	…
	计算机和信息	…	…	…	…	…	…	…	…	0.107	0.251	0.283	0.347	0.256	0.731	0.639	0.856	…
	专利和特许使用费	…	…	…	…	…	…	…	…	0.751	0.166	0.03	0.133	0.017	0.128	0.07	0.028	…
	其他商业服务	…	…	…	…	…	…	…	…	5.123	3.274	5.262	4.093	5.407	26.69	11.14	11.19	…
	个人、文化和娱乐服务	…	…	…	…	…	…	…	…	…	…	…	…	…	…	…	…	…
	政府服务	…	…	…	…	…	…	…	…	1.652	1.441	3.54	0.46	0.499	0.361	0.616	0.92	…
中国	运输	46.76	37.77	45.66	35.56	25.36	25.01	28.85	28.84	29.26	32.97	34.03	33.95	34.09	33.26	31.67	29.3	…
	旅游	18.63	14.62	19.81	29.07	34.51	34.39	36.4	35.42	33.09	27.46	26.55	25.97	24.12	22.89	22.75	27.49	…
	其他服务	34.62	47.61	34.53	35.37	40.13	40.6	34.75	35.74	37.65	39.57	39.43	40.08	41.79	43.85	45.58	43.2	…
	通信	0.896	0.862	0.593	1.037	0.776	0.611	0.672	0.83	1.011	0.773	0.655	0.72	0.758	0.831	0.95	0.761	…
	建筑	…	…	…	4.323	4.199	4.875	2.76	2.157	2.072	2.139	1.856	1.933	2.033	2.236	2.745	3.692	…
	保险	11.53	16.94	1.032	3.737	6.591	6.081	6.859	6.904	6.976	8.253	8.489	8.592	8.758	8.196	8.018	7.115	…
	金融	…	…	…	1.162	0.611	0.529	0.27	0.196	0.193	0.42	0.191	0.19	0.884	0.428	0.356	0.457	…
	计算机和信息	…	…	…	0.826	1.249	0.709	0.736	0.879	2.435	1.873	1.737	1.936	1.724	1.697	1.992	2.034	…
	专利和特许使用费	…	…	…	1.942	1.575	2.507	3.555	4.935	6.693	6.415	6.234	6.35	6.579	6.296	6.493	6.962	…
	其他商业服务	19.01	27.48	31.95	21.32	24.22	23.21	19.32	19.11	17.1	18.75	19.29	19.44	20.44	23.39	24.29	21.48	…
	个人、文化和娱乐服务	…	…	…	0.157	0.146	0.108	0.104	0.127	0.206	0.126	0.244	0.184	0.12	0.118	0.16	0.175	…
	政府服务	3.178	2.332	0.956	0.869	0.769	1.969	0.479	0.598	0.964	0.821	0.736	0.743	0.502	0.658	0.579	0.528	…

续表

年份		1994	1995	1996	1997	1998	1999	2000	2001	2002	2003	2004	2005	2006	2007	2008	2009	2010
美国	运输	29.37	29.5	28.32	28.39	27.86	27.85	29.36	27.65	25.27	26.24	27.09	28.1	26.6	25.46	25.85	21.77	19.6
	旅游	33.87	32.8	32.56	32.43	32.35	30.72	30.03	28.4	26.79	24.41	24.06	23.55	22.22	21.89	21.24	21.35	20.87
	其他服务	36.85	37.79	39.2	39.26	39.86	41.5	40.67	44.02	48.01	49.41	49	48.52	51.35	53.86	55.49	56.88	59.53
	通信	5.574	5.505	5.768	5.332	4.534	3.545	2.649	2.345	1.99	1.878	1.772	1.644	1.992	2.088	1.937	2.001	2.036
	建筑	0.21	0.248	0.308	0.277	0.307	0.256	0.225	0.267	0.253	0.26	0.199	0.139	0.4	0.432	0.472	0.487	0.36
	保险	3.779	3.626	3.537	3.55	4.404	4.713	5.043	7.533	9.49	10.08	9.99	9.158	11.29	12.66	13.84	12.95	14.36
	金融	1.244	1.748	1.906	2.017	1.987	1.716	2.163	2.024	1.8	1.596	1.884	2.048	4.222	5.275	4.973	4.077	4.018
	计算机和信息	0.168	0.202	0.277	0.46	0.592	0.75	0.729	0.812	0.656	0.775	0.737	0.749	3.85	4.028	4.146	4.425	4.841
	专利和特许使用费	4.398	4.893	5.137	5.521	6.219	6.58	7.36	7.457	8.376	7.603	7.99	7.85	6.74	6.645	6.567	6.436	7.434
	其他商业服务	12.12	12.83	13.47	13.59	13.71	16	15.35	15.74	16.02	15.96	15.12	15.96	13.23	13.94	15.36	15.2	17.12
	个人、文化和娱乐服务	0.105	0.12	0.118	0.09	0.068	0.06	0.059	0.055	0.059	0.082	0.14	0.306	0.436	0.414	0.463	0.497	0.449
	政府服务	9.248	8.615	8.68	8.423	8.034	7.879	7.088	7.795	9.373	11.18	11.17	10.66	9.872	9.713	9.951	10.82	8.917

主要参考文献

[1]刘易斯．经济增长理论[M]．周师铭，等，译．北京：商务印书馆，1999.

[2]陈菲．服务外包与服务业发展[M]．北京：经济科学出版社，2009.

[3]陈宪，程大中．国际服务贸易——原理·政策·产业[M]．上海：立信会计出版社，2003.

[4]程大中．服务经济的兴起与中国的战略选择[M]．北京：经济管理出版社，2010.

[5]邓力平，陈贺菁．国际服务贸易理论与实践[M]．北京：高等教育出版社，2005.

[6]冯宗宪，郭根龙．国际服务贸易[M]．西安：西安交通大学出版社，2008.

[7]高铁梅．计量经济分析方法与建模[M]．2版．北京：清华大学出版社，2009.

[8]郭连成．经济全球化与转轨国家经济发展及其互动效应[M]．北京：经济科学出版社，2007.

[9]景瑞琴．人力资本与国际服务外包——基于承接国视角的分析

[M]. 北京:对外经贸大学出版社,2009.

[10]柯武刚,史漫飞. 制度经济学:社会秩序与公共政策[M]. 北京:商务印书馆,2003.

[11]孔田平. 东欧经济改革之路——经济转轨与制度变迁[M]. 广州:广东人民出版社,2003.

[12]李勇坚,夏杰长. 制度变革与服务业成长[M]. 北京:中国经济出版社,2009.

[13]李玉红. 国际外包的成因及研究效应[M]. 北京:经济科学出版社,2010.

[14]科尔内. 短期与改革[M]. 哈尔滨:黑龙江人民出版社,1987.

[15]杨丹辉. 全球化:服务外包与中国的政策选择[M]. 北京:经济管理出版社,2010.

[16]王洛林. 全球化:服务外包与中国的政策选择[M]. 北京:经济管理出版社,2010.

[17]魏作磊. 中国服务业发展战略研究[M]. 北京:经济科学出版社,2009.

[18]朱正圻. 现代服务跨国外包[M]. 上海:复旦大学出版社,2009.

[19]庄丽娟. 国际服务贸易与经济增长的理论和实证研究[M]. 北京:中国经济出版社,2007.

[20]波特. 国家竞争优势[M]. 李明轩,邱如美,译. 北京:华夏出版社,2002.

[21]李中海. 普京八年:俄罗斯复兴之路(2000—2008)经济卷[M]. 北京:经济管理出版社,2008.

[22]张国云. 生产服务:从中国制造走向中国创造[M]. 北京:中国经济出版社,2009.

[23]齐普拉科夫 C C. 俄罗斯的投资环境[J]. 俄罗斯中亚东欧市场,2004(1):4-8.

[24]包艳. 俄罗斯服务贸易现状分析——基于产业内贸易视角[J]. 俄罗斯中亚东欧市场,2011(2):10-15.

[25]陈梁．中俄服务贸易国际竞争力比较分析[J]．俄罗斯中亚东欧市场,2010(3):5-10.

[26]陈滑,潘卫华．服务贸易对我国宏观经济影响的实证分析[J]．北方经贸,2004(10):38-39.

[27]陈左．国际直接投资与中东欧经济复兴[J]．世界经济,1998(9):35-37.

[28]程大中,汪蕊．服务消费偏好、人力资本积累与“服务业之谜”破解:Pugno 模型拓展及基于中国的数值模拟[J]．世界经济,2006(10):49-58.

[29]樊瑛．国际服务贸易模式与服务贸易自由化研究[J]．财贸经济,2010 (8):76-82.

[30]冯雷鸣,朱丽,杨春妮．服务外包研究:国外的视角及评价[J]．改革与战略,2010(7):178-181.

[31]冯跃,郑锋．金砖四国服务贸易竞争力及其与发达国家的比较[J]．华东经济管理,2011(2):70-74.

[32]冯跃．金砖四国服务贸易现状及竞争力评析[J]．经济问题探索,2009(10):108-114.

[33]高空．中东欧国家吸引外资与外资立法[J]．俄罗斯中亚东欧研究,2009(3):44-49.

[34]郭连成,米军．金融全球化与经济转轨国家金融改革的路径选择[J]．经济社会体制比较,2004 (5):92-100.

[35]胡哲明．近期俄罗斯信息化建设概览[J]．国际资料信息,2009(8):11-13.

[36]胡绍山．促进服务外包业发展的税收政策研究[J]．中国集团经济,2011(07):97-98.

[37]贾涛．全球服务外包:市场状况与影响因素[J]．国际经济合作,2008(4):88-91.

[38]姜荣春．全球服务外包产业发展趋势及中国选择[J]．太平洋学报,2010(8):71-80.

[39]姜义茂．论服务经济社会的实质及中国经济发展战略[J]．国

际贸易,2009(5):21-26.

[40]姜颖. 俄罗斯发展国际ITO的SWOT分析[J]. 东北亚论坛,2008(1):88-92.

[41]荆林波. 质疑外包服务降低成本及引起失业的假说——以信息技术外包服务为例[J]. 经济研究,2005(1):117-123.

[42]景维民,孙秋鹏. 俄罗斯与东欧国家的私有化评析[J]. 南开经济研究,2001(2):40-45.

[43]孔寒冰. 对东欧、中欧和东南欧国家社会转型的考察和思索[J]. 当代世界社会主义问题,2010(3):97-118.

[44]孔令丞,马忠旺. 中国服务贸易推动经济增长效应研究——基于两阶段时间序列数据的实证分析[J]. 当代经济管理,2009(7):38-42.

[45]李杨. IT服务外包:"商机"+"政策"="突破"[J]. 上海信息化,2010(10):42-43.

[46]李布."外包":企业经营新模式[J]. 经济纵横,2000(12):52-53.

[47]李丹,崔日明. 日本与美国服务贸易结构优化比较研究[J]. 亚太经济,2011(2):69-74.

[48]李建民. 国际资本对俄罗斯投资现状及其启示[J]. 俄罗斯中亚东欧市场,2007(3):1-10.

[49]李江帆. 劳动价值理论的新发展——服务价值理论[J]. 经济学家,1996(2):84-90.

[50]李练军."金砖四国"服务贸易发展现状及竞争力比较研究[J]. 江西农业大学学报(社会科学版),2010(3):100-105,115.

[51]李伍荣,高静. 发展服务贸易:吸纳就业的新途径.[J]. 当代财经,2004(1):105-108.

[52]刘莉. 竞争、规制与服务业成长[J]. 中国市场,2011(3):10-14.

[53]刘培林,宋湛. 服务业和制造业企业法人绩效比较[J]. 经济研究,2007(1):89-101.

[54]刘薇娜. 俄罗斯服务贸易体制转换与其发展分析[J]. 东北财经大学学报,2010 (2):54-59.

[55]刘哲,孙熠. 金融危机视角下转型国家资本流动和外资依赖问

题分析——以波兰、捷克、匈牙利为例[J]. 世界经济与政治论坛,2010(2):34-44.

[56]卢锋. 当代服务外包的经济学观察:产品内分工的分析视角[J]. 世界经济,2007(8):22-35.

[57]吕智,王习农. 服务外包主要承接国比较与借鉴[J]. 中国外资,2007(8):44-47.

[58]木子. 俄罗斯中亚东欧经贸动态[J]. 俄罗斯中亚东欧市场,2011(6):55-64.

[59]聂聆,骆晓婷."金砖四国"生产性服务贸易结构与竞争力研究[J]. 中央财经大学学报,2011(3):67-72,79.

[60]聂如平. 俄罗斯中亚东欧经贸动态[J]. 俄罗斯中亚东欧市场,2011(8):55-64.

[61]潘广云,车丽娟. 俄罗斯服务贸易的发展现状及其国际竞争力分析[J]. 俄罗斯中亚东欧市场,2008(1):1-7.

[62]戚文海. 信息化:经济转轨国家融入经济全球化的路径选择——以俄罗斯为研究案例[J]. 俄罗斯中亚东欧研究,2010(4):57-66.

[63]秦嗣毅,杨浩. 金砖四国金融服务贸易国际竞争力研究[J]. 东北亚论坛,2011(1):68-74.

[64]韶泽,婧赟. 国际服务贸易的相关理论[J]. 财贸经济,1996(11):51-55,34.

[65]唐保庆,杨继军,陈志和. 服务贸易对经济增长的影响研究综述[J]. 经济学动态,2010(11):135-138.

[66]陶明,邓竞魁. 新兴市场服务贸易比较研究——以"金砖四国"为研究对象[J]. 国际贸易问题,2010(3):86-91.

[67]温思美,庄丽娟,贺梅英. 对服务出口促进经济增长假说的进一步检验[J]. 山西财经大学学报,2008(5):26-31.

[68]谢康,李赞. 货物贸易与服务贸易互补性的实证分析——兼论中美贸易不平衡的实质[J]. 国际贸易问题,2000(9):47-52.

[69]薛伟贤,冯宗宪,郭根龙. GATS框架下发展中国家和转轨国家的金融服务贸易自由化研究[J]. 世界经济,2000(11):41-48.

[70]杨丽琳．“金砖四国”服务贸易的竞争力与贸易相似度分析[J]．国际经贸探索,2009(8):74-79.

[71]于国政．外国在俄罗斯的投资情势分析[J]．东欧中亚研究,1996(3):32-36,41.

[72]张忠民．服务外包支持政策亟待转型[J]．国际商务财会,2010(12):17-19.

[73]郑吉昌,朱旭光．全球产业转移与国际服务贸易发展趋势[J]．财贸经济,2009(8):74-79.

[74]周文彬．服务外包在中东欧国家的发展及对中国的启示[J]．俄罗斯中亚东欧市场,2006(9):23-27.

[75]朱玉荣．俄罗斯服务贸易现状及发展策略[J]．俄罗斯中亚东欧市场,2011(9):14-19.

[76]庄起善,王健．贸易开放、贸易增长与贸易平衡——对转型国家贸易发展的实证研究[J]．复旦大学学报(社会科学版),2005 (3):138-147.

[77]何娜．国际外包竞争日趋炽烈[J]．国外社会科学文摘,2006(5):42-43.

[78]周燕,郑甘澍．货物贸易与服务贸易:总量互补与差额替代关系[J]．亚太经济,2007(2):93-96.

[79]陈听雨,杨博．捷克银行业受欧债危机影响有限——访捷克国际商会主席米高·迈斯特里克[N]．中国证券报,2011-11-11(A04).

[80]董洪亮．由“百里挑一”到四分之一,更多青年圆了大学梦[N]．人民日报,2011-03-08(01).

[81]贺洁,石俊．中东欧:中国该警惕的 IT 外包对手[N]．中国计算机报,2009-08-24(3).

[82]郎楷淳．保加利亚:服务外包产业的“欧洲小虎”[N]．中国信息报,2006-09-14(6).

[83]曲玲年．中国服务外包产业如何从幼稚走向成熟[N]．国际商报,2010-05-31(7).

[84]蒙英华,黄宁．生产者服务进口对中国就业效应的实证研究[C]．服务贸易评论,2009(1):179-187.

[85]周燕．服务贸易的总量与结构特征及其关系：证据与启示[C]．服务贸易评论，2009(1)：19-26.

[86]花卉．中国服务贸易与经济增长关系的实证分析[D]．西北大学，2009(6)：39.

[87]李卢霞．FDI、制度变迁与经济增长——一个基于转型经济国家的研究[D]．复旦大学，2009(5)：36.

[88]刘薇娜．中国服务贸易比较优势与竞争优势研究[D]．黑龙江大学，2007.

[89]何黎．印度基础教育不振[EB/OL]．(2011-08-26)．http://www.ftchinese.com/story/001040357.

[90]贺洁．梅德韦杰夫计划将俄罗斯人均IT投资涨两倍[EB/OL]．(2009-08-18)．http://tech.163.com/09/0818/15/5H0SHP5J000915BD.html.

[91]曲玲年．中国服务外包产业现状与展望[EB/OL]．(2011-06-21)．http://chinasourcing.mofcom.gov.cn/c/2011-06-21/96340-2.shtml.

[92]王传言．中国服务外包业腾飞最缺什么[EB/OL]．(2011-08-05)．http://chinasourcing.mofcom.gov.cn/c/2011-08-05/99059.shtml.

[93]杨琳．中国金融服务外包现状及前景[EB/OL]．(2010-03-05)．http://chinasourcing.mofcom.gov.cn/c/2010-03-05/65396.shtml.

[94]周小雍．2011年中国服务外包总额预计将超200亿美元[EB/OL]．(2011-10-31)．http://chinasourcing.mofcom.gov.cn/c/2011-10-31/104531.shtml.

[95]佚名．波兰：一个转型奇迹的解读[EB/OL]．(2006-04-20)．http://finance.sina.com.cn/review/20060420/17472517444.shtml.

[96] LALL S. The Third World and Comparative Advantages in Trade Service Theory and Reality in Development [M]. London: Macmillan, 1986:22-38.

[97] FEKETEKUTY G. International Trade in Service: An Overview and Blue Print for Negotiations[M]. Camridge: American Enterprise Institute and Ballinger. 1988.

[98] OCED. Promoting Trade in Service: Experience of the Baltic States

[M]. Bethesda, Md :Lexis Nexis, 2004.

[99] METKA STARE. Service Development in Transition Economies: achievements and missing links[M]// JOHN BRYSON R, PETER DANIELS W. The Handbook of Service Industries. Edward Elgar Publishing Limited, 2007:168-185.

[100] DEARDORF A. Comparative Advantage and International Trade and Investment in Services[M]// STERN R B M. Trade and Investment in Services: Canada/US Perspectives. Toronto: Ontario Economic Council, 1985: 39-71.

[101] JONES R, KIERZKOWSKI H. The Role of Seoiees in Production and International Trade: A Theoretical Framework[M]// BASIL. The Political Economy of International Trade, 1990:31-48.

[102] BURGESS D F. Services as Intermedia Goods: The Political Issues of Trade Liberalisation [M]// Jones R, Krueger A. The Political Economy of International Trade, Basil Blackwell, 1990:122-139.

[103] ANITA WOLFL. The Service Economy in OCED Countries [J]. Statistical Analysis of Science, Technology and Industry, 2005(3).

[104] BRIAN HINDLEY, ALASDAIR SMITH. Comparative Advantage and Trade in Services[J]. The World Economy, 1984(7):369-390.

[105] FILIX ESCHENBACH, BERNARD HOEKMAN. Services Policy Reform and Economic Growth in Transition Economies[J]. Review of World Economics, 2006:142(4) 746-764.

[106] SAMPSON G, SNAPE R. Identifying the Issues in Trade in Services[J]. The World Economy, 1985(8):171-182.

[107] IVANA PRICA, JELICA PETROVI Ć VUJA Č i Č. Financial Services Liberalisation in Transition Countries and the Role of the WTO[J]. Pano Economics, 2010, (4), 487-501.

[108] JAMES BRIAN QUINN, FREDERICK HILMER G. Strategic Outsourcing[J]. Sloan Management Review, 1994(35):43-55.

[109] LACITY M C, WILLCOCKS L P. IT Outsourcing: Maximize

Flexibility and Control[J]. Harvard Business Review,1995(5):84-93.

[110] MARY AMITI, JOZEF KONINGS. Trade Liberalization, Intermediate Inputs and Productivity: Evidence from Indonesia[J]. American Economic Review,2007(97):1611-1638.

[111] METKA STAR,ANDREJA JAKLIČ,PATRICIA KOTNIK. Exploiting ICT Potential in Service Firms in Transitions Economies[J]. The Service Industries Journal,2006,(26):287-302.

[112] METKA STARE, LUIS RUBALCABA. International Outsourcing of Services: What Role for Central and East European Countries[J]. Emerging Markets Finance & Trade,2009,45(5):31-46.

[113] PATRICK,TERNAUX,DESISLAVA KOLAROVA. Delocalisation and ICT Outsourcing in the CEEC Countries:The Role of Proximities[J]. The Service Industries Journal,2007,27(3):279-292.

[114] TAKAC P. Outsourcing: A Key to Controlling Escalating IT Costs [J]. International Journal of Technology Management,1994(9):139-155.

[115] METKA STARE. The Pattern of Internationalisation of Services in Central European Countries[J]. The Service Industries Journal,2002(22):77-91.

[116] AMIN M, MATTOO A. Do Institutions Matter More for Services [R]. WPS4032,2006.

[117] FERNANDES A M. Structure and Performance of the Services Sector in Transition Economies[R]. The World Bank Policy Research Working Paper 4357,2007.

[118] FEENSTRA R C, HANSON G H. Foreign Direct Investment, Outsourcing, and Relative Wages[R]. National Bureau of Economic Reach, Working Paper no. 5121,1996.

[119] GROSSMAN G, ROSSI HANSBERG E. Trading Tasks: a Simple Theory of off-shoring[R]. National Bureau of Economic Research, Working Paper no. 12721,2006.

[120] JENS ARNOLD, BEATA JAVORCIK S, AADITYA MATTOO. The Productivity Effects of Services Liberalization: Evidence from

the Czech Republic[R]. World Bank, April 25, 2006.

[121] METKA STARE. Trade in Services or Services in Trade? Towards better understanding[R]. CIR Working Paper, 2005.

[122] UN/ECE. Important Features of the Service Sector and Trade in Services in Transition Economies[R]. Note by the Secretariat. Geneva, United Nations Economic Commission for Europe, 2001.

[123] UNCTAD. United Nations New York and Geneva[R]. World Investment Report: The Shift towards Services, 2004.

[124] EASTERLY W, MARTHA DE MELO, GUR OFER. Services as a Major Source of Growth in Russia and Other Former Soviet States[R]. The World Bank Policy Research Working Paper 1292, 1994.

[125] WIR. World Investment Report: The shift Towards Services [R]. Geneva: United Nations, 2004.

[126] WORLD ECONOMIC FORUM. The Global Competitiveness Report (2010-2011) [R]. Geneva: Switzerland, 2010.

[127] METKA STARE & ANDREJA JAKLIČ. Transition, Regulation and Trade in service, International RESER conference [C]. Lisbon: [The publisher is unknown], 2006.

[128] METKA STAR, ANDREJA JAKLIČ, ANŽE BURGER. Catching up and Determinants of Services Growth in New Member States[EB/OL]. (2010-11-30). http://www. mednarodni-odnosi. si/cmo/cir-analyses. htm.

后　记

本书由大连市学术著作出版基金资助出版。

本书是在我的博士论文的基础上修改而成的。四年的博士求学生涯，有苦亦有乐，恍如白驹过隙，又经历良多。从实际生活到思维理念都发生了变化，不仅加深了对专业知识的理解，为我今天从事科研工作奠定了坚实基础，更让我充分地领悟了生活的真谛，真正体会到生活的酸甜苦乐。

回首过去，我心怀感恩。

首先，感谢我的导师郭连成教授。作为长辈、良师、益友，他给予我太多的关心和帮助。郭教授带我走进学术这个神圣的殿堂，教会我什么叫“做学问”、怎样做学问、怎样做好学问；教我如何做人、如何为人师表、如何诲人不倦；教我如何走好今后的求学路和人生路。导师的儒雅风范、谦虚谨慎、平易近人，一切的一切，都让我受益匪浅，终生难忘！愿我把这份崇敬化为力量，为师门争光，并祝愿导师和师母身体健康，生活幸福。

其次，感谢我的师兄米军在我论文撰写期间给予我的帮助和启发；感谢师姐刁秀华的鼓励与榜样效应；感谢同窗王保谦以及所有师兄弟姐妹。求学路上有你们的陪伴，才让我的生活变得如此多彩、充实！衷心祝愿你们工作顺利，阖家幸福。

再次，特别感谢父母对我无微不至的关怀与照顾。多年来，他们给予我无私的爱和支持，总让我觉得自己是世界上最幸福的小孩儿，总是信心满满、快乐地生活。他们在我论文写作的过程中，照顾我的饮食起居；论文结束时，比我还要开心。如今，又日夜为我照顾襁褓中的婴儿，解决我的后顾之忧。他们永远是我的港湾和精神支柱，是助我前进的不竭动力……女儿唯愿爸妈身体健康，晚年幸福！此外，感谢爱人对我的疼爱、支持和鼓励，才让我一步步地向心中的理想靠近。

感谢生活，让我学会努力，学会坚强，学会忍耐；让我懂得了亲情、爱情、师生情和友情的可贵；让如此平凡的我拥有了那么多宝贵的情愫；教我学会以一颗平和的心去爱戴、去拥抱生活赐予的一切。

博士学业完成了，在博士论文基础上修改的此书也即将出版，但是，我的学术之路才刚刚开始。展望未来，我将抖擞精神，满怀感恩地昂首阔步，去开创美好的未来与新的辉煌！

最后，谨以此书献给爱我的和我爱的人！

作　者
2014 年 7 月

索　引